DAS GEHEIME Cocktail Buch

gestalten

erwarb und die beiden mit einer alten Telefonzelle und einer Durchreiche verband. Crif Dogs im PDT zu servieren, entpuppte sich als eine unserer besten Entscheidungen. Die Kombination aus derbem Fast Food und anspruchsvollen Cocktails verspricht kulinarische Höhenflüge und sorgt gleichzeitig für die nötige Bodenhaftung.

Wenige Monate nach der Eröffnung trieb unser Konzept immer neue Blüten. Aus der laminierten Karte mit elf Drinks wurde ein ledergebundenes Buch mit dem Doppelten an Cocktails. Dazu begannen ein paar Küchenchefs der Umgebung, uns mit erlesenen Zutaten für unsere Hot Dogs zu versorgen. Von Anfang an hielt ich alle Ereignisse unseres neuen Lebens in der Hoffnung fest, diese irgendwann gesammelt mit der Welt teilen zu können.

Im Jahr 2009 war es endlich soweit: Ein faszinierendes Fischbild in der New Yorker U-Bahn brachte mich zu Illustrator Chris Gall, der Look, Flair und Attitüde unserer zeitgenössischen Cocktailkultur auf gekonnt klassische und spielerisch humorvolle Weise verpackte. Neben der Veranschaulichung kleiner Anekdoten sollen die Illustrationen den Leser unterhaltsam durch das Buch führen, sodass die Lektüre ebenso hervorragend mundet wie ein gut gemachter Cocktail.

Ich hoffe dieses Buch lüftet den geheimnisvollen Schleier, der noch immer über Mixologie, Spirituosen und Cocktailzubereitung liegt, und inspiriert jeden Leser, einen Shaker in die Hand zu nehmen. In erster Linie sollen die nächsten Seiten jedoch – wie ein Barbesuch – vor allem der Unterhaltung dienen. Wem die Zubereitung der Drinks oder die Taxifahrt zum PDT zuviel Aufwand bedeutet, der blättere einfach durch das Buch und erfreue sich an Chris' Illustrationen. Denn das Auge trinkt mit.

JIM MEEHAN

EINLEITUNG

Alles begann im Jahr 1995. Während ich mich tagsüber als Literaturstudent an der Uni in Madison, Wisconsin herumtrieb, stand ich nachts hinter der Bar und verdiente mir mein Schulgeld mit dem Shaker. Sieben Jahre und ein paar Abschlüsse später zog es mich schließlich nach New York City, um meine Tresenstudien zu vertiefen.

Ein Jahr in New York war vergangen, als ich eines Abends das Milk & Honey aufsuchte. Der Besuch in der berühmten Insiderbar von Sasha Petraske setzte neue Maßstäbe – und ich setzte alles auf eine Karte: Als Bartender würde ich mich von nun an vollends auf Cocktails konzentrieren. Im Jahr 2004 stellte ich mich Audrey Saunders vor, die meinen Namen auf den ersten Dienstplan ihres revolutionären Pegu Clubs schrieb. Als Protégé von Dale DeGroff lernte ich eine Menge und shakte Seite an Seite mit St. John Frizell, Toby Maloney, Brian Miller, Sam Ross, Chad Solomon und Phil Ward. Eine Nacht pro Woche arbeitete ich in SoHo und verbrachte die anderen fünf damit, meine Mixkünste hinter der Bar der Gramercy Tavern feinzuschleifen.

Schließlich bat mich Brian Shebairo im Jahr 2007 um Unterstützung bei einem Barprojekt in meiner Nachbarschaft, dessen Konzept sogar in New York einzigartig war: In einer Hot-Dog-Bude am St. Martin's Place markiert eine alte Telefonzelle den Eingang zum PDT. Unter den Augen ausgestopfter Tierpräparate nippen unsere Gäste hier an eisgekühlten Cocktailschalen oder naschen frittierte Hot Dogs und Kartoffelbällchen.

Die Hot Dogs waren zuerst da. Brian eröffnete das trashig-coole Crif Dogs sechs Jahre bevor er den angrenzenden Bereich dazu und glücklich in die Nacht entlässt. Perfekt, weil er in den letzten fünf Jahren das jährliche Cocktailbuch des *Food & Wine* Magazins zusammenstellte. Am meisten verdankt Jim jedoch seiner bewundernswerten Persönlichkeit. Das *Savoy Cocktail Book* entwickelte sich nicht zuletzt deshalb zu einem wichtigen Klassiker der Mixologie, weil der Autor und Bartender Harry Craddock genau wie Jim um sich kein großes Aufhebens machte. Craddock präsentierte im *Savoy Cocktail Book* neben seinen eigenen Kreationen jede Menge Drinks von Bartendern aus der ganzen Welt. Auch Jim ist ein bescheidener und bodenständiger Typ, der trotz seines Erfolgs und seines Ruhms kein Problem damit hat, das Scheinwerferlicht zu teilen.

Jeder Cocktail in diesem Buch wird seinem Schöpfer, dessen Wirkungsstätte und seinem Entstehungsort oder zumindest seinem Ursprung zugeschrieben. Dazu greift Jim viele Anregungen aus Klassikern der Barliteratur auf, zu denen das *Bartender's Manual* aus dem Jahr 1888 von Harry Johnson und der *Hoffman House Bartender's Guide* von 1907 zählen. Jims Anleitungen sind für den Feierabendmixologen daheim verständlich und informieren gleichzeitig den (angehenden) Barbetreiber auf höchstem Niveau. Neben Details und historischen Fakten liefert Jim wertvolle Erklärungen zu Zubehör und Techniken – und schreckt nebenbei auch nicht vor Verrücktheiten wie frittierter Mayonnaise oder Bourbon mit Schinkengeschmack zurück. Im Anhang bietet eine kommentierte Bibliografie einen guten Überblick über weiterführende Literatur. Wenn ich durch dieses grandiose, detailreiche und formvollendete Cocktail-Buch blättere, wünsche ich mir, ich hätte es geschrieben. Oh, und die Verliebten, die mit diesem Buch bewaffnet die ersten Schritte in die Welt der Cocktails tun, sind wahrlich zu beneiden. Ein wundervolles Jahr liegt vor ihnen.

DAVID WONDRICH

VORWORT

Anfang der 1990er-Jahre legte ich meiner Frau Karen eine Ausgabe des Klassikers *Savoy Cocktail Book* unter den Weihnachtsbaum, samt einer Flasche Maraschino und ein oder zwei anderen – für die damalige Zeit ausgefallenen – Cocktailzutaten. Ich würde mich nicht zu der Aussage versteigen, dieses Geschenk hätte unser beider Leben verändert, doch in diesem Jahr mixten wir jede Menge Cocktails, oder versuchten es zumindest. Als blutige Anfänger bastelten wir unsere Martinis, Manhattans und Jack Roses mehr schlecht als recht zusammen. Welten trennten uns von der hohen Kunst der Mixologie. Doch das *Savoy Cocktail Book* begegnete uns auf Augenhöhe und bezauberte mit derart skurrilen Zeichnungen, dass das eigene Können oder Nicht-Können in den Hintergrund rückte.

Eine Generation später strotzt die Cocktailwelt nur so von Koryphäen, Blogs, Tweets und jeder Menge Cocktailbüchern. Ich selbst habe vier davon verfasst, und das ist nur der Spritzer Angostura in einem riesigen Shaker voller Barliteratur. Die Auswahl reicht dabei von historisch (wie meine Bücher), bunt und technisch über persönlich, lokal, groß und klein bis hin zu Büchern, bei denen sich der Drink praktisch selbst mixt. Doch was fehlt – nein: fehlte – ist ein Buch, das die Idee des *Savoy Cocktail Book* aus dem Jahr 1930 ins Hier und Jetzt transportiert. Ein Buch, das unsere heutige Barkultur auf eine zeitlos elegante, prägnante und gleichzeitig moderne Weise einfängt und präsentiert. Ich glaube, Jim Meehan hat, mit der unschätzbaren Unterstützung von Chris Galls kongenialen Illustrationen, genau dieses Buch geschrieben.

Jim ist der perfekte Mann für ein solches Projekt. Perfekt, weil er als Besitzer des PDT hinter dem Tresen einer der gefeiertsten Cocktailbars der USA steht und die anspruchsvollsten Gäste des Landes – ja der Welt – Nacht für Nacht mit herausragenden Drinks verwöhnt

INHALT

Vorwort 6
Einleitung 8

TEIL 1: AUSSTATTUNG

BARDESIGN 12
GLÄSER 18
BARZUBEHÖR 20
GERÄTSCHAFTEN 23
ZUTATEN UND GARNIERUNGEN 24
BARTECHNIKEN 32
DAS ABENTEUER PDT 36

TEIL 2: REZEPTE

COCKTAILS 40
HOT DOGS 274

TEIL 3: RÜCKBUFFET

ALKOHOLKUNDE 294
VORRATSKAMMER 318
COCKTAILS ZU JEDER JAHRESZEIT 324
DIE COCKTAILPARTY 334
ETIKETTE 336

Bezugsquellen 338
Literatur für Bartender 342
Danksagungen 360
Index 362

Das geheime Cocktail-Buch
Das Barbuch der New Yorker PDT Bar

Geschrieben von Jim Meehan
Mit Illustrationen von Chris Gall
Umschlag von Chris Gall
Layout von Jon Chaiet
Ins Deutsche übertragen von Marianne Julia Strauss
Korrigiert von Anne Sauer
Herausgegeben von Robert Klanten
Erschienen bei Gestalten, Berlin 2012
ISBN 978-3-89955-436-6

Die englische Originalausgabe erschien 2011 unter dem Titel *The PDT Cocktail Book*
bei Sterling Publishing Co., Inc., 387 Park Ave. South, New York, NY 10016.

Text © 2011 Jim Meehan
Illustrationen © 2011 Chris Gall
© 2012 für die deutsche Ausgabe: Die Gestalten Verlag GmbH & Co. KG, Berlin

Veröffentlicht in Absprache mit Sterling Publishing Co., Inc.

Das Werk ist einschließlich aller seiner Teile urheberrechtlich geschützt.
Jede Verwendung ist ohne schriftliche Genehmigung des Verlags unzulässig.
Dies gilt insbesondere für Vervielfältigung, Mikroverfilmung sowie Einspeicherung
und Verarbeitung in elektronischen Systemen.

Respect copyrights, encourage creativity!

Weitere Informationen unter www.gestalten.com.

Bibliografische Information der Deutschen Nationalbibliothek
Die Deutsche Nationalbibliothek verzeichnet diese Publikation in der Deutschen
Nationalbibliografie; detaillierte bibliografische Daten sind im Internet
über http://dnb.d-nb.de abrufbar.

JIM MEEHAN
ILLUSTRATIONEN VON CHRIS GALL

DAS GEHEIME Cocktail Buch

DAS BARBUCH DER NEW YORKER PDT BAR

TEIL 1

AUSSTATTUNG

BARDESIGN

Form folgt Funktion. Nach dieser Maxime begutachte ich jede Bar. Denn die Grundlage für einen idealen Serviceflow sind das Bardesign und die Ausstattung. Ich erinnere mich, wie ich 2007 auf die Baustelle kam, aus der mal das PDT werden sollte. Überall stand massenweise Material herum, das wir für den erfolgreichen Betrieb unserer Bar benötigen würden. Brian Shebairo vom Crif Dogs vereinte beim Ausbau mit seinem alten Freund Chris Antista, Allrounder Steve Seligman und Schreiner Archie McAlister klassische Barelemente mit den Charakteristika einiger der besten Cocktailbars von Manhattan. Habe ich erwähnt, dass man die Bar durch eine Telefonzelle betritt?

Von einer lärmenden Hot-Dog-Bude durch eine Telefonzelle in eine ruhige, dezent beleuchtete Cocktaillounge zu gelangen, hat einen gewissen Effekt, der immer wieder von sich reden macht. Dabei entstand er aus purer Notwendigkeit: Im Jahr 2003, bevor in der Lower East Side die Bars und Restaurants aus dem Boden schossen, erwarb Brian eine Schanklizenz für Crif Dogs. Diese Lizenz brauchte er nur kurz, um Alkohol einkaufen zu dürfen, den er für kleine Shakes brauchte. Als jedoch immer mehr Bars die Nachbarschaft bevölkerten, begann die Bezirksverordnetenversammlung, neue Anträge abzulehnen. Um aus seiner Lizenz Kapital zu schlagen, pachtete Brian den angrenzenden Raum, weidete ihn aus und baute die Bar hinein. Durch den Verzicht auf einen Straßeneingang vermied er den Antrag für eine neue Lizenz – dafür hatte er ja die versteckte Tür im Crif Dogs.

Die Telefonzelle passte durchaus zum trashigen Stil von Crif Dogs. Doch würden die Stammkunden der Hot-Dog-Bude eine trendy Cocktailbar, nur auf Armlänge entfernt, gutheißen? Da die einfachste Lösung meist die beste ist, wurde beschlossen, in der Bar ebenfalls Hot Dogs auf die Karte zu setzen. So entstand die Durchreiche zwischen Crif Dogs und dem Rückbuffet des PDT. Für die nötige Street Credibility sorgte der East Village Artist Jim Powers, der die Waschräume deckenhoch mit Spiegelscherben fliese. Dazu untermalte er das punkige Image von Crif Dogs mit Tierpräparaten und gerahmten Kunstwerken von Billy's Antiques an der Houston Street. Die großen Sitznischen, naturbelassene Holzelemente und die unverputzte Backsteinmauer sorgen für ein hochwertiges Ambiente, in dem man gern einen weiteren Drink bestellt.

Während sich Brian auf den Ausbau der Bar konzentrierte, entwickelte ich mit meinen Opening Managern John Deragon und Don Lee das Konzept für schnelles und effizientes Arbeiten. Wir bauten einen Empfangsbereich, an dem die Gäste begrüßt und mit einem Dankeschön verabschiedet werden. Vom Serviceterminal mit seinem computergesteuerten Bestellsystem und viel Platz für ein Waschbecken, Regale, Gläser und Garnierungen kann die gesamte Bar überblickt und die Bestellung schnell eingegeben werden. Schließlich legten wir das Hauptaugenmerk hinter den Tresen, wo zwei separate Arbeitsbereiche mit maßgefertigten Waschbecken und Shakerspülern installiert wurden.

Gutes Bardesign braucht Zeit. Der von unten beleuchtete Glastresen war Blickfang bei unserer Eröffnung, stellte sich allerdings als undicht heraus und hat heute eine Kupferoberfläche. Nach ein paar Monaten rückten wir das Serviceterminal an die Wand nahe dem Eingang und installierten einen kleineren Kühlschrank, um Platz für einen Glaskühler zu machen. Im zweiten Jahr verpassten wir dem hellgrünen Boden einen neuen Mahagonilook und installierten ein Waschbecken im Serviceterminal. Furnier ersetzten wir durch soliden Silberahorn und die alten Leuchtkästen durch klassische Lampen. Jeden Tag überlegen Brian und ich, wie wir unsere Bar optimieren können und halten das ganze Team dazu an, dasselbe zu tun. Schon die Anordnung der Gläser oder der Ort für die Shaker haben Einfluss auf den Workflow.

Einen detaillierten Überblick über unser Bardesign bieten die Diagramme der nächsten Seiten. Der kompakte Raum zwingt uns, jeden Quadratzentimeter als Stauraum und Arbeitsbereich intelligent zu nutzen. Wegen schlechten Designs und mangelnder Ausstattung stehen viel zu viele Cocktailbars sich selbst und einem gut und schnell servierten Drink im Weg. Hoffentlich regen die folgenden Illustrationen (angehende) Barbesitzer dazu an, aus ihrem Arbeitsbereich das Bestmögliche zu machen. Das richtige Präsentieren von Marken, genügend Platz für Gläser, Säfte und sonstige Zutaten sowie die richtige Position von Waschbecken und Glasspüler sind überaus wichtig. Ungeachtet der guten Absichten von Bartender oder Besitzer gilt: Wer zu lange auf seinen Cocktail wartet, bestellt keinen zweiten, oder – noch schlimmer – kommt nicht wieder.

VOR DEM TRESEN

Mit seinem symmetrischen Design, schmucker Holzvertäfelung, Stufenregalen und dem verspiegelten Rückbuffet erinnert das PDT an eine typische Taverne des 19. Jahrhunderts. Die handgefertigte Absinthfontäne, antike Kristalldekanter und die patinierte Kupferoberfläche des Tresens sorgen für Charakter und Klasse. Unübliche Elemente wie die Durchreiche zwischen dem Crif Dogs und dem PDT sowie der Bildschirm der Überwachungskamera unterhalten unsere Gäste und bieten eine willkommene Abwechslung.

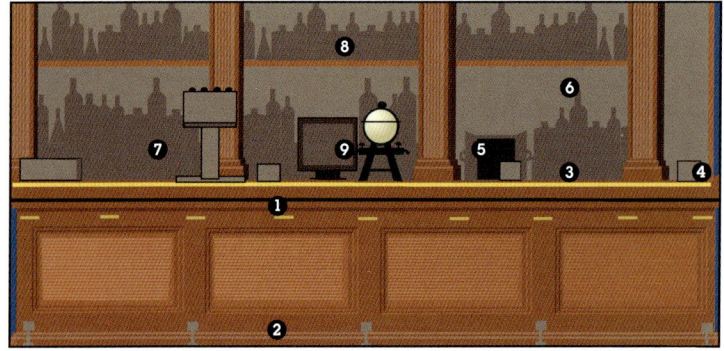

1│Haken für Taschen 2│Fußstützen aus Messing 3│Barmatten 4│Richtige Tresenhöhe für bequemes Essen und Trinken 5│Durchreiche zwischen dem Crif Dogs und dem PDT 6│Spiegel als Blickfänger 7│Bodenbeleuchtete Flaschen 8│Spirtuosen über der Bar, Zutaten und Gläser darunter 9│Wichtiges Zubehör ist zentral greifbar

HINTER DEM TRESEN

Das Interieur moderner Cocktailbars hat sich in den letzten zehn Jahren signifikant verändert. In unserem von modernem Küchendesign inspirierten Arbeitsbereich liegt alles Wichtige in greifbarer Nähe. In den Speed Rails lagern Spirituosen für die Drinks auf der Karte. Gläser werden im Glaskühler aufbewahrt. Glasnachschub findet der Bartender in den Regalen unter dem Rückbuffet. Jeder Arbeitsbereich verfügt über unterteilte Eisfächer und ein eigenes Spülbecken, um Shaker und Rührglas zwischen den verschiedenen Drinks zu reinigen. Der von oben beleuchtete Unterbau der Bar ist für die einfache Reinigung und den schnellen Wasserabfluss komplett gekachelt.

1 | Serviettenboxen aus Edelstahl 2 | 2 doppelte Speed Rails 3 | Zentrale Spülmaschine 4 | Zentraler Glaskühler 5 | Kühlschrank für Wermut, Wein, Soda, Säfte, Sahne und Eier 6 | Spülbecken mit eingebauter Gläserdusche 7 | Abgeschirmtes Tablett mit Garnierungen 8 | Haken für Strainer und den Eisschaufelkorb

113 ST. MARKS PLACE

Der Weg an den kupfernen Tresen des PDT führt vorbei an den Spielautomaten im Crif Dogs in die Telefonzelle auf der linken Seite. Nach dem Klingeln öffnet unser Concierge die Rückwand der Telefonzelle, bestätigt die Reservierung und führt den Gast zu seinem Platz. Komfortable Sitzecken für Gruppen von bis zu acht Gästen sorgen gut beleuchtet für Privatsphäre. Die Servicestationen sind so platziert, dass jedes Teammitglied nahe seines Hauptverantwortungsbereichs arbeiten kann. Dank der Durchreiche zwischen Crif Dogs und PDT können in der Bar Hot Dogs bestellt und serviert werden. Ein Außenzugang zum Keller vergrößert die Fläche des Barbereichs.

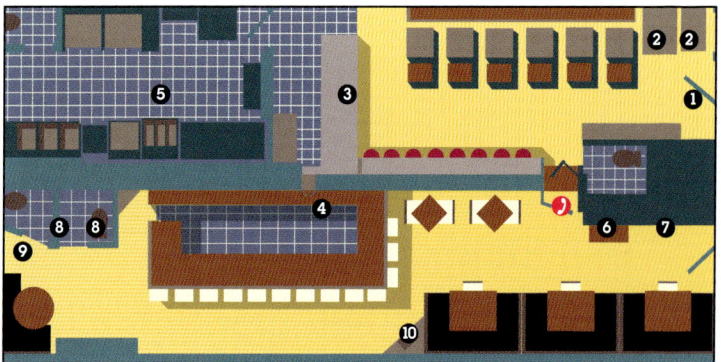

1|Straßeneingang vom Crif Dogs 2|Videospielautomaten 3|Tresen vom Crif Dogs 4|Durchreiche zwischen Crif Dogs und PDT 5|Küche vom Crif Dogs 6|Empfangsbereich neben der Telefonzelle 7|Garderobe 8|Waschräume 9|Ausgang zu Hof und Keller 10|Serviceterminal

Ausstattung

DER KELLER

Da nur wenig Arbeitsfläche zur Verfügung steht, ist der Großteil des Kellers mit Edelstahlregalen für Zubehör und bei Zimmertemperatur gelagerte Zutaten sowie mit Kühlsystemen für Obst, Gemüse, Bier, Wein und Tiefkühlkost ausgestattet. Wer die Haltbarkeit von Lebensmitteln beachtet, den Arbeitsbereich sauber und die Zugänge zu den Einrichtungen frei hält, hat schon halb gewonnen. Um Beschwerden wegen Ruhestörung vorzubeugen, haben wir die Wohnung über der Bar angemietet. Gleichzeitig nutzen unsere Office Manager den Platz zum Lagern von Merchandise-Artikeln und als Büro – denn wie in jedem Unternehmen haben auch wir viel Papierkram zu bewältigen.

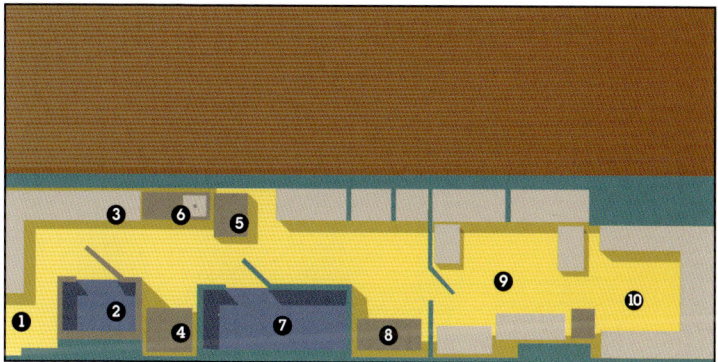

1| Treppe vom Hof 2| Begehbare Gefrierkammer 3| Trockenlager für Wein, Dosenbier und Tee 4| Eisbereiter der Marke Kold-Draft 5| Eisbereiter der Marke Scotsman 6| Waschbecken und Arbeitsbereich 7| Begehbarer Kühlraum 8| Kühlschrank für Soda 9| Spirituosenlager 10| Glaslager

GLÄSER

Dem Glas wird an der Bar am wenigsten Beachtung geschenkt. Dabei trinkt das Auge mit! Deshalb ist es wichtig, den liebevoll zubereiteten Drink gebührend zu präsentieren und in einem ansprechenden Glas zu servieren. Unsere sauber polierten Gläser sind stets vorgekühlt. Zu Anfang entschieden wir uns für teure Gläser, die jedoch schnell zersplitterten und ihrem ständigen Einsatz nicht gewachsen waren. Nach und nach rückten gehärtete Gläser in die Regale nach, die auch häufigen Einsatz gut überstehen. Gläser sollten den Charakter der Bar im wahrsten Sinn des Wortes widerspiegeln. Im PDT servieren wir unsere Cocktails in folgenden Gläsern.

30 cl Absinthglas

15 cl Cocktailschale

30 cl Weinglas

25 cl Champagnerflöte

30 cl Collinsglas

30 cl Coupette

25 cl Longdrinkglas	30 cl Isoliertasse	40 cl Kupfertasse

30 cl Julepbecher	15 cl Likörschale	33 cl Bierglas

40 cl Tumbler	40 cl Tikibecher	4 cl Shotglas
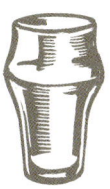		
40 cl Wasserglas	15 cl Likörglas	50 cl Silbertasse

Gläser

BARZUBEHÖR

Im letzten Jahrzehnt hat sich hinter der Bar einiges getan. Neues Zubehör wurde in die Szene eingeführt, bestehendes Equipment verbessert und die Arbeit hinter dem Tresen so erleichtert. Professionelles Barzubehör trägt einen großen Anteil zur höheren Anerkennung unseres Berufs bei. Bis vor kurzem waren viele der folgenden Artikel nicht verfügbar oder nur über weite Umwege zu beschaffen. Wie zahlreiche Sterneköche bringen auch viele gute Bartender ihr eigenes Lieblingszubehör mit zur Arbeit. Mit dem folgenden Equipment arbeiten wir im PDT.

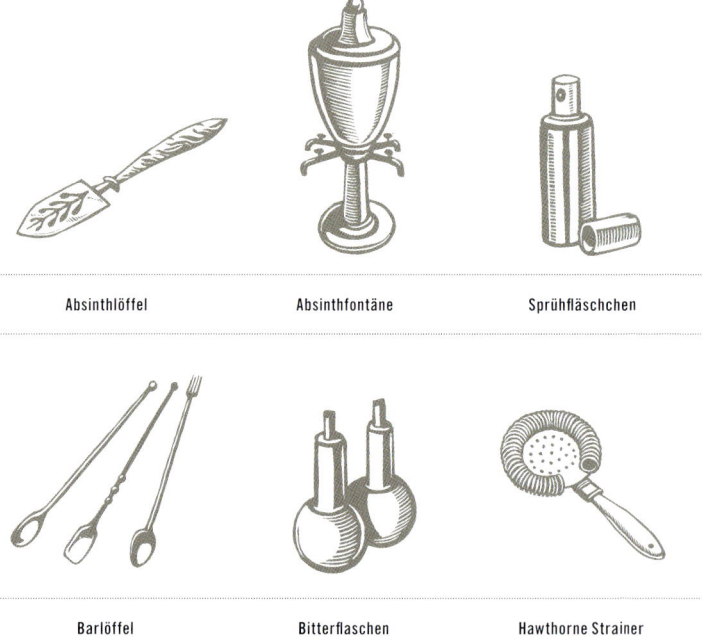

Absinthlöffel · Absinthfontäne · Sprühfläschchen

Barlöffel · Bitterflaschen · Hawthorne Strainer

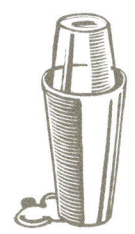		
Boston Shaker 55 cl und 85 cl	Champagnerverschluss	Kanneliermesser
		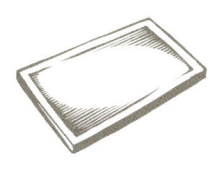
Zitruspresse	Cobbler Shaker	Schneidebrett
	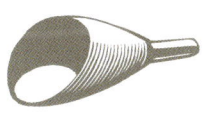	
Feinsieb	Trichter	Dekolöffel

Eiswürfelform	Eispickel	Eisschaufel

Barzubehör 21

Jigger 3/6 cl und 1,5/2 cl	Julep Strainer	Barmesser
		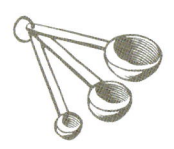
Lewis Ice Bag mit Holzhammer	Messbecher	Messlöffel

Microplane Multi-Tool für Zitrusschalen und Gewürze	Rührglas	Stößel
	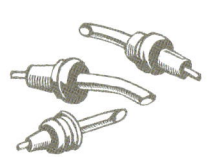	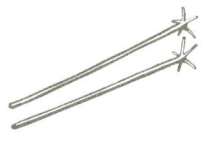
Sparschäler	Ausgießer	Swizzle Stick

GERÄTSCHAFTEN

Der historische Drink im antiken Glas, serviert von einem Bartender in passender Kluft: Das galt im ersten Jahrzehnt des 21. Jahrhunderts als besonders schick. Um möglichst authentisch und gleichzeitig zeitgemäß arbeiten zu können, vereinten ein paar findige Bartender mithilfe modernster Technik althergebrachte Praktiken mit unserer digitalen Welt. Heutzutage ist die Kombination aus der Methodik des Goldenen Zeitalters mit modernem Equipment in den besten Cocktailbars gang und gäbe. Neben den benötigten Kühlschränken zum Kühlen von Wein, Bier, Säften, Obst und Gemüse stellen wir hier eine Auswahl an Gerätschaften vor, die wir täglich nutzen.

Eiszubereiter (Crushed Ice)

Eiszubereiter (Eiswürfel)

Ruby 2000 Entsafter

Sunkist Entsafter

Glaskühler

Digitalwaage

ZUTATEN
& GARNIERUNGEN

Der Ausdruck *Mise en Place* – französisch für „alles am richtigen Platz" – meint das praktische Anordnen von wichtigen Cocktailzutaten. Das wechselt hinter unserer Bar wöchentlich je nach Getränkekarte. Saisonale Fruchtsäfte, hausgemachter Sirup, Kräuter, spezielle Bitter und Konserven durchlaufen unseren Tresen im Tagestakt. Auch gekaufte Sirups, Bitter und Tinkturen stehen im Sortiment, wenn die selbstgemachte Variante nicht besser schmeckt. Die im Folgenden vorgestellten Zutaten zählen zur Grundausstattung jeder Cocktailbar, werden täglich frisch zubereitet und allabendlich aufgefüllt.

Frische Säfte werden täglich gepresst, wobei das Fruchtfleisch fein abgeseiht wird.

Zitronensaft: Für drei Cocktails werden etwa zwei Zitronen benötigt.

Limettensaft: Wir rechnen mit einer Limette pro Cocktail.

Orangensaft: Trotz der seltenen Verwendung von Orangensaft ist es ratsam, ein paar Saftorangen (die kleineren Orangen mit der weichen Schale) auf Lager zu haben.

Grapefruitsaft: Nicht oft, aber häufiger als Orangensaft, kommt Grapefruitsaft zum Einsatz. Ein Vorrat an Saft für vier oder fünf Cocktails ist daher ratsam. Beim Mixen ist darauf zu achten, dass rosa Grapefruits süßeren Saft als weiße Grapefruits geben.

Ananassaft: Wer sich einen Entsafter leisten kann, sollte frischen Ananassaft der Konserve vorziehen: Beim Entsaften wird der Saft durch ein Spitzsieb gestrichen, um das Fruchtfleisch und den Schaum abzuseihen – dies kann ein paar Minuten dauern. Beim Mixen mit dem üblicherweise gesüßten Dosenananassaft ist auf das passende Mischverhältnis zu achten.

Garnierungen werden frisch zugeschnitten oder abgedeckt im Kühlschrank aufbewahrt.

Oliven: Entscheiden Sie sich für Ihre Lieblingssorte grüne Oliven, die Sie bereits entsteint kaufen. Alternativ entsteinen Sie die Oliven selbst. Oliven in Salzlake eignen sich besser als Oliven in Öl, die einen unansehnlichen

Film auf der Cocktailoberfläche hinterlassen. Mein persönlicher Favorit ist die Lucques-Olive aus dem französischen Languedoc.

Eingelegte Kirschen: In Maraschinolikör oder süßen Kirschbrandy eingelegte Marasca- oder Morellokirschen gehören zur Grundausstattung jeder Bar. Wer die Kirschen selbst einlegen will, benötigt Sauerkirschen, Einmachzubehör, Maraschinolikör und einen freien Vormittag im Sommer, um die Kirschen während ihrer kurzen Saison frisch zu kaufen.

Zitrusschalen: Wird mit großem Andrang gerechnet, können die Schalen von Zitronen, Limonen, Orangen und Grapefruits im Voraus in passende Stücke geschnitten werden. Alternativ schneiden Sie die Garnierung während der Cocktailzubereitung mit einem Obst- oder Schälmesser. Viele Bars, in denen mit frischen Zutaten gearbeitet wird, stellen eine dekorative Schale mit ganzen Früchten in den Tresenbereich.

Minze: Nach dem Waschen wird die Minze in einem kalten, nassen Handtuch oder in Eiswasser aufbewahrt. Zum Zerstoßen eignet sich die Minze ab der unteren Hälfte des Zweigs, sodass die oberen Blätter zum Garnieren zur Verfügung stehen. Werden viele Gäste erwartet, kann die Minze gut im Voraus vorbereitet werden.

Salatgurken werden im Voraus oder während der Drinkzubereitung ungeschält in dünne Scheiben geschnitten.

Zitronen und Limonen werden sowohl in 4 cm dicke Spalten und 7 mm dicke Scheiben geschnitten und mit einem Schlitz für den Glasrand versehen.

Grapefruits und Orangen werden in 1,5 cm dicke Halbscheiben geschnitten, die an den Rand des Glases gesteckt werden.

Milchprodukte werden täglich frisch eingekauft.

Große Bio-Eier: Stehen Cocktails mit Ei auf der Karte, rechnet man mit einem Ei pro Drink. Es gilt: Je frischer das Ei, desto besser die Konsistenz des fertigen Cocktails. Bio-Eier vom lokalen Bauernmarkt eignen sich am besten.

Sahne: Auch ein halber Liter Sahne gehört in den Kühlschrank.

Kohlensäurehaltige Getränke werden im Kühlschrank oder auf Eis gelagert. Zwischen den Servicezeiten werden die Flaschen gut verschlossen.

Tonic Water und Ginger Ale: Herbes Tonic Water und herb-scharfes Ginger Ale – gesüßt mit Agavensirup oder Rohrzucker – sind ein Muss. Wer kleine Flaschen kauft, kann jeden Drink mit einer eigenen Flasche servieren. Im PDT mixen wir mit Q Tonic und Fever Tree Ginger Ale.

Ingwerbier: Im PDT brauen wir unsere eigene Version des Rezepts von Audrey Saunders (siehe S. 29) mit gehacktem Ingwer, Limettensaft und braunem Zucker. Da keine Hefe enthalten ist, kann dieses Ingwerbier mit anderen Zutaten auch geshakt werden. Im Laden erhältliche Alternativen mit Kohlensäure sind Stewart's und Blenheim.

Soda: Für den Geschmack ist Soda am unwichtigsten. Die besten Sodas bilden feine Blasen und sprudeln besonders lang. Auf natriumarmes Mineralwasser kann im Notfall zurückgegriffen werden. Kleine Flaschen sind von Vorteil. Wir mixen mit Schweppes.

Champagner: Besonders gut haben sich 37,5 cl Flaschen bewährt, da die meisten Cocktails nur mit 3 cl oder 6 cl zubereitet werden. Niemand möchte abgestandenen Champagner im Kühlschrank wissen. Ich bevorzuge Pinot-Noir-Champagner, der durchschnittlich bis wenig schäumt. Ein Blanc de Blancs etwa lässt sich nicht gut mit Zitrus mixen. Hinter unserer Bar arbeiten wir mit Moët & Chandon Impérial Champagner.

Gekaufter Sirup wird kühl und dunkel gelagert.
Orgeat ist mit Orangenblütenwasser aromatisierter Mandelsirup. Während mir die hausgemachte Variante zu reichhaltig und nussig schmeckt, erinnern viele Sirups aus dem Laden an alkoholfreien Amaretto. Echter Orgeat dagegen trifft die richtige Balance zwischen blumigem und nussigem Aroma. Wir mixen mit Kassatly Chtaura.

Ahornsirup Grad B gilt als die geschmackreichste Sorte, die am Ende der Ahornsaison kurz vor Frühlingsbeginn geerntet wird. Ist Grad B nicht erhältlich, bietet der dunklere Sirup Grad C eine gute Alternative. Wichtig ist in jedem Fall die Aufschrift „Purer Ahornsirup". In unserem Rückbuffet steht Deep Mountain Grade B Maple Syrup aus Vermont.

Aromawasser werden mit einem Sprüh- oder Tropffläschchen in den Cocktail gegeben.

Orangenblütenwasser: Im PDT nutzen wir ein Tropffläschchen, um Cocktails mit Orangenblütenwasser zu versetzen. Der aromatische Zusatz entsteht bei der Destillation von Orangenblütenknospen, bei der wichtige ätherische Öle erhalten bleiben. Unsere Lieblingssorte heißt Marivani.

Gekaufte Bitter können in der Originalflasche aufbewahrt oder in dekorativere Bitterflaschen umgefüllt werden.
Angostura: Das Konzentrat aus Wurzeln und Gewürzen wird in Trinidad hergestellt und hat einen Alkoholgehalt von 44,7 %. Das Rezept für den ursprünglich als Tonikum verwendeten Bitter stammt aus dem 19. Jahrhundert.

Hausgemachter Orangenbitter: Wir mischen die Orangenbitter Gary Regan und Fee Brothers zu gleichen Teilen und füllen den fertigen Bitter in stilvolle Bitterflaschen ab.

Peychaud's Bitters: Im 19. Jahrhundert erfand der Apotheker Antoine Amédée Peychaud in New Orleans diesen Bitter, der Cocktails ein zartes Kirsch- und Anisaroma verleiht. Der Sazerac und viele Drinks auf Scotchbasis kommen ohne Peychaud's nicht mehr aus.

Zutaten & Garnierungen

Gewürze werden trocken und kühl gelagert.

Kandierter Ingwer: Wir beziehen unseren kandierten Ingwer von The Sweet Life, einer Konfiserie auf der Lower East Side, und geben ihn als Garnierung in Drinks mit Ingwerbier dazu.

Muskatnuss: Über den fertig gemixten Cocktail wird Muskatnuss frisch gerieben.

Feinste Raffinade – kein Puderzucker und kein körniger Zucker – löst sich besonders gut in Sirup und hat die beste Konsistenz für Cocktails mit Zuckercrusta. Für die Crusta geben wir auf einen eckigen Teller ein paar Teelöffel Raffinade. Bilden sich erste Klümpchen, wird die Raffinade ersetzt.

Koscheres Salz: Für Cocktails und den Kochtopf ist jodiertes Speisesalz tabu. Meersalz schmeckt hervorragend, doch die großen Kristalle sorgen für eine unregelmäßige, körnige Konsistenz. Im PDT steht koscheres Salz im Regal. Wir geben ein paar Teelöffel Salz auf ein eckiges Tellerchen und ersetzen es, wenn sich erste Klümpchen bilden.

Sonstiges Zubehör wird abgedeckt und trocken gelagert.

Zahnstocher: Für kleinere Garnierungen wie kandierten Ingwer und Limettenscheiben sind Zahnstocher unerlässlich.

Kurze Strohhalme: Drinks in niedrigen Gläsern werden üblicherweise mit zwei dünnen Plastikstrohhalmen oder einem normalen Strohhalm serviert.

Lange Strohhalme: Hier gilt dasselbe wie für die kurzen Strohhalme. Lange Strohhalme kommen zumeist in Collinsgläsern und Tikibechern zum Einsatz.

Streichhölzer: Wir geben eine halbe Packung Streichhölzer in einen Tumbler, schneiden die Reibefläche der Streichholzschachtel aus und kleben sie an die Seite des Glases. So ist Feuer schnell zur Hand, wenn es ans Flambieren oder Kerzenanzünden geht.

Cocktailspieße aus Bambus: Am Spieß lassen sich Kirschen, Oliven und Cocktailzwiebeln ideal servieren. Auch für Cocktaildekorationen eignen sich die Spieße, die aus Edelstahl oder Silber besonders edel wirken.

AUS EIGENER HERSTELLUNG

ZUCKERSIRUP

    90 cl feinste Raffinade
    90 cl Wasser

Auf mittlerer Hitze (etwa 70 °C) unter ständigem Rühren köcheln lassen, bis der Zucker schmilzt.

Abkühlen lassen, in eine Flasche füllen und im Kühlschrank aufbewahren.

Ertrag: etwa 150 cl

INGWERBIER

  240 cl Wasser
1 Tasse gehackter Ingwer
    6 cl hellbrauner Zucker
    3 cl Limettensaft

Wasser zum Kochen bringen und vom Herd nehmen. Gehackten Ingwer hinzugeben, zudecken und eine Stunde ziehen lassen. Durch ein Spitzsieb abseihen, um so viel Flüssigkeit wie möglich zu erhalten. Den Ingwer dabei mit einem Löffel in das Sieb drücken. Limettensaft und Zucker hinzugeben, verrühren, in eine Flasche füllen und im Kühlschrank aufbewahren.

Ertrag: etwa 220 cl

Zutaten & Garnierungen

DEMERARASIRUP

100 cl Demerarazucker
50 cl Wasser

Auf mittlerer Hitze (etwa 70 °C) unter ständigem Rühren köcheln lassen bis der Zucker schmilzt. Abkühlen lassen, in eine Flasche füllen und im Kühlschrank aufbewahren. Die Zubereitung dauert etwas länger als bei anderen Siruparten.

Ertrag: etwa 100 cl

HONIGSIRUP

100 cl Kleehonig
50 cl Wasser

Auf mittlerer Hitze (etwa 70 °C) unter ständigem Rühren köcheln lassen bis der Honig flüssig ist. Abkühlen lassen, in eine Flasche füllen und im Kühlschrank aufbewahren.

Ertrag: etwa 100 cl

AGAVENSIRUP

100 cl Agavennektar
100 cl Wasser

Auf niedriger Hitze (etwa 50 °C) unter ständigem Rühren köcheln lassen, bis der Agavennektar flussig ist. Abkühlen lassen, in eine Flasche füllen und im Kühlschrank aufbewahren.

Ertrag: etwa 180 cl

GRENADINE

40 cl Granatapfelsaft
40 cl feinste Raffinade

Saft und Zucker verrühren oder shaken, bis sich der Zucker löst. In eine Flasche füllen und im Kühlschrank aufbewahren.

Ertrag: etwa 60 cl

BARTECHNIKEN

Eine Auswahl an modernen Cocktailbüchern, die sich besonders intensiv mit Bartechniken beschäftigen, ist im Kapitel „Literatur für Bartender" zu finden. Zur Weiterbildung sind die darin beschriebenen Arbeitsweisen höchst empfehlenswert. Für die Zubereitung der Cocktails in diesem Buch genügen allerdings die im Folgenden vorgestellten Techniken, die detailliert beschreiben, was in den Rezepten aus Platzgründen knapp gehalten ist.

Vorbereiten des Glases

Vor Barbetrieb werden die Gläser gereinigt und poliert.

Im Glaskühler oder auf Eis bleiben die Gläser perfekt temperiert. Heiße Drinks werden in einem warmen Glas aus dem Wasserbad serviert.

Eine Zucker- oder Gewürzcrusta wird vor dem Kühlen des Glases bereitet.

Bevor der Cocktail geshakt, gerührt oder erhitzt wird, steht das Glas vorbereitet vor dem Bartender.

Mixen

Alle Zutaten werden in einen Shaker oder ein Rührglas ohne Eis gefüllt. Dabei beginnen wir mit den kleinsten Mengen und geben die Basis zuletzt dazu. Sind alle Drinks vorbereitet, kommt das Eis hinzu. Anschließend werden die Drinks geshakt, gerührt oder erhitzt. So kann der Bartender viele Cocktails zeitgleich zubereiten und servieren.

Anstatt das Glas auszuschwenken, sprühen wir den Absinth oder Likör in das Glas. So wird es gleichmäßig benetzt und kein Alkohol verschwendet. Die Maßangaben für Zutaten mit Kohlensäure sollten nicht variiert werden. Das richtige Mischverhältnis ist wichtiger als ein bis zum Rand gefülltes Glas.

Zerstoßen

Kräuter werden vor dem Zerstoßen gewaschen und verlesen. Besonders schöne Blätter legen wir als Garnierung beiseite. Die weniger ansehnlichen Blätter eignen sich gut zum Zerstoßen, solange sie nicht zu eingerissen oder verfärbt sind.

Kräuter, Gewürze und Früchte zerstoßen wir mit etwa 2 cl Flüssigkeit wie Zuckersirup oder passendem Likör. Durch behutsames Ausdrücken – nicht grobes Quetschen – werden ätherische Öle und Säfte freigesetzt.

Shaken

Unsere Cocktails werden mit 30 bis 36 cl Eiswürfel (3,2 cm) für acht bis zwölf Sekunden geshakt. Mit kleineren Eiswürfeln können Shakezeit und Eismenge variieren. In jedem Fall sollte der Cocktail wunschgemäß temperiert und verdünnt werden.

Normalerweise werden Cocktails mit Zitrus, Sahne, Ei oder zerstoßenen Zutaten geshakt. Cocktails mit Ei shakt man fünf bis sieben Sekunden ohne Eis, um die Proteine zu lösen. Anschließend wird der Cocktail zum Kühlen und Verdünnen mit Eis für zehn bis 13 Sekunden geshakt.

Rühren

Gerührte Drinks bestehen meist komplett aus alkoholischen Zutaten und werden in einem gekühlten Rührglas mit Ausgießer zubereitet. Zehn bis 13 Sekunden rühren wir behutsam, sodass keine Luftblasen entstehen. Beim Mixen mit großen Eiswürfeln eignet sich eine Mischung aus Eiswürfeln mit rauher und glatter Oberfläche, sodass das Eis gut schmelzen und der Cocktail perfekt verdünnt werden kann.

Nach dem Aufgießen mit sprudelndem Soda oder Champagner wird der Cocktail ebenfalls kurz gerührt, um alle Zutaten gut zu vermengen.

Bartechniken

Abseihen

Sobald der Cocktail fertig gemixt und richtig temperiert ist, wird er in ein vorbereitetes Glas durch den Strainer abgeseiht oder pur gegossen. Grundsätzlich werden Cocktails auf frisches Eis abgeseiht. Soll der Drink pur ins Gästeglas gegeben werden, ist dies im Rezept ausdrücklich vermerkt.

Geshakte Cocktails werden aus der größeren metallenen Hälfte des Boston Shakers mit einem Hawthorne Strainer abgeseiht. Gerührte Cocktails seihen wir aus dem Rührglas durch einem Julep Strainer ab.

Der Strainer wird direkt über das Cocktailglas gehalten. So werden kleine Kräuter-, Gewürz- und Fruchtstücke fein ausgesiebt. Wünscht der Gast einen klaren, unverdünnten Drink, filtert der Strainer auch kleine Eisstückchen aus.

Zitrusschalen

Zitrusschalen sorgen für Aroma und Ästhetik. Indem man ein Stück Schale – mit der Schalenseite nach unten – über dem Drink auspresst, werden ätherische Öle freigesetzt.

Wir arbeiten mit geviertelten Zitrusschalen mit ein wenig weißem Mark. Die Schale wird über der Mitte des Cocktails kurz ausgepresst, rund um den Glasrand gerieben und mit der Schalenseite nach oben in den Drink gegeben.

Zum Flambieren wird ein Streichholz zwischen das Schalenstück und den Cocktail gehalten. Die Schale darf dabei das Streichholz nicht berühren, da feine Nasen sonst ein leichtes Schwefelaroma im Cocktail bemerken.

Fruchttranchen, Beeren, Zitrusspalten und Zitrusscheiben

Äpfel, Birnen und Co. werden in Scheiben geschnitten und schmücken den Cocktail am Glasrand. Obstfächer hält ein Cocktailspieß zusammen.

Wasser-, Netz- und Honigmelonen portionieren wir mit einem Melonenausstecher zu perfekten Kugeln und geben sie am Cocktailspieß in den Drink. Heidelbeeren, Himbeeren und Brombeeren können ebenfalls am Cocktailspieß serviert werden.

Zitrusspalten – etwa für Gin & Tonic – werden mittig etwas eingeschnitten und am Glasrand angebracht. Alle Zitrusfrüchte werden vor Schichtbeginn entkernt.

Eine ganze oder halbe Zitrusscheibe dient allein der Dekoration. Zitronen und Limetten werden hauchdünn geschnitten und in den Cocktail gegeben. Alternativ wird eine dickere Scheibe mittig eingeschnitten und auf den Glasrand gesteckt.

Größere Zitrusfrüchte wie Grapefruits und Orangen werden als halbe Scheiben auf den Glasrand gesteckt.

Weitere Garnierungen

Gewürze oder Zitrusschalen werden mit einem Zestenreißer oder einer Gewürzreibe frisch über den fertigen Cocktail gerieben. Dabei rechnen wir mit etwa $1/16$ Teelöffel Gewürz und knapp $1/8$ Teelöffel geriebene Zitrusschale.

Ätherische Kräuteröle werden freigesetzt, indem man die Zweige oder Blätter kurz auf den eigenen Handrücken schlägt. Sie sorgen für eine angenehm aromatische Wolke über dem Drink.

Mit einem Sprühfläschchen erhält der Cocktail eine bestimmte Aromanote. Sprühen Sie den Boden und die Innenseiten des Glases sorgfältig und gleichmäßig mit der jeweiligen Flüssigkeit ein.

Kirschen, Oliven oder Cocktailzwiebeln werden zu je drei Stück an einem Cocktailspieß in den Cocktail gegeben. Im PDT nutzen wir dafür zehn Zentimeter lange Bambusspieße.

DAS ABENTEUER PDT

Das Abenteuer PDT beginnt mit einem Anruf. Wer unsere Nummer wählt, um einen der begehrten Plätze im PDT zu reservieren, wird von unserer charmanten Telefondame freundlich und professionell beraten. Schließlich läutet hinter der Rückwand besagter Telefonzelle unser Empfangsherr mit seiner herzlichen Begrüßung einen exklusiven Abend ein. Für jeden Gast gibt es den richtigen Platz. Während die einen Privatsphäre wünschen, trinken die anderen gern in Gesellschaft. Ist der Tisch oder Barhocker gewählt, begrüßt der Bartender oder Servierer den Gast höflich und bringt eine Karaffe Eiswasser sowie die Karte, auf der 18 Cocktails, vier heimische Biere sowie Wein und ein paar Köstlichkeiten vom Crif Dogs zur Auswahl stehen. Mit schriftlichen Erläuterungen wird dem Gast die Entscheidung leichter gemacht und gleichzeitig Fragen zu ausgefallenen Zutaten vorgebeugt.

Hat unser Gast seine Wahl getroffen, nehmen wir die Bestellung auf oder helfen mit gezielten Fragen zu persönlichen Vorlieben bei der Auswahl. Die Art des Drinks und die Basisspirituose werden dabei ebenso in die Entscheidung mit einbezogen wie gegebenenfalls der letzte Drink. Empfehlung und Zubereitung stimmen wir dabei auf den Geschmack des Gastes – nicht auf unseren eigenen – ab. Im Idealfall genießt man seine Cocktails ähnlich wie ein mehrgängiges Menü.

Natürlich soll unser Gast seinen Drink ungestört genießen können. Wer jedoch Lust auf eine kleine Unterhaltung hat, ist bei uns ebenso gut aufgehoben. Das Austauschen von Servietten, ein neues Glas Wasser und das Wegräumen von leeren Tellern und Gläsern sind hervorragende Anknüpfpunkte für ein Gespräch. Wenn es sich anbietet, stellen wir uns höflich vor. Unsere Senior Bartender erinnern sich an die Namen und die geschmacklichen Vorlieben aller Stammgäste.

Unsere Bartender arbeiten zum Großteil hinter wie vor der Bar. Um Zeit zu sparen, bereiten wir oft zwei große Bestellungen auf einmal vor. So ordern unsere Gäste gern die schnell zubereiteten Cocktails anstelle von einfachen Longdrinks. Auch vom Umgang unserer Bartender miteinander schließt der Gast auf unsere Servicequalität. Im Gegensatz zum berüchtigten Küchenchef, der seine Mitarbeiter bei Hochbetrieb mit Wutanfällen piesackt, bewahren gute Bartender, Servierer und Barchefs auch bei großem Andrang einen kühlen Kopf. Umgekehrt gilt genauso: Wir haben Spaß bei der Arbeit, doch niemals mehr Spaß als unsere Gäste.

Hintergrundmusik, Beleuchtung und Raumtemperatur passen wir an Gästeanzahl und Tageszeit an. Als verantwortungsbewusste Bartender achten wir auch auf die Menge an Drinks, die jeder Gast konsumiert. Barfood und Wasser können kleine Wunder wirken. Wem auch damit nicht mehr geholfen ist, der wird diskret und diplomatisch aus dem Trinkprogramm genommen.

Wenn der Gast zahlen möchte, wird zunächst der Tisch freigeräumt und anschließend die Rechnung überreicht. Lediglich das Wasserglas bleibt gefüllt auf dem Tisch, bis der Gast geht. Mit einem herzlichen Auf Wiedersehen und einem erneuten Dankeschön entlassen wir unsere Gäste in die Nacht. Es heißt, dass man von guten Erlebnissen fünf Freunden, von schlechten jedoch 20 erzählt. Den Gesamteindruck unserer Bar rundet glücklicherweise eine extravagante Telefonzelle ab.

COCKTAILS

Bis es ein Cocktail auf unsere Karte schafft, wird er von uns auf Herz und Nieren geprüft. Mit verschiedenen Marken und Mengenverhältnissen tasten wir uns schrittweise zur idealen Mischung vor. Da viele Spirituosen im Laufe der Zeit vom Hersteller verändert werden und sich der allgemeine Geschmack über die Jahre wandelt, sind die folgenden Rezepte als Momentaufnahme zu betrachten und dürfen – ja sollen sogar – nach eigenem Ermessen variiert werden. Nicht alle der angegeben Spirituosen sind in Deutschland verfügbar. Hoffentlich regt dieses Buch somit auch Händler dazu an, diese hervorragenden Marken mit in ihr Sortiment aufzunehmen. Nützliche Internetadressen finden Sie im Kapitel „Bezugsquellen" ab Seite 338 oder unter www.gestalten.com/PDT.

Genauso gehalt- und geschmackvoll wie ihre Cocktails sind mitunter die Bücher über Bars und Bartender. Seit dem Tag unserer Eröffnung passe ich klassische Rezepte immer wieder an den wechselnden Geschmack des Gastes an. Um die Anfänge heutiger Klassiker zu dokumentieren und dem Leser eine Vorstellung davon zu vermitteln, wann die jeweiligen Drinks den Sprung in den Cocktailolymp schafften, habe ich für dieses Buch zahlreiche alte Rezepte und Barhandbücher durchforstet.

Neben den klassischen Rezepten finden Sie im Folgenden alle Drinks, die bis zum Sommer des Jahres 2010 im PDT kreiert wurden. Jedem unserer Hauscocktails ist sein Schöpfer wie sein Entstehungsjahr zugeordnet. Seit dem Winter 2007 habe ich zu jedem Cocktail auf unserer Karte kleine Beschreibungen verfasst, die auf den nächsten Seiten in detaillierter Form als Anekdoten mit Erläuterungen zu Namen, Entstehungsgeschichten und seltenen Zutaten zu lesen sind. Häufig gebrauchte Sirupe sind im Kapitel „Aus eigener Herstellung" aufgelistet. Anleitungen für spezielle Zutaten finden Sie separat unter dem jeweiligen Cocktailrezept.

Ich möchte kein Geheimnis aus unserer Arbeit, unseren Rezepten und unseren Mixtechniken machen. Meine geschätzten Kollegen auf der ganzen Welt mögen es mir gleichtun und dieses Buch als Bereicherung und Inspiration für ihre hervorragende Arbeit betrachten.

#8

Gleich zwei Gründe gab es für den Zahlenliebhaber und Bartender Daniel Eun, seine Kreation #8 zu nennen: Die Reifezeit des Don Julio Reposado und die Trikotnummer seines Lieblingsbasketballspielers Kobe Bryant.

- 6 cl **Don Julio Reposado Tequila**
- 2 cl **Lustau Palo Cortado Sherry**
- 1,5 cl **Bärenjäger Honiglikör**
- 2 **Spritzer hausgemachter Orangenbitter**

Alle Zutaten mit Eis rühren und in eine gekühlte Cocktailschale abseihen.

Ein Stück Zitronenschale in den Cocktail geben.

— *Daniel Eun, Herbst 2008*

#3 CUP

Erinnert sich jemand noch an die Flaschencocktails der Marke Pimm's? Die Nummern auf den Flaschen bezeichneten die jeweilige Basisspirituose und reichten von #1 bis #6. Die #3, die Gerry als Namenspate für diesen Cocktail wählte, wurde mit Brandy zubereitet.

- 3 cl **Hine V.S.O.P. Cognac**
- 3 cl **Ingwerbier**
- 2 cl **Martini Rosso**
- 1,5 cl **Marie Brizard Curaçao Orange**
- 1,5 cl **Heering Cherry Liqueur**
- 1,5 cl **Zitronensaft**
- 4–5 **Minzblätter (plus 1 Zweig als Garnierung)**
- 2 **Scheiben Salatgurke (ungeschält)**
- 2 **Orangenscheiben (1 für die Garnierung)**

Minze, Salatgurke und Orangenscheibe zerstoßen.

Die restlichen Zutaten hinzugeben, mit Eis shaken und in ein gekühltes Collinsglas mit Eis abseihen.

Ein Stück Orangenschale in den Cocktail geben und mit dem Minzzweig garnieren.

— *Gerry Corcoran, Frühling 2009*

212

Anhand der historischen Vorwahl von Manhattan trafen Aisha und Willy, die Gründer von New York's Contemporary Cocktails, genau das richtige Mischverhältnis.

6 cl Partida Tequila Reposado
6 cl pinkfarbener Grapefruitsaft
3 cl Aperol

Alle Zutaten mit Eis shaken und in ein gekühltes Collinsglas mit Eis abseihen.

Ein Stück Orangenschale in den Cocktail geben.

— *Aisha Sharpe und Willy Shine, New York, 2008*

20TH CENTURY

Dieser Cocktail stammt aus dem Shaker von C. A. Tuck und ist nach dem Luxuszug 20th Century Limited benannt, der von 1902 bis 1967 zwischen New York City und Chicago verkehrte.

- 4,5 cl Plymouth Gin
- 2 cl Marie Brizard Crème de Cacao Blanc
- 2 cl Lillet Blanc
- 2 cl Zitronensaft

Alle Zutaten mit Eis shaken und in eine gekühlte Cocktailschale abseihen.

Keine Garnierung.

— W. J. Tarling, Café Royale Cocktail Book, *1937*

21ST CENTURY

Diese Tequilaversion des 20th Century kreierte ich gemeinsam mit Audrey Saunders im Pegu Club.

- 6 cl Tequila 7 Leguas Blanco
- 2 cl Marie Brizard Crème de Cacao Blanc
- 2 cl Zitronensaft

Alle Zutaten mit Eis shaken und in eine gekühlte, mit Pernod gespülte Cocktailschale abseihen.

Keine Garnierung.

— Jim Meehan, New York, *2007*

100 YEAR PUNCH

Der Bek Se Ju, der „Wein der 100 Jahre", wird aus zwölf verschiedenen Gewürzen gewonnen und verspricht ein hundertjähriges Leben.

    3 cl Elijah Craig Bourbon (12 Jahre)
    3 cl Bek Se Ju „Wein der 100 Jahre"
0,75 cl Ssal-Yut Reissirup
2 Spritzer Fee Brothers Old Fashion Bitters

Mit einem Zestenreißer die Schale einer halben Mandarine in ein Rührglas geben.

Restliche Zutaten hinzugeben, mit Eis rühren und in einen gekühlten Tumbler auf Eis fein abseihen.

Mit 3 cl Q Tonic aufgießen.

Geriebene Muskatnuss über den Cocktail geben.

— *Daniel Eun, Winter, 2008*

ABSINTHE DRIP

Auf diese Weise wird Absinth – mit seinen 60 bis 68 % ein starker Tropfen – klassisch zubereitet. Mit Wasser werden die Aromastoffe des Alkohols gelöst und der pure Absinth verdünnt.

4,5 cl **Absinth Vieux Pontarlier**
13,5–18 cl **eiskaltes, gefiltertes Wasser**
1 **Zuckerwürfel**

Mit einem Zestenreißer die Schale einer halben Mandarine in ein Rührglas geben.

Restliche Zutaten hinzugeben, mit Eis rühren und in einen gekühlten Tumbler auf Eis fein abseihen.

Mit 3 cl Q Tonic aufgießen.

Geriebene Muskatnuss über den Cocktail geben.

— *Jerry Thomas*, The Bar-Tender's Guide, *1862*

AGAINST ALL ODDS COCKTAIL

An einem ruhigen Sonntagabend im August kreierten wir gemeinsam diesen unüblichen Mix aus Wein und Spirituosen auf Zuckerrohr-, Agaven- und Kornbasis. Da sich dieser Drink allen bekannten Cocktailgesetzen widersetzt, trägt er den entsprechenden Namen.

4,5 cl **Bushmills Irish Whiskey**
4,5 cl **Channing Daughters Scuttlehole Chardonnay**
1,5 cl **Rothman & Winter Orchard Apricot**
0,75 cl **Clément Creole Shrubb Rhum Liqueur**

Alle Zutaten mit Eis rühren und in eine gekühlte, mit Ilegal Reposado Mezcal gespülte Cocktailschale abseihen.

Mit einem Stiefmütterchen garnieren.

— *Jim/David/Gerry, Sommer 2008*

ÁGUILA AZTECA

Der Adler, Symbol des stärksten Aztekenkriegers, war namengebend für diese tequilabasierte Version des Aviation Cocktails.

- 4,5 cl Jose Cuervo Tradicional Reposado Tequila
- 3 cl Honigmelonensaft
- 0,75 cl Domaine de Canton Ingwerlikör
- 0,75 cl Rothman & Winter Crème de Violette

Alle Zutaten mit Eis shaken und in eine gekühlte Cocktailschale abseihen.

Keine Garnierung.

— *Jim Meehan, Sommer 2008*

AIRMAIL

In Whitfields Cocktailbuch Here's How steht unter diesem Rezept geschrieben: „Guten Flug…"

- 3 cl Banks 5 Island Rum
- 1,5 cl Limettensaft
- 1,5 cl Honigsirup

Alle Zutaten mit Eis shaken und in eine gekühlte Cocktailschale abseihen.

Mit 3 cl Moët & Chandon Impérial Champagner aufgießen.

Mit einer Limettenscheibe garnieren.

— *W. C. Whitfield,* Here's How, *1941*

ALBERT MATHIEU

Im Jahr 1802 schlug der französische Mineningenieur Albert Mathieu einen Tunnel unter dem Ärmelkanal vor, der eventuell als Vorlage für den heutigen Eurotunnel diente.

4,5 cl **Plymouth Gin**
2 cl **Lillet Blanc**
2 cl **Chartreuse Verte**
1 BL **St. Germain Holunderblütenlikör**
1 Spritzer **Regan's Orange Bitters**

Alle Zutaten mit Eis rühren und in eine gekühlte Cocktailschale abseihen.

Ein Stück Orangenschale in den Cocktail geben.

— *Kevin Martin, Boston, 2009*

AMERICANO HIGHBALL

Dieser Drink stand eigentlich als Milano-Torino auf den Karten italienischer Bars. Als jedoch immer mehr amerikanische Touristen Gefallen an diesem Cocktail fanden, wurde er ihnen zu Ehren umbenannt.

4,5 cl **Carpano Antica Formula Vermouth**
4,5 cl **Campari**

In einem gekühlten Collinsglas anrichten, Eis hinzugeben und mit 7,5 cl Soda aufgießen.

Den Cocktail mit einer halben Orangenscheibe garnieren.

— *Leurs Cocktails Par Antoine, 1932*

Cocktails

ALGONQUIN

Dieser Cocktail trägt den Namen eines historischen Hotels in Manhattan, wo sich ein paar berühmte Schriftsteller, Künstler und Schauspieler (Mitglieder des Algonquin Round Table) vor Inkrafttreten der Prohibition zum Mittagessen zu treffen pflegten.

6 cl Rittenhouse Rye Whiskey Vol. 50 %
2 cl Dolin Vermouth Dry
2 cl Ananassaft

Alle Zutaten mit Eis rühren und in eine gekühlte Cocktailschale abseihen.

Keine Garnierung.

— *Selmer Fougner,* Along the Wine Trail, *1935*

APEROL SPRITZ

Dieses einfache Rezept für einen der erfrischendsten Sommerdrinks steht auf der Rückseite jeder Aperolflasche.

- 6 cl **Aperol**
- 3 cl **Carpené Malvolti Prosecco**
- 3 cl **Soda**
- 1,5 cl **Orangensaft**

Alle Zutaten in einen gekühlten Tumbler geben und mit Eis auffüllen, rühren und mit einer halben Orangenscheibe garnieren.

— *Klassiker, Frühling 2007*

APPLE DAIQUIRI

Zunächst gaben wir dem deutschen Apfelschnaps für mehr Griffigkeit etwas Apfelkraut vom Wochenmarkt hinzu. Dieses Rezept jedoch ist weniger saisonal und kann das ganze Jahr auf der Karte stehen.

- 6 cl **Flor de Caña Silver Dry Rum**
- 2 cl **Limettensaft**
- 1,5 cl **Schönauer Apfelschnaps**
- 0,75 cl **Zuckersirup**

Alle Zutaten mit Eis shaken und in eine gekühlte Cocktailschale abseihen.

Keine Garnierung.

— *John Deragon, Herbst 2007*

APPLEJACK RABBIT

Der Apfelbrandy erlebte einen wahren Hype in den New Yorker Cocktailbars, nachdem Laird & Company auf Drängen von Audrey Saunders, der Besitzerin des Pegu Clubs, ihren Apfelbrandy auch in New York verkauften.

- 6 cl **Laird's Old Apple Brandy**
- 2 cl **Zitronensaft**
- 2 cl **Orangensaft**
- 1,5 cl **Deep Mountain Grade B Ahornsirup**

Alle Zutaten mit Eis shaken und in eine gekühlte Cocktailschale abseihen.

Keine Garnierung.

— *Judge Jr., Here's How, 1927*

APPLE MALT TODDY

Für eine Veranstaltung eines Wochenmarkts erfand ich diesen warmen Drink, der mit Zutaten von zwei unserer liebsten lokalen Lieferanten zubereitet wird: Deep Mountain und Red Jacket Orchards.

6 cl	Red Jacket Orchard Apple Cider
4,5 cl	Chivas Regal Scotch (12 Jahre)
3 cl	Drouin Pommeau
0,75 cl	St. Elizabeth Allspice Dram
1 BL	Deep Mountain Grade B Ahornsirup

Alle Zutaten erhitzen und in eine vorgewärmte Isoliertasse geben.

Den Cocktail mit einer Zimtstange garnieren.

— Jim Meehan, Herbst 2009

APRICOT FLIP

Dieser reichhaltige Herbstdrink wurde direkt nach der Markteinführung von Orchard Apricot in die Vereinigten Staaten kreiert. Besonders gut passt der Steinfruchtlikör zu Cognac.

6 cl	Hine V.S.O.P. Cognac
2 cl	Rothman & Winter Orchard Apricot
1,5 cl	Zuckersirup
1	ganzes Bio-Ei

Erst ohne, dann mit Eis shaken und in ein gekühltes Longdrinkglas abseihen.

Geriebene Muskatnuss über den Cocktail geben.

— John Deragon, Herbst 2007

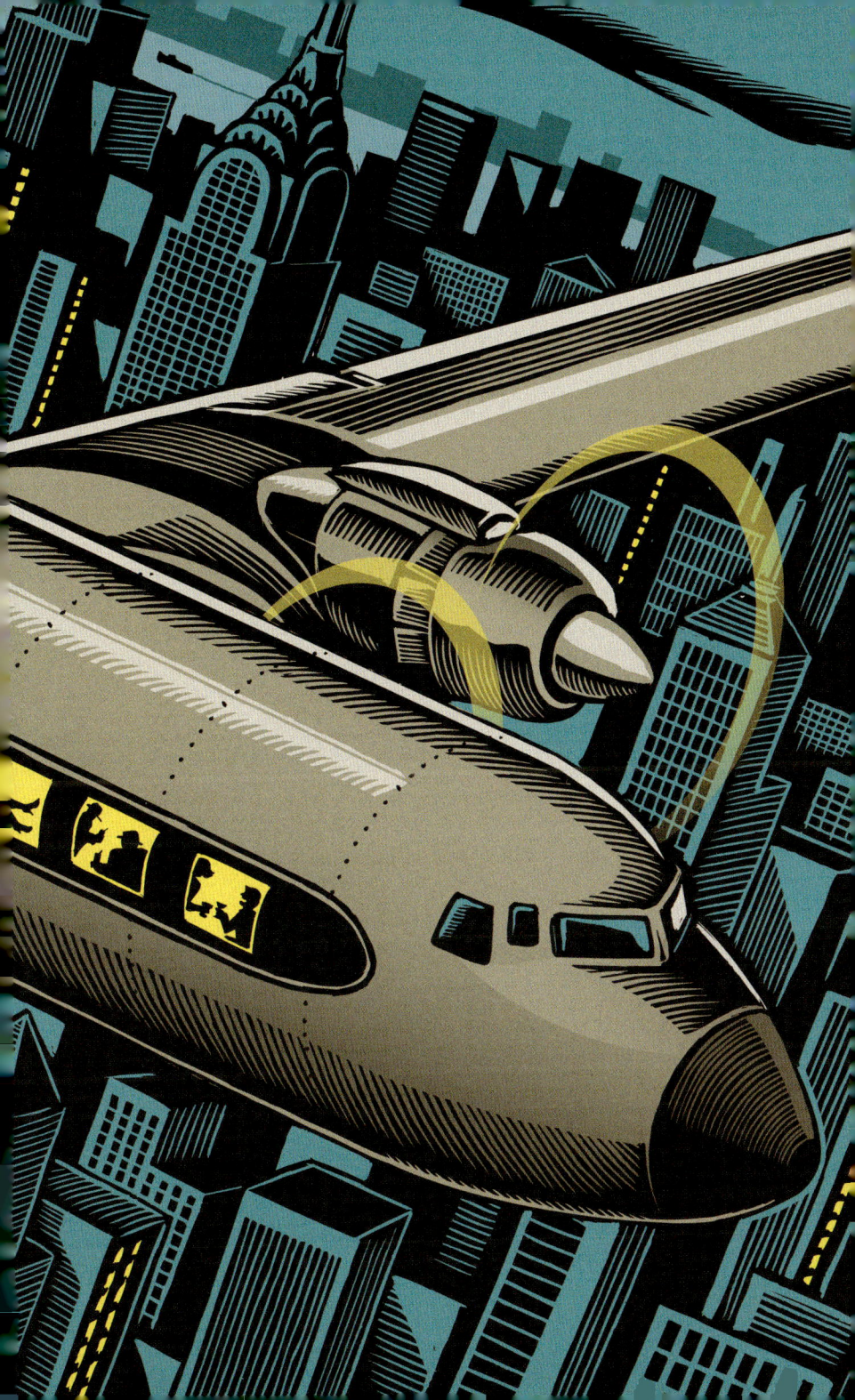

ARCHANGEL

Michael und Richie benannten diesen Cocktail nach dem Erzengel Gabriel – im Anschluss an eine feuchtfröhliche Unterhaltung über die argentinische Fußballlegende Gabriel Batistuta.

6,5 cl **Plymouth Gin**
2 cl **Aperol**
2 Scheiben **Salatgurke**

Salatgurke mit Aperol im Rührglas zerstoßen.

Gin und Eis hinzugeben, rühren und in eine gekühlte Cocktailschale fein abseihen.

Ein Stück Zitronenschale in den Cocktail geben.

— *Michael McIlroy & Richard Boccato, New York, 2006*

ASTORIA BIANCO

Ich erfand diese Variante des Astoria Cocktails in der Gramercy Tavern, nachdem ich Old Waldorf Bar Days *von Albert Stevens Crockett gelesen hatte.*

7,5 cl **Tanqueray Gin**
3 cl **Martini Bianco**
2 Spritzer **hausgemachter Orangenbitter**

Alle Zutaten mit Eis rühren und in eine gekühlte Cocktailschale abseihen.

Ein Stück Orangenschale in den Cocktail geben.

— *Jim Meehan, New York, 2005*

AVIATION

Der Legende nach wurde dieser azurfarbene Cocktail zur Geburtsstunde der Flugfahrt erfunden und versteht sich als flüssige Hommage an die Eroberung des Himmels.

- 6 cl **Beefeater Gin**
- 2 cl **Zitronensaft**
- 1,5 cl **Luxardo Maraschino Likör**
- 0,75 cl **Rothman & Winter Crème de Violette**

Alle Zutaten mit Eis shaken und in eine gekühlte Cocktailschale abseihen.

Keine Garnierung.

— *Hugo Ensslin*, Recipes for Mixed Drinks, *1916*

BEACHBUM

John Deragon entwickelte diesen Cocktail zu Ehren von Jeff „Beachbum" Berry, dessen Bücher die Tikikultur im 21. Jahrhundert wieder zum Leben erweckten.

- 3 cl **Mount Gay Rum Eclipse**
- 3 cl **Flor de Caña Silver Dry Rum**
- 3 cl **Ananassaft**
- 2 cl **Limettensaft**
- 1,5 cl **Rothman & Winter Orchard Apricot**
- 1,5 cl **Kassatly Chtaura Orgeat**

Alle Zutaten mit Eis shaken und in einen gekühlten Tikibecher auf Eiswürfel abseihen.

Mit einer Cocktailkirsche und einer Orangenscheibe am Spieß sowie einem Schirmchen garnieren.

— *John Deragon, Winter 2007*

BEER AND A SMOKE

Diese Michelada veredele ich mit einem rauchigen Mezcal. Für den saisonalen Touch sorgt der Selleriebitter.

- 3 cl Sombra Mezcal Tequila
- 2 cl Limettensaft
- 1 Spritzer The Bitter Truth Celery Bitters
- 4 Spritzer Cholula Salsa Picante

Alle Zutaten mit Eis rühren und in ein gekühltes Collinsglas mit einer Crusta aus koscherem Salz, Selleriesalz und schwarzem Pfeffer abseihen.

Mit 18 cl Victory Pilsner aufgießen und frisch geriebene Orangen- und Limettenschale über den Cocktail geben.

— Jim Meehan, Frühling 2009

BEER CASSIS

Als Grundlage dieses Drinks dient der Byrrh Cassis, der in den 1930er-Jahren als beliebter Aperitif galt und besonders gern in den Straßencafés europäischer Metropolen serviert wurde.

- 3 cl **Dubonnet Rouge**
- 0,75 cl **Theuriet Cassis**

Alle Zutaten mit Eis rühren und in ein gekühltes Weißweinglas abseihen.

Mit 18 cl Brooklyn Brewery Local 1 aufgießen.

Ein Stück Zitronenschale in den Cocktail geben.

— *Jim Meehan, Frühling 2008*

BEE'S KNEES

Diesen schlicht-eleganten Cocktail mixte Frank Meier hinter dem Tresen des Pariser Ritz. Seine Zeitgenossen bezeichneten mit „Bee's Knees" etwas ganz besonders Schönes.

- 6 cl **Plymouth Gin**
- 2,5 cl **Zitronensaft**
- 2,5 cl **Honigsirup**

Alle Zutaten mit Eis shaken und in eine gekühlte Cocktailschale abseihen.

Keine Garnierung.

— *Frank Meier*, The Artistry of Mixing Drinks, *1937*

Cocktails

BEE'S SIP

Dieser Saketini basiert auf dem Yokohama Romance Cocktail von Kenta Goto. In dieser Variante geht der Sake mit Holunderblüte und Kamille eine erfrischende Liaison ein.

7,5 cl Barsol Quebranta Pisco-Kamilleninfusion
3 cl Masumi Okuden Junmai Sake
1,5 cl Bärenjäger Honiglikör

Alle Zutaten mit Eis rühren und in eine gekühlte, mit St. Germain Holunderblütenlikör gespülte Cocktailschale abseihen.

Ein Stück Zitronenschale in den Cocktail geben.

— *Jim Meehan, Frühling 2008*

Barsol Quebranta Pisco-Kamilleninfusion
1 75 cl Flasche Barsol Quebranta Pisco
1,5 cl In Pursuit of Tea-Kamillenblüten

Kamillenblüten und Pisco in ein reaktionsneutrales Gefäß geben.

15 Minuten bei Zimmertemperatur ziehen lassen.

Abseihen und in eine Flasche abfüllen.

Ertrag: etwa 75 cl

Barkultur goes Bauernhof: Don Lee bringt Schinkenspeck und einen unserer liebsten Bourbons auf einen köstlichen Nenner.

BENTON'S OLD-FASHIONED

- **6 cl** Four Roses Bourbon-Infusion mit Schinkenspeck
- **0,75 cl** Deep Mountain Grade B Ahornsirup
- **2 Spritzer** Angostura

Alle Zutaten mit Eis rühren und in einen gekühlten Tumbler mit einem großen Eiswürfel abseihen.

Ein Stück Orangenschale in den Cocktail geben.

— *Don Lee, Winter 2007*

Four Roses Bourbon-Infusion mit Schinkenspeck

- **4,5 cl** Schinkenspeck von Benton's Bacon
- **1 75 cl** Flasche Four Roses Bourbon

Den Schinkenspeck auf kleiner Flamme in einer kleinen Pfanne erhitzen. Etwa fünf Minuten unter ständigem Rühren schmelzen. Das geschmolzene Fett und den Bourbon in ein großes, reaktionsneutrales Gefäß geben und verrühren.

Nach vier Stunden Ziehzeit das Gefäß für zwei Stunden in den Kühlschrank stellen.

Das erstarrte Fett abschöpfen, den Bourbon durch ein feines Tuch abseihen und in eine Flasche abfüllen.

Ertrag: etwa 75 cl

BERLIONI

Im Jahr 2004 kreierte Gonçalo diese Negroniversion hinter dem Tresen der Berliner Victoriabar in Anlehnung an den Bensonhurst Cocktail von Chad Solomon.

- 4,5 cl **Tanqueray Gin**
- 2 cl **Cynar**
- 1,5 cl **Noilly Prat Dry Vermouth**

Alle Zutaten mit Eis rühren und in einen gekühlten Tumbler mit einem großen Eiswürfel abseihen.

Ein Stück Orangenschale in den Cocktail geben.

— *Gonçalo de Sousa Monteiro, Berlin, 2004*

BETSY ROSS

Im Jahr 1776 nähte Elizabeth „Betsy" Griscom Ross auf Bitte von George Washington, Robert Morris und George Ross (dem Onkel ihres Ehemanns) die erste Staatsflagge der Vereinigten Staaten.

6 cl	Pierre Ferrand Ambre Cognac
2 cl	Dow's Fine Ruby Port
1,5 cl	Grand Marnier
2 Spritzer	Angostura

Alle Zutaten mit Eis rühren und in eine gekühlte Cocktailschale abseihen.

Geriebene Muskatnuss über den Cocktail geben.

— *Crosby Gaige,* Cocktail Guide and Ladies Companion, *1941*

BETULA

Dank seiner geschmacklichen Reminiszenz an Birkenbier trägt dieser Cocktail den lateinischen Namen des silberweißen Baums.

3 cl **Rittenhouse Whiskey-Birkeninfusion**
3 cl **Matusalem Gran Reserva Rum**
1,5 cl **Zitronensaft**
1,5 cl **Deep Mountain Grade B Ahornsirup**

Alle Zutaten mit Eis shaken und in eine gekühlte Cocktailschale abseihen.

Den Cocktail mit Sternanis garnieren.

— *John Deragon, Herbst 2007*

Rittenhouse Whiskey-Birkeninfusion
5 cl **Birkenrinde**
75 cl **Rittenhouse Rye Whiskey Vol. 50 %**

Birkenrinde und Rye Whiskey in ein reaktionsneutrales Gefäß geben. Zwölf Stunden bei Zimmertemperatur ziehen lassen.

Abseihen und in eine Flasche abfüllen.

Ertrag: etwa 75 cl

BIJOU

Der Legende nach symbolisieren die edlen Zutaten des Bijou – französisch für „Juwel" – in flüssiger und wohlschmeckender Form den Diamanten, den Rubin und den Smaragd.

3 cl **Tanqueray Gin**
3 cl **Dolin Vermouth Sweet**
3 cl **Chartreuse Verte**
1 Spritzer **hausgemachter Orangenbitter**

Alle Zutaten mit Eis rühren und in eine gekühlte Cocktailschale abseihen.

Eine Kirsche und ein Stück Zitronenschale in den Cocktail geben.

— *C. F. Lawlor,* The Mixicologist, *1895*

BIZET

Bizet, der begnadete Namensgeber dieses amerikanischen Champagnercocktails, komponierte die berühmte Oper Carmen.

4,5 cl **Shinn Estate Rosé**
1,5 cl **Luxardo Bitter**
1,5 cl **Amaro CioCiaro**

Alle Zutaten mit Eis rühren und in eine gekühlte Cocktailschale abseihen.

Mit 3 cl Moët & Chandon Impérial Champagner aufgießen.

Den Cocktail mit einem Stück Orangenschale flambieren.

— *David Slape, Frühling 2008*

BLACKBEARD

Als Daniel am Ende der Testphase mehr Brombeeren im Gesicht als im Mund hatte, tauften wir den Cocktail Blackbeard.

- 4,5 cl **Beefeater Gin**
- 2 cl **Krogstad Aquavit**
- 2 cl **Ananassaft**
- 1,5 cl **Zitronensaft**
- 1,5 cl **Agavensirup**
- 4 **Brombeeren**

Brombeeren zerstoßen, die restlichen Zutaten hinzugeben und ohne Eis shaken.

Komplett in einen gekühlten Tumbler mit gestoßenem Eis gießen.

Den Cocktail mit einem Minzezweig garnieren.

— *Daniel Eun, Sommer 2008*

BLACK FLIP

Dieser Cocktail verdankt seine Existenz dem inspirierenden Kapitel über Flips in And a Bottle of Rum: A History of the New World in Ten Cocktails *von Wayne Curtis.*

- 6 cl **Brooklyn Black Chocolate Stout**
- 4,5 cl **Cruzan Black Strap Rum**
- 1,5 cl **Demerarasirup**
- 1 **ganzes Bio-Ei**

Alle Zutaten im Rührglas schaumig rühren.

Erst ohne, dann mit Eis shaken und in ein gekühltes Longdrinkglas abseihen.

Geriebene Muskatnuss über den Cocktail geben.

— *Jim Meehan, Winter 2007*

BLACK JACK

Im Jahr 2009 mixte Gonçalo de Sousa Monteiro mit ein paar weiteren Berliner Bartendern im PDT eine Auswahl an klassischen Cocktails, zu denen auch der Black Jack gehört.

4,5 cl	Pierre Ferrand Ambre Cognac
1,5 cl	Clear Creek Kirschwasser
1,5 cl	9th Street Alphabet City Kaffeekonzentrat
0,75 cl	Demerarasirup

Alle Zutaten mit Eis shaken und in eine gekühlte Cocktailschale abseihen.

Den Cocktail mit drei Kirschen am Spieß garnieren.

— *Jacques Straub*, Drinks, *1914*

9th Street Alphabet City Kaffeekonzentrat

250 cl	gefiltertes Wasser
250 g	Coarse-Ground 9th Street Alphabet City Coffee Blend

Zwölf Stunden Wasser und Kaffee bei Zimmertemperatur in einem Toddy Coldbrew System ziehen lassen.

Abseihen, in eine Flasche füllen und im Kühlschrank aufbewahren.

Ertrag: etwa 200 cl

BLACKSTAR

Der vollmundige Smirnoff Black Vodka ist in den Läden der Vereinigten Staaten nicht zu finden. Namengebend für den Cocktail ist der aromatische Sternanis, der dekorativ an der Oberfläche schwimmt.

6 cl	**Smirnoff Black Vodka**
2 cl	**Limettensaft**
2 cl	**Grapefruitsaft**
0,75 cl	**Borsci Sambuca**
0,75 cl	**Zuckersirup**

Alle Zutaten mit Eis shaken und in eine gekühlte Cocktailschale abseihen.

Den Cocktail mit Sternanis garnieren.

— *Jim Meehan, New York, 2007*

Cocktails

BLACKTHORN (ENGLISCH)

Die Schlehen für den Plymouth Sloe Gin werden von wild wachsenden Schwarzdornbüschen in ganz England geerntet.

4,5 cl **Plymouth Gin**
2 cl **Plymouth Sloe Gin**
2 cl **Carpano Antica Formula Vermouth**
2 Spritzer **hausgemachter Orangenbitter**

Alle Zutaten mit Eis rühren und in eine gekühlte Cocktailschale abseihen.

Ein Stück Orangenschale in den Cocktail geben.

— The Sideboard Manual, *1900*

BLACK THORN (IRISCH)

Im Jahr 1934 erblickte der Black Bush Irish Whiskey das Licht der Cocktailbars. Seine besonders hohe Malzkonzentration rundet das Absinth- und Bitteraroma dieses Drinks mild ab.

6 cl **Black Bush Irish Whiskey**
3 cl **Dolin Vermouth Dry**
2 Spritzer **Angostura**

Alle Zutaten mit Eis rühren und in eine gekühlte, mit St. George Absinth gespülte Cocktailschale abseihen.

Ein Stück Zitronenschale in den Cocktail geben.

— *Harry Johnson*, Bartender's Manual, *1900*

BLACKTHORN ROSE

Für diese Rosenvariante des Blackthorn Cocktails griff David nach dem klassischen Hendrick's Gin, dessen natürliches Aroma durch den Lillet Rouge, der kleinen Schwester des Bordelaise aus dem Hause Dubonnet, zur Geltung kommt.

6 cl   Hendrick's Gin
1,5 cl   Plymouth Sloe Gin
1,5 cl   Lillet Rouge
1 BL   Mymoune Rosensirup

Alle Zutaten mit Eis rühren und in eine gekühlte Cocktailschale abseihen.

Keine Garnierung.

— *David Slape, Frühling 2009*

BLINKER

Das Buch *Vintage Spirits and Forgotten Cocktails* läutete im Jahr 2004 die Renaissance klassischer Cocktails ein, zu denen auch der Blinker gehört.

6 cl   Wild Turkey Rye Whiskey
3 cl   Grapefruitsaft
0,75 cl   Zuckersirup
1 BL   Bonne Maman Himbeermarmelade

Alle Zutaten mit Eis shaken und in eine gekühlte Cocktailschale abseihen.

Keine Garnierung.

— *Patrick Gavin Duffy*, Official Mixer's Manual, *1934*

BLOOD AND SAND

Dieser Cocktail, eine wohlschmeckende Hommage an den gleichnamigen Film mit Rudolph Valentino, wird im Original mit allen Zutaten zu gleichen Teilen gemixt.

4,5 cl	**Famous Grouse Blended Scotch Whiskey**
2 cl	**Orangensaft**
1,5 cl	**Heering Cherry Liqueur**
1,5 cl	**Carpano Antica Formula Vermouth**

Alle Zutaten mit Eis shaken und in eine gekühlte Cocktailschale abseihen.

Keine Garnierung.

— *Harry Craddock*, The Savoy Cocktail Book, *1930*

BOBBY BURNS

Der schottische Nationaldichter Robert Burns reiht sich in die Riege weltberühmter Autoren ein, deren cocktailgewordenes Alter Ego so manchen Barbesuch versüßt.

- 6 cl Benromach Single Malt Whisky (12 Jahre)
- 2 cl Martini Rosso
- 1 BL Bénédictine

Alle Zutaten mit Eis rühren und in eine gekühlte Cocktailschale abseihen.

Ein Stück Zitronenschale in den Cocktail geben.

— Fancy Drinks, *1902*

BRANDY CRUSTA

Dieser Vorläufer des Sidecars wurde Mitte des 19. Jahrhunderts erstmals von Joseph Santini in der New Orleans Exchange Bar serviert.

- 6 cl Hine V.S.O.P. Cognac
- 2 cl Zitronensaft
- 1,5 cl Luxardo Maraschino Likör
- 1,5 cl Marie Brizard Curaçao Orange

Alle Zutaten mit Eis shaken und in ein gekühltes Weinglas mit Zuckerrand sowie einer ganzen Zitronen- und Orangenschale abseihen.

— *Jerry Thomas,* The Bar-Tender's Guide, *1862*

BRAZILIAN TEA PUNCH

Traditionellerweise wird der Ti Punch mit Rhum Agricole zubereitet. Mit dem Zitronengrassirup und der Sencha-Infusion verlieh Michael dieser Variante eine mildere Note.

- 6 cl Leblon Cachaça-Infusion mit Senchatee
- 1 BL Zitronengrassirup
- 1 Limettenscheibe (münzgroßes Endstück mit etwas Fruchtfleisch)

Die Limettenscheibe an beiden Seiten ausdrücken und die ätherischen Öle der Schale mit dem Saft in einen gekühlten Tumbler tropfen.

Restliche Zutaten und gestoßenes Eis hinzugeben. Mit einem Swizzle Stick verrühren, mit gestoßenem Eis auffüllen und erneut verrühren.

Keine Garnierung.

— *Jim Meehan & Michael Klein, Frühling 2010*

Leblon Cachaça-Infusion mit Senchatee

- 1 75 cl Flasche Leblon Cachaça
- 3 cl In Pursuit of Tea - Sencha Green Tea

Den Cachaça und den Tee in ein reaktionsneutrales Gefäß geben.

20 Minuten bei Raumtemperatur ziehen lassen.

Abseihen und in eine Flasche abfüllen.

Ertrag: etwa 75 cl

Zitronengrassirup

90 cl Zuckersirup
24 cl gehacktes Zitronengras

Zutaten in einen großen Stieltopf geben und zum Kochen bringen. Auf kleiner Flamme zehn Minuten lang unter ständigem Rühren köcheln lassen. Vom Herd nehmen und zehn Minuten ziehen lassen.

Abseihen, in eine Flasche füllen und im Kühlschrank aufbewahren.

Ertrag: etwa 75 cl

BREWER'S BREAKFAST

Perfekter Morgentrunk eines gestandenen Braumeisters? Ein junger Whiskey mit weichem Sake und süßem Galliano! Für echtes Frühstücksflair sorgen ein paar Honey Loops.

6 cl	Masumi Arabashiri Sake
3 cl	Glen Thunder Corn Whiskey
0,75 cl	Galliano L'Autentico

Alle Zutaten mit Eis rühren und in eine gekühlte Cocktailschale abseihen.

Mit acht Kellogg's Honey Bsss Loops am Cocktailspieß garnieren.

— Jim Meehan, Frühling 2010

BROOKLYN

Wäre da nicht der Amer Picon, der nicht in die Vereinigten Staaten importiert wird, der Manhattan bekäme mit diesem Cocktail echte Konkurrenz.

6 cl	Rittenhouse Rye Whiskey Vol. 50 %
2 cl	Dolin Vermouth Dry
0,75 cl	Luxardo Maraschino Likör
0,75 cl	Amer Picon

Alle Zutaten mit Eis rühren und in eine gekühlte Cocktailschale abseihen.

Keine Garnierung.

— Jack Grohusko, Jack's Manual, *1910*

BRONX

Der nach dem gleichnamigen Zoo – und nicht nach dem Viertel – benannte Cocktail galt als einer der beliebtesten Drinks seiner Zeit.

6 cl	Beefeater Gin
2 cl	Orangensaft
1,5 cl	Dolin Vermouth Dry
1,5 cl	Carpano Antica Formula Vermouth

Alle Zutaten mit Eis shaken und in eine gekühlte Cocktailschale abseihen.

Keine Garnierung.

— *William Boothby*, The World's Drinks and How to Mix Them, *1908*

BROWN BOMBER

Ich nahm mir den White Negroni vor, ersetzte Gin durch Tennessee Whisky und benannte ihn nach Joe Louis, dem Brown Bomber of Detroit.

- 6 cl George Dickel No. 12 Tennessee Whisky
- 2 cl Lillet Blanc
- 1,5 cl Suze

Alle Zutaten mit Eis rühren und in eine gekühlte Cocktailschale abseihen.

Ein Stück Zitronenschale in den Cocktail geben.

— *Jim Meehan, Frühling 2008*

BROWN DERBY

Dale DeGroff schreibt den Brown Derby, benannt nach dem berühmten hutförmigen Restaurant in Hollywood, dem seltenen Barbuch Buzza and Cardozo zu.

6 cl **Maker's Mark Bourbon**
3 cl **Grapefruitsaft**
2 cl **Honigsirup**

Alle Zutaten mit Eis shaken und in eine gekühlte Cocktailschale abseihen.

Keine Garnierung.

— *Buzza and Cardozo,* Hollywood Cocktails, *1930er-Jahre*

BUBBALOO

Die Idee zu dieser Leckerei mit peruanischem Brandy kam López beim Kosten des pfirsicharomatisierten Bubblicious Burst alias Bubbaloo Durazno, wie er in Mexiko genannt wird.

6,5 cl **Macchu Pisco**
1,5 cl **Carpano Antica Formula Vermouth**
1,5 cl **Rothman & Winter Orchard Apricot**
3 Spritzer **Amargo Chuncho Bitters**

Alle Zutaten mit Eis rühren und in eine gekühlte Cocktailschale abseihen.

Keine Garnierung.

— *Euclides López, Frühling 2009*

BUONA NOTTE

Der Walnusscognac von Eben Freeman aus der Tailor Bar inspirierte John Deragon zu diesem kräftigen und klassisch gehaltenen Cocktail, dessen Name für den ungeübten Barbesucher Programm sein dürfte.

- 6 cl Hine V.S.O.P. Cognac-Walnussinfusion
- 1,5 cl Chartreuse Jaune
- 0,75 cl Amaro CioCiaro

Alle Zutaten mit Eis rühren und in einen gekühlten Tumbler auf einen großen Eiswürfel abseihen.

Ein Stück Orangenschale in den Cocktail geben.

— *John Deragon, Winter 2007*

Cognac-Walnussinfusion

- 1 75 cl Flasche Hine V.S.O.P. Cognac
- 12 cl rohe Walnüsse

Walnüsse in einer kleinen Pfanne bei etwa 80 °C rösten und alle 30 Sekunden wenden. Nach neun bis zehn Minuten sind die Walnüsse braun und fertig geröstet.

Abkühlen lassen. Die Walnüsse mit dem Cognac in ein großes reaktionsfreies Gefäß geben, verrühren, abdecken und bei Zimmertemperatur für 48 Stunden ziehen lassen.

Abseihen und in eine Flasche abfüllen.

Ertrag: etwa 75 cl

CAFÉ ARROZ

Tequila und Horchata, zwei Grundfesten mexikanischer Trinkkultur, entpuppen sich in dieser Variante als würdige Ersatzspieler für die eigentlichen Spielmacher im White Russian Team: Vodka und Sahne.

6 cl Horchata
4,5 cl Gran Centenario Reposado Tequila
1,5 cl Kahlúa

Alle Zutaten mit Eis shaken und in eine gekühlte Cocktailschale abseihen.

Geriebenen Zimt über den Cocktail geben.

— *Jim Meehan, Frühling 2008*

Horchata

120 cl gefiltertes Wasser
30 cl Vollmilch
24 cl ungekochter weißer Langkornreis
3 EL Demerarazucker
0,5 TL Madagascar Bourbonvanille Extrakt
0,5 TL gemahlener Zimt

Reis und Wasser in einen Mixer geben und etwa eine Minute mixen, bis der Reis anfängt zu bersten. Das Gemisch abgedeckt bei Zimmertemperatur zwölf Stunden lang ziehen lassen.

Das Reiswasser in einen Krug abseihen (etwa die Hälfte des Wassers ist vom Reis aufgesaugt). Der Reis wird nicht mehr benötigt. Milch, Vanille, Zimt und Zucker zum Reiswasser hinzugeben und mixen, bis der Zucker aufgelöst ist. Vor dem Servieren kühlen und verrühren.

Ertrag: etwa 100 cl

CAIPIRINHA

Laut den Cocktailhistorikern Jared Brown und Anistatia Miller geht der Name „Caipirinha" auf das brasilianische Wort für „Bauerntölpel" zurück.

6 cl	**Beleza Pura Cachaça**
½	**Limette, geviertelt**
2 BL	**Demerarazucker (oder 2 Würfelzucker)**

Limettenviertel mit Zucker zerstoßen.

Den Cachaça hinzugeben, mit Eis shaken und komplett in einen gekühlten Tumbler gießen.

Keine Garnierung.

— *Charles Schumann,* Tropical Bar Book, *1989*

CAPRICE

Abe Marco und Hyman Gale importierten edle Weine und Spirituosen nach Chicago und schrieben The How & When, *das mit seinem umfangreichen Wein- und Spirituosenüberblick und seiner Sammlung an klassischen und ungewöhnlichen Cocktailrezepten noch heute als Lektüre zu empfehlen ist.*

4,5 cl	**Beefeater Gin**
4,5 cl	**Dolin Vermouth Dry**
1,5 cl	**Bénédictine**
1 Spritzer	**hausgemachter Orangenbitter**

Alle Zutaten mit Eis rühren und in eine gekühlte Cocktailschale abseihen.

Ein Stück Orangenschale in den Cocktail geben.

— *Hyman and Gale,* The How & When, *1940*

CAMERON'S KICK

3 cl	Famous Grouse Blended Scotch Whisky
3 cl	Jameson Irish Whiskey
2 cl	Zitronensaft
1,5 cl	Kassatly Chtaura Orgeat

Alle Zutaten mit Eis shaken und in eine gekühlte Cocktailschale abseihen.

Keine Garnierung.

— *Harry McElhone*, ABC of Mixing Cocktails, *1922*

Spannende Cocktailnamen ohne Geschichte müssten gesetzlich verboten werden. Die Herkunft des „Cameron's Kick" ist bis heute ein Mysterium.

CAVALIER

Bevor sie London im Jahr 2006 verließ, erfand Charlotte Voisey diese Sidecarvariante und benannte sie nach den Türen der Geheimbars, durch die der Gast vor dem Eintreten erst begutachtet wird.

6 cl	Hine V.S.O.P. Cognac
2 cl	Zitronensaft
0,75 cl	Cointreau
0,75 cl	Kassatly Chtaura Orgeat
1 BL	Bonne Maman Aprikosenmarmelade
1 Spritzer	hausgemachter Orangenbitter

Alle Zutaten mit Eis shaken und in eine gekühlte Cocktailschale abseihen.

Ein Stück Zitronenschale über dem Glas auspressen und in den Cocktail geben.

— *Charlotte Voisey, New York, 2007*

CHAMPAGNE COCKTAIL

Ich empfehle, zuerst den Champagner einzugießen und anschließend den bittergetränkten Zuckerwürfel hinzuzugeben, sodass der Champagner nicht überschäumt.

19,5 cl	Moët & Chandon Impérial Champagner
1	Zuckerwürfel mit Angosturabitter

Champagner in eine gekühlte Champagnerflöte geben.

Den Zuckerwürfel hinzugeben.

Mit einer Zitronenspirale garnieren.

— *Jerry Thomas, The Bar-Tender's Guide, 1862*

CHAMPS-ÉLYSÉES

Craddock lässt dem Bartender die Wahl zwischen Chartreuse Verte und Chartreuse Jaune. Ich persönlich bevorzuge die grüne Variante.

6 cl Hine V.S.O.P. Cognac
2 cl Zitronensaft
1,5 cl Chartreuse Verte
0,75 cl Zuckersirup
1 Spritzer Angostura

Alle Zutaten mit Eis shaken und in eine gekühlte Cocktailschale abseihen.

Ein Stück Zitronenschale in den Cocktail geben.

— *Harry Craddock*, The Savoy Cocktail Book, *1930*

CHERRY POP

Jane Dangers Cocktail geht runter wie Wasser – oder Pop, wie man in ihrer Jugend in Minnesota sagte.

6 cl Plymouth Gin
3 cl Zitronensaft
1,5 cl Luxardo Maraschino Likör
1,5 cl Zuckersirup
3 entsteinte Kirschen (1 für die Garnierung)

Zwei Kirschen mit dem Zuckersirup zerstoßen.

Die restlichen Zutaten hinzugeben, mit Eis shaken und in einen gekühlten Tumbler auf gestoßenes Eis abseihen.

Den Cocktail mit der dritten Kirsche garnieren.

— *Jane Danger, Frühling 2009*

CHRYSANTHEMUM

Von allen Cocktails, die Anfang des 20. Jahrhunderts oft nach Blumen benannt wurden, ist dieser der gelungenste.

6 cl	Dolin Vermouth Dry
2 cl	Bénédictine
0,75 cl	Absinth Vieux Pontarlier
1 Spritzer	hausgemachter Orangenbitter

Alle Zutaten mit Eis rühren und in eine gekühlte Cocktailschale abseihen.

Ein Stück Orangenschale in den Cocktail geben.

— *Hugo Ensslin*, Recipes for Mixed Drinks, *1916*

CHIEN CHAUD

In Martinique fuhren David Wondrich und ich an einem Hot-Dog-Stand vorbei und erfanden daraufhin diesen Cocktail in der französischen Übersetzung unseres Lieblingsgerichts.

6 cl	Kokoswasser
4,5 cl	J. M. Rhum Blanc
0,75 cl	Chartreuse Jaune
2 Spritzer	Angostura

Alle Zutaten mit Eis shaken und in ein gekühltes Longdrinkglas mit Eis abseihen.

Mit einer Limettenscheibe garnieren.

— *David Wondrich und Jim Meehan, Frühling 2008*

CINEMA HIGHBALL

Don Lees Infusion verwandelt diesen einfachen Drink in einen flüssigen Kinoabend.

13,5 cl Coca Cola
6 cl Flor de Caña Silver Dry Rum-Popcorninfusion

In einem gekühlten Collinsglas mit Eiswürfeln anrichten.

Keine Garnierung

— *Don Lee, Winter 2007*

Rum-Popcorninfusion

1 75 cl Flasche Flor de Caña Silver Dry Rum
3 cl frisches Popcorn
3 cl Butterschmalz

Popcorn und Rum in ein reaktionsneutrales Gefäß geben und eine Stunde ziehen lassen. Durch ein Spitzsieb fein abseihen. Butterschmalz in den infusionierten Rum geben und 24 Stunden bei Zimmertemperatur ziehen lassen.

Für vier Stunden in den Kühlschrank stellen, bis die Butter fest wird.

Fein anseihen und in eine Flasche füllen.

Ertrag: etwa 75 cl

CLOISTER

Der Cloister wirkt wie der Cocktail eines Meisters aus dem 19. Jahrhundert, erschien jedoch merkwürdigerweise erst in den 1970er-Jahren auf der Bildfläche.

4,5 cl	**Tanqueray Gin**
1,5 cl	**Chartreuse Jaune**
1,5 cl	**Grapefruitsaft**
0,75 cl	**Zitronensaft**
0,75 cl	**Zuckersirup**

Alle Zutaten mit Eis shaken und in eine gekühlte Cocktailschale abseihen.

Ein Stück Grapefruitschale in den Cocktail geben.

— Thomas Mario, Playboy's Host & Bar Book, *1971*

CLOVER CLUB

Clover Club nannte sich eine Gruppe von Journalisten und Salonlöwen, die sich von den 1880er-Jahren bis in die Zwanziger Jahre des 20. Jahrhundertes im Bellevue Stratford Hotel in Philadelphia trafen.

6 cl	**Plymouth Gin**
2 cl	**Zitronensaft**
1,5 cl	**Zuckersirup**
1 BL	**Bonne Maman Himbeermarmelade**
1	**Eiweiß**

Erst ohne, dann mit Eis shaken und in eine gekühlte Coupette abseihen.

Keine Garnierung.

— Paul Lowe, Drinks, *1909*

COCONUT COLADA

Im Jahr 2006 bat mich ein Gast der Gramercy Tavern um eine Piña Colada. Da wir keinen Coco López auf Lager hatten, ersetzte ich die reichhaltige Kokoscreme durch eine Kugel Kokossorbet.

6 cl	**Flor de Caña Silver Dry Rum**
3 cl	**Ananassaft**
1,5 cl	**Limettensaft**
1 Kugel	**Kokossorbet**

Alle Zutaten mit Eis shaken und in eine gekühlte Cocktailschale abseihen.

Mit einer Limettenscheibe garnieren.

— *Jim Meehan, New York, 2006*

CODA

Mit Coda (italienisch für Ende oder Schwanz) bezeichnet man in der Musiksprache den Teil, in dem ein Musikstück ausklingt.

3 cl	Pampero Aniversario Rum
3 cl	Neisson Rhum Blanc
3 cl	Limettensaft
1,5 cl	St. Elizabeth Allspice Dram
1,5 cl	Demerarasirup
1	ganzes Bio-Ei

Erst ohne, dann mit Eis shaken und in ein gekühltes Longdrinkglas abseihen.

Geriebene Muskatnuss über den Cocktail geben.

— *Daniel Eun, Frühling 2008*

CONDIMENT COCKTAIL

Als ich in der Gramercy Tavern ein Gericht mit Sellerie und Senfkörnern aß, kam mir die Idee, den Geschmack in einen Drink zu verpacken.

6 cl	Partida Reposado Tequila
2 cl	Bénédictine
1,5 cl	Lustau Palo Cortado Sherry
1,5 cl	Limettensaft
2 Spritzer	The Bitter Truth Celery Bitters
1/8 TL	Gulden's Spicy Brown Mustard

Alle Zutaten mit Eis shaken und in eine gekühlte Cocktailschale abseihen.

Ein Stück Limettenschale in den Cocktail geben.

— *Jim Meehan, Winter 2009*

COFFEE COCKTAIL

Wie dieser Drink zu seinem Namen kam, ist bis heute ein Rätsel. Aber für alle, die in einer Bar ohne Kaffeeangebot Cocktails mixen, ist der Coffee Cocktail der ideale Schlaftrunk.

4,5 cl Martell V.S.O.P. Cognac
4,5 cl Noval Black Port
0,75 cl Zuckersirup
1 ganzes Bio-Ei

Erst ohne, dann mit Eis shaken und in eine gekühlte Coupette abseihen.

Geriebene Muskatnuss über den Cocktail geben.

— *Jerry Thomas*, The Bar-Tenders Guide, *1887*

CONQUISTADOR

Sam wollte einen „milden" Tequiladrink kreieren, der die pflanzliche Note des Alkohols bewahrt. Vermutlich wurde er deshalb „Conquistador" getauft.

3 cl	Matusalem Gran Reserva Rum
3 cl	Siembra Azul Blanco Tequila
2 cl	Zuckersirup
1,5 cl	Zitronensaft
1,5 cl	Limettensaft
2 Spritzer	hausgemachter Orangenbitter
1	Eiweiß

Erst ohne, dann mit Eis shaken und in eine gekühlte Coupette abseihen.

Keine Garnierung.

— *Sam Ross, New York, 2008*

COSMOPOLITAN

Dale DeGroff und Toby Cecchini wird nachgesagt, den Cosmopolitan in den späten 1980er-Jahren in Manhattan berühmt gemacht zu haben. Laut Gary Regan war es Cheryl Cooke aus Miami, der diesen berühmten Drink im Jahr 1985 erfunden hat.

6 cl	Hangar One Buddha's Hand Vodka
2 cl	Cointreau
2 cl	Limettensaft
1,5 cl	Cranberrysaft
0,75 cl	Zuckersirup

Alle Zutaten mit Eis shaken und in eine gekühlte Cocktailschale abseihen.

Ein Stück Orangenschale in den Cocktail geben.

— *Cheryl Cooke, Miami, 1985*

CORPSE REVIVER NO. 2

Im Savoy Cocktail Book *finden sich gleich zwei Drinks, die Tote wieder zum Leben erwecken. Unter dem Rezept dieses Cocktails steht jedoch die Warnung: „Vier dieser Cocktails machen dem Auferstandenen schnell wieder den Garaus."*

2 cl **Plymouth Gin**
2 cl **Cointreau**
2 cl **Lillet Blanc**
2 cl **Zitronensaft**

Alle Zutaten mit Eis shaken und in eine gekühlte, mit Vieux Pontarlier Absinth gespülte Cocktailschale abseihen.

Keine Garnierung.

— *Harry Craddock*, The Savoy Cocktail Book, *1930*

CRANBERRY COBBLER

Cranberries sind die letzten Beeren auf dem Markt, bevor der Winter Einzug hält. Wir verwenden Cranberries für einen klassischen Cobbler mit englischem Gin und einem halbtrockenen, klassischen Sherry.

- 6 cl **Beefeater Gin**
- 2 cl **Lustau East India Sherry**
- 1,5 cl **Cranberrysirup**
- 7 **mazerierte Cranberries (3 für die Garnierung)**
- 1 **Orangenscheibe**
- 1 **Zitronenspalte**

Orange, Zitrone, Cranberries und Sirup in einem Rührglas zerstoßen.

Die restlichen Zutaten hinzugeben, mit Eis shaken und in einen gekühlten Tumbler auf gestoßenes Eis abseihen.

Den Cocktail mit einem Minzezweig und drei mazerierten Cranberries garnieren.

— Michael Madrusan und Jim Meehan, Winter 2007

Cranberrysirup & mazerierte Cranberries

- 48 cl **Zuckersirup**
- 1 **24 cl Packung Cranberries (frisch oder gefroren)**

Den Zuckersirup fast zum Kochen bringen, auf mittlere Hitze stellen und die Cranberries hinzugeben. Sobald die ersten Cranberries anfangen zu reißen, vom Herd nehmen und abkühlen lassen.

Einen Teil des Sirups in eine Flasche füllen und den Rest mit den Cranberries im Kühlschrank aufbewahren.

Ertrag: etwa 90 cl

Ein Freund Kevins aus Trinidad stellte ihm Sorrel vor, eine Art Hibiskustee mit Ingwer und Nelken, der besonders gern für Rumdrinks verwendet wird.

CRIMSON TIDE

4,5 cl **Lemon Hart Rum 151 Demerara**
4,5 cl **Spiced Sorrel**
2 cl **Limettensaft**
1,5 cl **Domaine de Canton Ingwerlikör**

Alle Zutaten mit Eis shaken und in ein gekühltes Collinsglas auf Eis abseihen.

Mit 2 cl Soda aufgießen.

Mit einer Limettenscheibe und einem Stück kandierten Ingwer garnieren.

— *Kevin Diedrich, Winter 2009*

Spiced Sorrel

60 cl **Wasser**
20 cl **(etwa 6–7 Stück) gehackter Ingwer**
12 cl **feinste Raffinade**
12 cl **getrocknete Sauerampferblüten**
2 **9 cm lange Zimtstangen**
0,6 cl **Sternanis**
0,5 TL **Nelken**

Alle Zutaten in eine Pfanne geben und zum Kochen bringen. Auf kleiner Flamme 20 Minuten unter ständigem Rühren köcheln lassen.

Fein abseihen, in eine Flasche füllen und im Kühlschrank aufbewahren.

Ertrag: etwa 50 cl

CUZCO

Julie Reiner kreierte diesen Drink nach einer Tour durch die Piscodestillerien von Peru, die sie mit Barsol-Gründer Diego Loret de Mola unternommen hatte.

- 6 cl **Barsol Quebranta Pisco**
- 2 cl **Aperol**
- 2 cl **Zuckersirup**
- 1,5 cl **Zitronensaft**
- 1,5 cl **Grapefruitsaft**

Alle Zutaten mit Eis shaken und in ein gekühltes, mit Clear Creek Kirschwasser gespültes Collinsglas auf Eis abseihen.

Ein Stück Grapefruitschale in den Cocktail geben.

— *Julie Reiner, Winter 2007*

DEATH BED

John Deragon kreierte diesen Cocktail, als er krank im Bett lag, um sich ein wenig schmackhafte Linderung zu verschaffen.

- 3 cl **Pampero Aniversario Rum**
- 2 cl **Barbancourt Rhum Blanc**
- 2 cl **Heering Cherry Liqueur**
- 2 cl **Limettensaft**
- 1,5 cl **Ananassaft**

In einem gekühlten Collinsglas anrichten.

Mit gestoßenem Eis auffüllen und mit dem Swizzle Stick verrühren.

Mehr Eis hinzugeben und mit einer Limettenscheibe und eingelegten Kirschen am Spieß garnieren.

— *John Deragon, Herbst 2008*

DAIQUIRI

Charles H. Baker behauptet, seine Freunde Harry Stout und Jennings Cox hätten den Daiquiri in einem gleichnamigen Dorf nahe der Bacardifabrik in Santiago de Cuba erfunden.

6 cl **Banks 5 Island Rum**
2 cl **Limettensaft**
2 cl **Zuckersirup**

Alle Zutaten mit Eis shaken und in eine gekühlte Cocktailschale abseihen.

Mit einer Limettenscheibe garnieren.

— *Jacques Straub*, Drinks, *1914*

DE LA LOUISIANE

Kein Buch beschreibt die Cocktailkultur von New Orleans besser als Famous New Orleans Drinks *von Arthur. Zu unseren Hausrezepten gehört diese Manhattanvariante mit kreolischer Seele.*

6 cl **Wild Turkey Rye Whiskey**
2 cl **Dolin Vermouth Sweet**
2 cl **Bénédictine**
3 Spritzer **St. George Absinth**
3 Spritzer **Peychaud's Bitters**

Alle Zutaten mit Eis rühren und in eine gekühlte Cocktailschale abseihen.

Den Cocktail mit drei eingelegten Kirschen am Spieß garnieren.

— *Stanley Clisby Arthur*, Famous New Orleans Drinks, *1937*

DESERT ROSE

Artemio Vásquez erfand diesen blumigen Gin Sour für seine geliebte Frau Juana Rosa.

- 6 cl **Plymouth Gin-Roseninfusion**
- 2 cl **Zitronensaft**
- 1,5 cl **Confettura di Fichi d'India di Sicilia (Kaktusfeigenkonfitüre)**
- 1,5 cl **Zuckersirup**

Alle Zutaten mit Eis shaken und in eine gekühlte Cocktailschale abseihen.

Den Cocktail mit einem rosa Rosenblatt garnieren.

— Artemio Vásquez, Winter 2007

Plymouth Gin-Roseninfusion

- 1 l **Plymouth Gin**
- 3 cl **getrockneter Rosenknospentee**

Gin und Tee in ein reaktionsneutrales Gefäß geben. Zwei Stunden bei Zimmertemperatur ziehen lassen.

Fein abseihen und in eine Flasche füllen.

Ertrag: etwa 100 cl

DESHLER

Diese starke Version des Manhattans wurde nach dem Leichtgewichtboxer Dave Deshler benannt.

4,5 cl **Rittenhouse Rye Whiskey Vol. 50%**
3 cl **Dubonnet Rouge**
0,75 cl **Cointreau**
2 Spritzer **Peychaud's Bitters**

Alle Zutaten mit Eis rühren und in eine gekühlte Cocktailschale abseihen.

Ein Stück Orangenschale in den Cocktail geben.

— *Hugo Enslin,* Recipes for Mixed Drinks, *1916*

DEWEY D.

Don Lee erschuf diese Manhattanvariante für den Vater von Küchenchef Wylie Dufresne, Dewey, der bereits als ausgewiesener Sherrykenner galt, lange bevor der Likörwein zur Grundausstattung der Cocktailbars von Manhattan zählte.

6 cl **Old Overholt Rye Whiskey**
2 cl **Lustau East India Sherry**
1,5 cl **Aperol**
2 Spritzer **Angostura**

Alle Zutaten mit Eis rühren und in eine gekühlte Cocktailschale abseihen.

Ein Stück Orangenschale in den Cocktail geben.

— *Don Lee, Frühling 2008*

DIAMONDBACK

Laut Bottoms Up stammt der Name des Diamondbacks von der gleichnamigen Lounge im Lord Baltimore Hotel.

- 6 cl Rittenhouse Rye Whiskey Vol. 50 %
- 1,5 cl Laird's Old Apple Brandy
- 1,5 cl Chartreuse Jaune

Alle Zutaten mit Eis rühren und in eine gekühlte Cocktailschale abseihen.

Keine Garnierung.

— *Ted Saucier*, Bottoms Up, *1951*

DONIZETTI

David Slape benannte seinen Cocktail nach Gaetano Donizetti, der sich im 19. Jahrhundert als Opernkomponist einen Namen machte.

6 cl Tanqueray Gin
0,75 cl Amaro CioCiaro
0,75 cl Rothman & Winter Orchard Apricot

Alle Zutaten mit Eis rühren und in eine gekühlte Cocktailschale abseihen.

Mit 3 cl Moët & Chandon Impérial Champagner aufgießen.

Ein Stück Zitronenschale in den Cocktail geben.

— David Slape, Winter 2007

DRY COUNTY COCKTAIL

Dieser Cocktail basiert auf einer unscharfen Erinnerung des Vaters eines Freundes von Jonny, der gern George Dickel Manhattans trank.

6 cl George Dickel No. 12 Tennessee Whisky
3 cl Dolin Vermouth Dry
1,5 cl Domaine de Canton Ingwerlikör
2 Spritzer The Bitter Truth Lemon Bitters

Alle Zutaten mit Eis rühren und in eine gekühlte Cocktailschale abseihen.

Ein Stück Zitronenschale in den Cocktail geben.

— Jonny Raglin, San Francisco, 2007

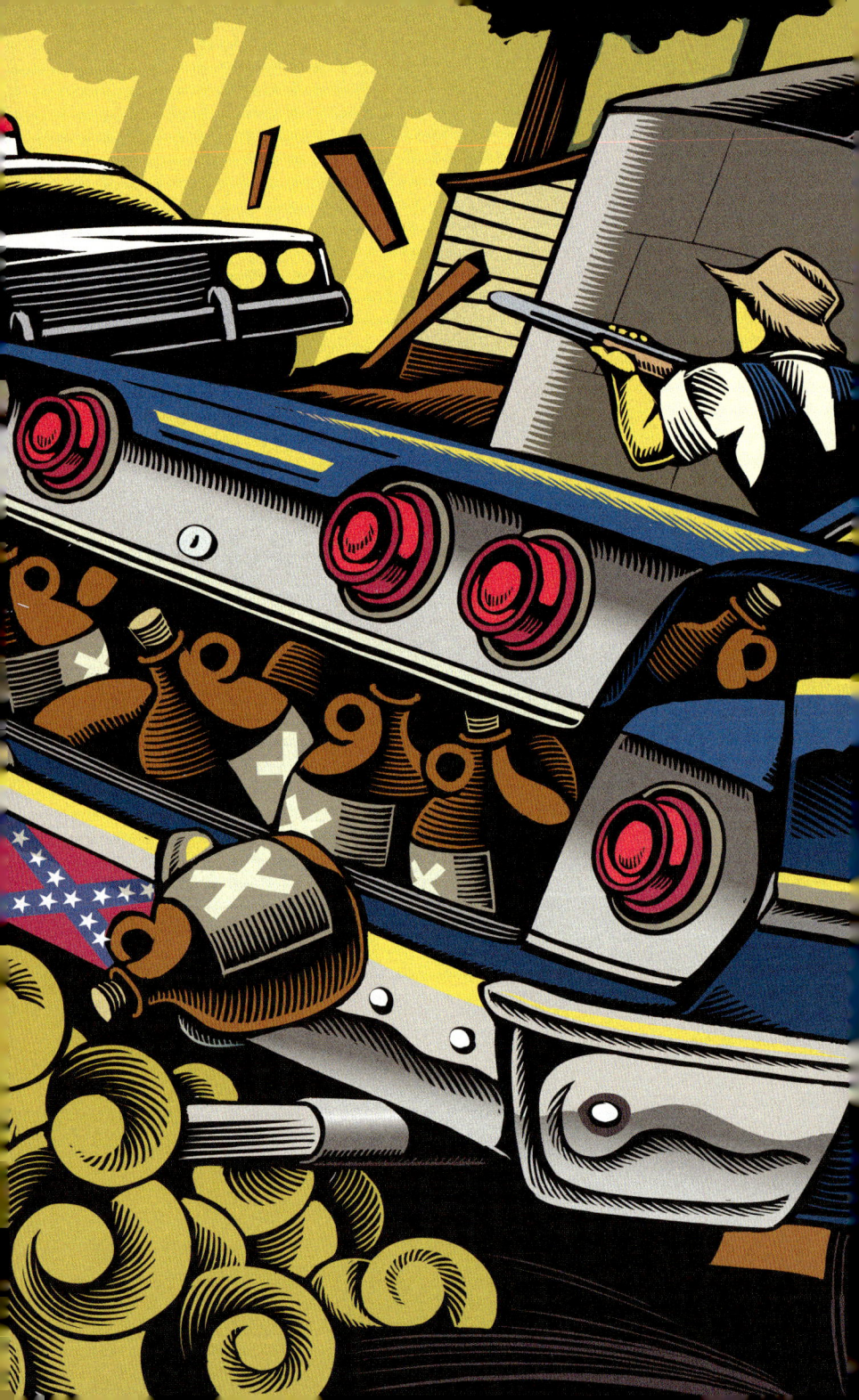

DUBOUDREAU COCKTAIL

Der Mixologe Jamie Boudreau aus Seattle erfand den Copper Cocktail, einen Whiskeycocktail mit Fernet und Holunderblüte. Ich gab Dubonnet hinzu und benannte meine Version nach Jamie.

6 cl	Rittenhouse Rye Whiskey Vol. 50 %
2 cl	Dubonnet Rouge
0,75 cl	Fernet Branca
0,75 cl	St. Germain Holunderblütenlikör

Alle Zutaten mit Eis rühren und in eine gekühlte Cocktailschale abseihen.

Ein Stück Zitronenschale in den Cocktail geben.

— Jim Meehan, Frühling 2009

DULCE DE LECHE

Die Eiscremesorte Malaga mit Rum und Rosinen inspirierte mich zu diesem reichhaltigen Flip.

4 cl	Don Julio Anejo Tequila
2 cl	Toro Albalá Pedro Ximénez
1,5 cl	Sahne
1	ganzes Bio-Ei

Ein Stück Grapefruitschale über dem Rührglas auspressen.

Alle Zutaten hinzugeben. Erst ohne, dann mit Eis shaken und in eine gekühlte Cocktailschale abseihen.

Geriebenen Zimt über den Cocktail geben.

— Jim Meehan, Winter 2008

EAST INDIA COCKTAIL

In seinem äußerst seltenen Bartenders' Manual schreibt Johnson: „Dieser Drink zählt zu den Lieblingen der Engländer in verschiedenen Teilen von Ostindien."

5 cl	Martell V.S.O.P. Cognac
1,5 cl	Marie Brizard Curaçao Orange
1,5 cl	Ananassaft
0,75 cl	Pampero Aniversario Rum
2 Spritzer	hausgemachter Orangenbitter

Alle Zutaten mit Eis shaken und in eine gekühlte Cocktailschale abseihen.

Ein Stück Orangenschale in den Cocktail geben.

— *Harry Johnson*, Bartender's Manual, *1900*

EAST VILLAGE ATHLETIC CLUB COCKTAIL

In Bottoms Up *spricht Ted Saucier den Last Word Cocktail dem Detroit Athletic Club zu. Wir spielten ein wenig mit dem Rezept und benannten das Ergebnis nach unserem Viertel.*

4,5 cl Siembra Azul Blanco Tequila
2 cl Zitronensaft
1,5 cl Chartreuse Jaune
1,5 cl Grand Marnier

Alle Zutaten mit Eis shaken und in eine gekühlte Cocktailschale abseihen.

Keine Garnierung.

— *Jim, John, Don, Frühling 2008*

ECLIPSE COCKTAIL

Um das seltene Ereignis einer Sonnenfinsternis gebührend zu würdigen, opferten die alten Azteken ihrem Sonnengott Menschen, denen sie zuvor vergorene Agaven verabreichten.

6 cl El Tesoro Anejo Tequila
2 cl Aperol
2 cl Heering Cherry
2 cl Zitronensaft

Alle Zutaten mit Eis shaken und in eine gekühlte, mit Del Maguey Vida Mezcal gespülte Cocktailschale abseihen.

Ein Stück Zitronenschale in den Cocktail geben.

— *Leo Robitsheck, New York, Winter 2009*

EDGEWOOD

Zitat Greg: „Ich finde diesen Namen ganz passend, denn nach fünf Jahren als Bartender fiel mir auf, dass ich sprichwörtlich aus Tresenholz geschnitzt bin."

4,5 cl Plymouth Gin
3 cl Grapefruitsaft
1,5 cl Punt e Mes
1,5 cl Lillet Blanc

Alle Zutaten mit Eis shaken und in eine gekühlte Cocktailschale abseihen.

Eine Prise koscheres Salz über den Cocktail geben.

— *Greg Best, Atlanta, 2006*

EL BURRO

Ein Highball mit Zitronensaft und Ginger Ale ist ein „Buck", ein Rammler. Ersetze Ginger Ale durch Bier, und Du hast ein Mule, ein Maultier. Gib Absinth dazu, und Du hast einen Donkey, einen Esel.

4,5 cl **Siembra Azul Reposado Tequila**
3 cl **Ingwerbier**
2 cl **Limettensaft**
2 cl **Ananassaft**
1,5 cl **Zuckersirup**
0,75 cl **Absinth Vieux Pontarlier**

Alle Zutaten mit Eis shaken und in ein gekühltes Collinsglas mit Eis abseihen.

Mit einer Limettenscheibe und einem Stück kandierten Ingwer garnieren.

— *Jim Meehan, Winter 2008*

EL DIABLO

Im Trader Vic's Bartenders Guide sind ganze neun Seiten allein den Tequiladrinks gewidmet. Das sind acht Seiten mehr als in jedem anderen bedeutenden Cocktailbuch des Jahrhunderts.

6 cl **Siembra Azul Blanco Tequila**
3 cl **Ingwerbier**
2 cl **Theuriet Crème de Cassis**
2 cl **Zitronensaft**

Alle Zutaten mit Eis rühren und in einen gekühlten Tumbler mit Eis abseihen.

Den Cocktail mit einer Zitronenscheibe und einem Stück kandierten Ingwer garnieren.

— *Jules Bergeron*, Trader Vic's Bartenders Guide, *1972*

EL MOLINO

- 4,5 cl Sombra Mezcal
- 2 cl Lustau Palo Cortado Sherry
- 0,75 cl St. Elizabeth Allspice Dram
- 0,75 cl Marie Brizard Crème de Cacao Blanc

Alle Zutaten mit Eis rühren und in eine gekühlte Cocktailschale abseihen.

Keine Garnierung.

— *Jim Meehan, Frühling 2009*

Der Name El Molino bezieht sich auf die Mühle, mit der frisch geröstete Kakaobohnen zu Schokolade gemahlen werden.

EL PUENTE

Mit diesem Cocktail wird eine sprichwörtliche „Brücke" zwischen Tequila und Mezcal geschlagen, die in diesem Cocktail einträchtig vereint sind.

- 4,5 cl José Cuervo Platino Tequila
- 2 cl Grapefruitsaft
- 1,5 cl Martini Bianco
- 1,5 cl St. Germain Holunderblütenlikör

Alle Zutaten mit Eis shaken und in eine gekühlte, mit Del Maguey Vida Mezcal gespülte Cocktailschale abseihen.

Ein Stück Grapefruitschale in den Cocktail geben.

— *Jim Meehan, Sommer 2007*

EPHEMERAL

David Shenaut erfand diesen Cocktail für seinen Freund und Stammgast Matthew Schuler, der ihm seine erste Flasche Selleriebitter schenkte.

- 6 cl Ransom Old Tom Gin
- 3 cl Dolin Vermouth Blanc
- 1 BL St. Germain Holunderblütenlikör
- 1 Spritzer The Bitter Truth Celery Bitters

Alle Zutaten mit Eis rühren und in eine gekühlte Cocktailschale abseihen.

Ein Stück Grapefruitschale in den Cocktail geben.

— *David Shenaut, Portland, 2009*

ESPRESSO BONGO

Der Tikicocktail-guru und Autor Jeff „Beachbum" Berry erfand diesen Cocktail und benannte ihn nach dem britischen Beatnikfilm Expresso Bongo von 1959.

- 6 cl Appleton Reserve Rum
- 1,5 cl Illy Illyquor Kaffeelikör
- 1,5 cl Limettensaft
- 1,5 cl Ananassaft
- 1,5 cl Orangensaft
- 1,5 cl Boiron Maracujapüree
- 1,5 cl Zuckersirup

Alle Zutaten mit Eis shaken und direkt in einen gekühlten Tikibecher geben.

Keine Garnierung.

— *Jeff Berry, Asheville, 2010*

FALLING LEAVES

Im Jahr 2004 erfand Audrey Saunders diesen herbstlichen Weincocktail in der Bemelman's Bar des Carlyle Hotels.

6 cl	**Dr. Konstantin Frank Riesling, trocken**
3 cl	**Clear Creek Birnenbrandy**
1,5 cl	**Marie Brizard Curaçao Orange**
0,75 cl	**Honigsirup**
3 Spritzer	**Peychaud's Bitters**

Alle Zutaten mit Eis rühren und in eine gekühlte Cocktailschale abseihen.

Den Cocktail mit Sternanis garnieren.

— *Audrey Saunders, New York, 2004*

FIELD COCKTAIL

Diese Cognacversion des Algonquin Cocktails entstand zu Ehren von Colin Peter Field, der die Hemingway Bar im Pariser Ritz Hotel betreibt.

6 cl	**Pierre Ferrand Ambre Cognac**
3 cl	**Noilly Prat Dry Vermouth**
2 cl	**Ananassaft**

Alle Zutaten mit Eis rühren und in eine gekühlte Cocktailschale abseihen.

Den Cocktail mit einem Ananasblatt garnieren.

— *Jim Meehan, Frühling 2010*

FIGETABOUTIT

Als Lindsay Nader und ich über mögliche Namen für ihren bittersüßen italienisch-amerikanischen Whiskey Sour diskutierten, lachte Barmann Sean Hoard und nuschelte „Forget about it!" – und genau das taten wir.

6 cl	Bulleit Bourbon
2 cl	Zitronensaft
0,75 cl	Luxardo Amaretto
1 BL	St. Dalfour Feigenmarmelade
2 Spritzer	Angostura

Alle Zutaten mit Eis shaken und in eine gekühlte Cocktailschale fein abseihen.

Drei eingelegte Kirschen und ein Stück Orangenschale am Spieß in den Cocktail geben.

— *Lindsay Nader, Herbst 2009*

FISH HOUSE PUNCH

Der Pfirsichobstbrand des Originalrezepts lagerte in Holzfässern, jedoch wird das Eau de Vie seit über einem Jahrhundert nicht mehr kommerziell hergestellt.

4,5 cl	Gosling's Black Seal Rum
1,5 cl	Pierre Ferrand Ambre Cognac
1,5 cl	Mathilde Pêche
1,5 cl	Zitronensaft
1,5 cl	Zuckersirup
0,75 cl	Limettensaft

Alle Zutaten mit Eis rühren und in einen gekühlten Tumbler auf Eis abseihen.

Geriebene Muskatnuss über den Cocktail geben.

— *Jerry Thomas,* The Bar-Tender's Guide, *1862*

FLORA ASTORIA

Lindsay Nader und Anne Robinson schufen gemeinsam diese florale Interpretation des klassischen Astoria Cocktails und benannten ihn nach dem Anbau des Hotels Old Waldorf, der im Jahr 1897 fertiggestellt wurde.

    6 cl   Hendrick's Gin
1,5 cl   Dolin Vermouth Blanc
1,5 cl   Dolin Vermouth Dry
    1 BL   John D. Taylor's Velvet Falernum
4 Spritzer   Lavendelvodka

Alle Zutaten mit Eis rühren und in eine gekühlte Cocktailschale abseihen.

Den Cocktail mit einem Lavendelzweig garnieren.

— *Lindsay Nader und Anne Robinson, Frühling 2010*

Lavendelvodka

  2 l   Absolut 100 Vodka
3 cl   getrockneter Lavendel

Den Vodka und den Lavendel in ein reaktionsneutrales Gefäß geben. Zugedeckt zwei Tage bei Zimmertemperatur ziehen lassen.

Fein abseihen und in eine Flasche füllen.

Ertrag: etwa 2 l

FLYING DUTCHMAN

Dieser Vorläufer des Aviation Cocktails erhielt seinen Namen wegen des niederländischen Genevers und hat nichts mit dem berühmten Geisterschiff zu tun.

2 cl **Clear Creek Plum Brandy**
2 cl **Bols Genever**
1,5 cl **Crème Yvette**
1,5 cl **Zitronensaft**
1,5 cl **Ananassaft**
1 BL **Luxardo Maraschino Likör**

Alle Zutaten mit Eis shaken und in eine gekühlte Cocktailschale abseihen.

Den Cocktail mit einer eingelegten Kirsche garnieren.

— Jim Meehan, Winter 2009

FOG CUTTER

Der Tikihistoriker Jeff Berry nannte diesen Cocktail den „Long Island Iced Tea der exotischen Drinks".

4,5 cl **Zitronensaft**
3 cl **Bacardi 8 Rum**
3 cl **Hine V.S.O.P. Cognac**
2 cl **Orangensaft**
1,5 cl **Tanqueray Gin**
1,5 cl **Kassatly Chtaura Orgeat**

Alle Zutaten mit Eis shaken und direkt in einen gekühlten Tikibecher geben.

Mit 1,5 cl Lustau Cream Sherry spiegeln.

Den Cocktail mit einem Minzezweig garnieren.

— Jules Bergeron, Trader Vic's Bartender's Guide, *1947*

FOREIGN LEGION

An einem der Abende, an denen unsere Gäste selbst den Shaker schwingen dürfen, kreierte Greg mithilfe von Jonathan Sabathe diesen strammen Rumcocktail.

4,5 cl Mount Gay X.O. Rum
1,5 cl Aperol
1,5 cl Dubonnet Rouge
1,5 cl Lustau Manzanilla Sherry
1 BL Marie Brizard Brun Crème de Cacao
1 Spritzer Fee Brothers Rhubarb Bitters

Alle Zutaten mit Eis rühren und auf eine Eiskugel in einen gekühlten Tumbler abseihen.

Ein Stück Orangenschale in den Cocktail geben.

— *Greg Sanderson, Melbourne, 2009*

FRAMBOISE FIZZ

Michael Klein wählte Framboise, ein belgisches Bier aus Lambic und frischen Himbeeren, um die beiden alten Freunde Tequila und Schokolade neu einzukleiden.

4,5 cl Siete Leguas Reposado Tequila
2 cl Marie Brizard Crème de Cacao Blanc
2 cl Zitronensaft

Alle Zutaten mit Eis shaken und in eine gekühlte Coupette abseihen.

Mit 6 cl Oud Beersel Framboise aufgießen.

Den Cocktail mit drei Himbeeren am Spieß garnieren.

— *Michael Klein, Sommer 2010*

FRANKFORT ROSE

Den W. L. Weller Bourbon aus Frankfort, Kentucky im Originalrezept ersetzte Artemio mit Bernheim Wheat Whiskey aus Bardstown, Kentucky.

- 6 cl Bernheim Wheat Whiskey-Hibiskusinfusion
- 2 cl Zitronensaft
- 2 cl Zuckersirup
- 1 Eiweiß

Erst ohne, dann mit Eis shaken und in eine gekühlte Coupette abseihen.

Ein Stück Zitronenschale in den Cocktail geben.

— *Artemio Vásquez, Herbst 2007*

Bernheim Wheat Whiskey-Hibiskusinfusion

- 1 1,75 cl Flasche Bernheim Wheat Whiskey
- 3 cl Hibiskustee

Den Whiskey und den Tee in ein reaktionsneutrales Gefäß geben. 90 Minuten bei Raumtemperatur ziehen lassen.

Fein abseihen und in eine Flasche füllen.

Ertrag: etwa 75 cl

FRENCH 75

Namengebend für diesen Drink ist das französische Feldgeschütz Canon de 75 modèle 1897, mit dem im Ersten Weltkrieg die Artillerie ausrückte.

- 3 cl **Tanqueray Gin**
- 1,5 cl **Zitronensaft**
- 1,5 cl **Zuckersirup**

Alle Zutaten mit Eis shaken und in eine gekühlte Cocktailschale abseihen.

Mit 3 cl Moët & Chandon Impérial Champagner aufgießen.

Ein Stück Zitronenschale in den Cocktail geben.

— *Judge Jr.,* Here's How, *1927*

FRENCH MAID

Bartender Sam Ross erfand einen ähnlichen Bourbondrink namens Kentucky Maid. Betrachten Sie diese Variante als ihre scharfe französische Schwester.

4,5 cl	Hine V.S.O.P. Cognac
3 cl	Ingwerbier
2 cl	Limettensaft
2 cl	Zuckersirup
0,75 cl	John D. Taylor's Velvet Falernum
4	Scheiben Salatgurke (eine als Garnierung)
6–8	Minzblätter (plus einen Zweig als Garnierung)

Salatgurke, Minze und Zuckersirup in ein Rührglas geben und zerstoßen.

Die restlichen Zutaten hinzugeben, mit Eis shaken und in ein gekühltes Collinsglas auf Eis abseihen.

Den Minzezweig durch eine Scheibe Salatgurke stechen und in den Cocktail geben.

— *Jim Meehan, Herbst 2008*

FRESA VERDE

Um den pflanzlichen Charakter des Tequila herauszuarbeiten, gebe ich etwas grüne Paprika in diese Margarita mit Granatapfel und Erdbeere.

6 cl	Gran Centenario Blanco Tequila
2 cl	Limettensaft
0,75 cl	Al Wadi Granatapfelsirup
2	Erdbeeren (eine Scheibe aus der Mitte als Garnierung)
2	dünne Scheiben grüne Paprika

Erdbeeren, grüne Paprika und Sirup im Rührglas zerstoßen.

Die restlichen Zutaten hinzugeben, mit Eis shaken und in eine gekühlte Cocktailschale fein abseihen.

Den Cocktail mit einer Erdbeerscheibe garnieren.

— *Jim Meehan, Sommer 2008*

FRISCO

Ohne Bitter entpuppt sich dieser Derby Cocktail als elegant-kräftiger Drink, der nach San Francisco, der Hochburg des Cocktails, benannt ist.

6 cl	Old Potrero Hotaling's Rye Whiskey
1,5 cl	Bénédictine

Alle Zutaten mit Eis rühren und in eine gekühlte Cocktailschale abseihen.

Ein Stück Zitronenschale in den Cocktail geben.

— *William Boothby,* Boothby's World Drinks, *1930*

GILCHRIST

Der ehemalige Flötist Daniel Eun benannte diesen Drink nach seinem alten Flötenmacher Bob Gilchrist. Der Scotchdrink wird ohne Zucker zubereitet, denn wie Hemingway war Bob Diabetiker.

4 cl	Compass Box Asyla Scotch Blend
2 cl	Clear Creek Birnenbrandy
2 cl	Grapefruitsaft
1,5 cl	Averna Amaro
2 Spritzer	Fee Brothers Grapefruit Bitters

Alle Zutaten mit Eis shaken und in eine gekühlte Cocktailschale abseihen.

Ein Stück Zitronenschale in den Cocktail geben.

— Daniel Eun, Herbst 2008

GIMLET

Nach einer der vielen Legenden um den Gimlet geht sein Name auf Surgeon General Sir Thomas Gimlette von der British Royal Navy zurück, der seine Skorbutprophylaxe mit einem Schlückchen Gin zu nehmen pflegte.

6 cl Plymouth Gin
2 cl Limettensirup
2 cl Limettensaft

Alle Zutaten mit Eis shaken und in eine gekühlte Cocktailschale abseihen.

Mit einer Limettenscheibe garnieren.

— *Harry McElhone,* ABC of Mixing Cocktails, *1922*

Limettensirup
72 cl Zuckersirup
12 Limetten

Mit einem Schälmesser (Microplane) die Limetten schälen.

Schale und Sirup in ein reaktionsneutrales Gefäß geben und bei Zimmertemperatur für zehn Minuten ziehen lassen.

Fein abseihen, in eine Flasche füllen und im Kühlschrank aufbewahren.

Ertrag: etwa 70 cl

Chinin, ein Extrakt der Chinarinde, wurde im 19. Jahrhundert in den britischen Kolonien gegen Malaria verschrieben. Um das Mittel genießbarer zu machen, wurden Sherry und Tonic Water beigemischt.

GIN & TONIC

10,5 cl	**Soda**
6 cl	**Tanqueray Gin**
2 cl	**Tonicsirup**

Alle Zutaten in ein gekühltes Collinsglas auf Eis geben und kurz rühren.

Ein Stück Limettenschale in den Cocktail geben.

— *Jim Meehan, Frühling 2007*

Tonicsirup

72 cl	**Wasser**
72 cl	**feinste Raffinade**
3 Stängel	**Zitronengras (geschält und gehackt, etwa 4,5 cl)**
2 TL	**Chinarinde**
2 TL	**Limettenzesten (von 2 Limetten)**

Zwei Tassen Zucker in zwei Tassen Wasser geben und erhitzen, bis der Zucker schmilzt. Köchelt der Sirup (bei etwa 80 °C), das Zitronengras hinzugeben und vom Herd nehmen.

Nach fünf Minuten die Chinarinde hinzugeben und kurz rühren. Nach weiteren fünf Minuten die Limettenzesten untermischen.

Fünf Minuten ziehen lassen, fein abseihen, in eine Flasche füllen und im Kühlschrank aufbewahren.

Ertrag: etwa 75 cl

GIRL FROM JEREZ

Als ich das weiche Saxofonspiel von Stan Getz im Song „Girl from Ipanema" hörte, hatte ich die Idee zu diesem Daiquiri auf brasilianischer Cachaçabasis, dessen Zitrusaroma ich mit Pedro Ximénez aus Jerez abmilderte.

3 cl **Rhum Clément V.S.O.P.**
3 cl **Fazenda Mãe de Ouro Cachaça**
2 cl **Limettensaft**
1,5 cl **Lustau Pedro Ximénez**
1 BL **St. Elizabeth Allspice Dram**

Alle Zutaten mit Eis shaken und in eine gekühlte Cocktailschale abseihen.

Geriebene Muskatnuss über den Cocktail geben.

— *Jim Meehan, Frühling 2009*

GOLD COAST

Diesen altmodischen Cocktail kreierte ich nach dem Besuch der südschwedischen Halbinsel Bjäre, wo die goldenen Kartoffeln für den Karlsson's Gold Vodka angebaut werden.

6 cl **Karlsson's Gold Vodka**
1,5 cl **Carlshamns Flaggpunsch**
1 Stängel **frischer Dill**

Dill und Flaggpunsch im Rührglas vermengen.

Vodka und Eis hinzugeben, rühren und auf einen großen Eiswürfel in einen gekühlten Tumbler fein abseihen.

Zwei Spritzer verdünnte Aftel Schwarzpfefferessenz in den Cocktail geben.

— *Jim Meehan, Winter 2009*

GOLDEN STAR FIZZ

Der süße Baumblütenduft, der an warmen Frühlingstagen in der Stadt liegt, inspirierte mich zu diesem Cocktail. Jasmintee und Absinth untermalen das Aroma des Aquavit von Christian Krogstad.

- 9 cl Golden Star Sparkling White Jasmine Tea
- 6 cl Krogstad Aquavit
- 2 cl Zitronensaft
- 2 cl Ananassaft
- 4 Scheiben Salatgurke (eine für die Garnierung)
- 1 Stängel Dill

Salatgurke, Dill und Säfte im Rührglas zerstoßen.

Aquavit hinzugeben, mit Eis shaken und in ein gekühltes, mit St. George Absinth gespültes Longdrinkglas fein abseihen.

Mit Sparkling Jasmine Tea aufgießen.

Den Cocktail mit einer Gurkenscheibe garnieren.

— *Jim Meehan, Frühling 2009*

GOLD RUSH

Ich werde nie meinen ersten Besuch im Milk & Honey im Jahr 2003 vergessen, wo mir dieser Drink serviert wurde. Mit jedem Schluck erschloss sich mir eine völlig neue Welt der Cocktails.

- 6 cl Elijah Craig Bourbon (12 Jahre)
- 3 cl Honigsirup
- 2 cl Zitronensaft

Alle Zutaten mit Eis shaken und in einen gekühlten Tumbler auf einen großen Eiswürfel abseihen.

Keine Garnierung.

— *T. J. Siegal, New York, circa 2000*

GREAT PUMPKIN

Nichts beschreibt den Zauber eines Herbstes im amerikanischen Nordwesten besser als das Meisterwerk Der große Kürbis von Charles Schulz, dem Erfinder der Peanuts.

- 6 cl Southampton Pumpkin Ale
- 3 cl Rittenhouse Rye Whiskey Vol. 50 %
- 3 cl Laird's Old Apple Brandy
- 1,5 cl Deep Mountain Grade B Ahornsirup
- 1 ganzes Ei

Alle Zutaten im Rührglas vermengen und schaumig rühren.

Erst ohne, dann mit Eis shaken und in ein gekühltes Longdrinkglas abseihen.

Geriebene Muskatnuss über den Cocktail geben.

— *Jim Meehan, Herbst 2008*

GREEN DEACON

Im Jones' Complete Barguide steht das Rezept für den Rosy Deacon, den ich eines Nachts meinem Freund J. C. Iglesias servierte. Es war seine Idee, Absinth hinzuzugeben.

- 4,5 cl Plymouth Gin
- 3 cl Grapefruitsaft
- 2 cl Plymouth Sloe Gin

Alle Zutaten mit Eis shaken und in eine gekühlte, mit St. George Absinth gespülte Cocktailschale abseihen.

Keine Garnierung.

— *Jim Meehan, Herbst 2008*

136 Rezepte

GREEN HARVEST

6 cl	Chilled Brewed Hibiscus Tea
4,5 cl	José Cuervo Tequila Platino
1,5 cl	Chartreuse Verte
7	Concord-Trauben (drei für die Garnierung)

Im Fachjargon versteht man unter der „Green Harvest" – der grünen Lese – das Abschneiden von unreifen Trauben. So kann der Weinstock all seine Energie auf die verbleibenden Trauben konzentrieren.

Trauben zerstoßen.

Alle Zutaten in ein Rührglas geben.

Mit Eis rühren und in ein gekühltes Longdrinkglas auf Eis fein abseihen.

Mit drei Concord-Trauben am Cocktailspieß garnieren.

— *Jim Meehan, Herbst 2009*

GREENPOINT

An seinem freien Tag schlenderte Mickey gern durch das Viertel Greenpoint, wo ihm die Idee zu dieser Variante des Red Hook – eines bekannten Cocktails aus dem Milk & Honey – kam.

6 cl	Rittenhouse Rye Whiskey Vol. 50 %
3 cl	Punt e Mes
1 BL	Chartreuse Jaune
1 Spritzer	Angostura

Alle Zutaten mit Eis rühren und in eine gekühlte Cocktailschale abseihen.

Keine Garnierung.

— *Michael McIlroy, New York, 2005*

HANKY PANKY

Ada Coleman, die zwischen 1903 und 1926 die Bar des Savoy Hotels leitete, kreierte diesen Cocktail für den Schauspieler Charles Hawtrey, der dazu anerkennend bemerkte: „That's the real hanky-panky!".

6 cl	Beefeater Gin
4,5 cl	Carpano Formula Antica Vermouth
0,75 cl	Fernet Branca

Alle Zutaten mit Eis rühren und in eine gekühlte Cocktailschale abseihen.

Ein Stück Orangenschale in den Cocktail geben.

— *Harry Craddock, The Savoy Cocktail Book, 1930*

HARVEST MOON

Wie der orangerote Septembermond am Herbsthimmel funkelt die Orangenschale in diesem Cocktail.

4,5 cl	Wild Turkey Rye Whiskey
3 cl	Lillet Blanc
1,5 cl	Laird's Old Apple Brandy
0,75 cl	Chartreuse Verte
3 Spritzer	Angostura

Alle Zutaten mit Eis rühren und in eine gekühlte Cocktailschale abseihen.

Ein Stück Orangenschale in den Cocktail geben.

— Daniel Eun, Winter 2007

HARVEST SLING

Laut David Wondrich eroberten Slings um die Jahrhundertwende die nordamerikanischen Bars. Im Laufe der Zeit entstanden schmackhafte Abwandlungen mit Zitrusfrüchten und Likören – wie der Harvest Sling.

- 4,5 cl Laird's Old Apple Brandy
- 1,5 cl Martini Rosso
- 1,5 cl Bénédictine
- 1,5 cl Heering Cherry Liqueur
- 1,5 cl Zitronensaft
- 1,5 cl Ingwerbier

Alle Zutaten mit Eis shaken und in ein gekühltes Collinsglas auf Eis abseihen.

Den Cocktail mit einer Kirsche und einem Stück Orangenschale am Spieß garnieren.

— *John Deragon, Herbst 2007*

HEIRLOOM

Die Concord-Trauben erinnerten Johnny an die Catskill Mountains, mit denen kulinarische Kindheitserinnerungen verbunden sind wie Mutters Tomatenpasta und geröstete Artischoken – daher der Cynar.

- 4,5 cl Hayman's Old Tom Gin
- 1,5 cl Cynar
- 1,5 cl Limettensaft
- 0,75 cl Strega Safranlikör
- 7 Concord-Trauben

Trauben und Strega im Rührglas zerstoßen.

Die restlichen Zutaten hinzugeben, mit Eis shaken und in eine gekühlte Cocktailschale fein abseihen.

Zwei Spritzer verdünnte Aftel Duftnesselessenz in den Cocktail geben.

— *Johnny Iuzzini, Herbst 2008*

HEMINGWAY DAIQUIRI

Den berühmten Daiquiri #3 bestellte der dem Alkohol nicht abgeneigte Schriftsteller und Diabetiker Ernest Hemingway in seiner kubanischen Stammbar La Florida stets ohne Zucker.

- 6 cl **Banks 5 Island Rum**
- 2 cl **Limettensaft**
- 1,5 cl **Luxardo Maraschino Likör**
- 1,5 cl **Grapefruitsaft**

Alle Zutaten mit Eis shaken und in eine gekühlte Cocktailschale abseihen.

Mit einer Limettenscheibe garnieren.

— Bar La Florida Cocktail Book, *1939*

HENRY HUDSON

Anlässlich des 400. Jahrestages der Entdeckung von Manhattan durch Henry Hudson erschufen wir diesen punschähnlichen Cocktail mit Genever und indonesischem Arrak, dessen exotischer Geschmack von jenen fernen Ländern erzählt, die Henry niemals sah.

4,5 cl Bols Genever
3 cl Channing Daughters Scuttlehole Chardonnay
1,5 cl Zitronensaft
1,5 cl Zuckersirup
0,75 cl Batavia Arrack van Oosten

Alle Zutaten mit Eis rühren und in einen gekühlten Tumbler auf einen großen Eiswürfel abseihen.

Geriebene Muskatnuss über den Cocktail geben.

— Jim Meehan und Gerry Corcoran, Frühling 2009

HONEYMOON COCKTAIL

Dieser starke Cocktail ist imstande, selbst die verliebtesten Flitterwochen mit einem Schleier des Vergessens zu überziehen.

6 cl Laird's Bonded Apple Brandy
1,5 cl Marie Brizard Curaçao Orange
1,5 cl Bénédictine
1,5 cl Zitronensaft

Alle Zutaten mit Eis shaken und in eine gekühlte Cocktailschale abseihen.

Keine Garnierung.

— Hugo Ensslin, Recipes for Mixed Drinks, 1916

HOT BUTTERED PISCO

Kevin Diedrichs Rezept ist mit zwei Seiten das längste in diesem Buch, umso schmackhafter dafür das Ergebnis: eine Kreuzung aus Irish Coffee und Hot Buttered Rum.

18 cl heißes Wasser
6 cl gewürzter Macchu Pisco
1 BL Vanillebutter

Alle Zutaten in eine vorgewärmte Isoliertasse geben und rühren, bis die Vanillebutter schmilzt.

Mit gesüßter Schlagsahne aufgießen.

Frisch geriebene Muskatnuss über den Cocktail geben.

— *Kevin Diedrich, Winter 2009*

Gewürzter Macchu Pisco

- 1 **75 cl Flasche Macchu Pisco**
- 1 **9 cm lange Orangenschale**
- 1 **aufgeschnittene Vanilleschote**
- 1 TL **schwarze Pfefferkörner**
- 1 TL **Nelken**
- 1 TL **Pimentfrüchte**
- 1 TL **Sternanis**
- 1 **Zimtstange**

Alle Zutaten in ein reaktionsneutrales Gefäß geben und zugedeckt 24 Stunden bei Zimmertemperatur ziehen lassen.

Fein abseihen und in eine Flasche füllen.

Ertrag: etwa 75 cl

Vanillebutter

- **450 g** brauner Zucker
- **450 g** ungesalzene Butter
- **1 l** Häagen-Dasz Vanilleeis
- **2 Stück** Sternanis
- **5** Nelken
- **5 ganze** Pimentfrüchte
- **5 schwarze** Pfefferkörner

Gewürze in einen Topf geben. Butter hinzufügen, erhitzen und schmelzen. Braunen Zucker dazugeben und rühren, bis keine Klümpchen mehr vorhanden sind.

Vanilleeis hinzufügen und rühren, bis die Masse weich und dick ist.

Gewürze herausfiltern und in einem reaktionsneutralen Gefäß in den Kühlschrank stellen.

Gesüßte Schlagsahne

- **9 cl** Schlagsahne
- **0,75 cl** Zuckersirup

Die Sahne zähflüssig, nicht steif schlagen.

David Slape benannte diesen Drink nach dem eleganten Pariser Hotel, wo der irische Schriftsteller und Spirituosenliebhaber Oscar Wilde seine letzten Jahre verbrachte.

HOTEL D'ALSACE

6 cl	Bushmills Irish Whiskey
1,5 cl	Cointreau
1,5 cl	Bénédictine
1 Zweig	Rosmarin (obere Hälfte zum Garnieren abtrennen)

Cointreau, Bénédictine und den halben Rosmarinzweig im Rührglas zerstoßen.

Whiskey und Eis hinzugeben, rühren und in einen gekühlten Tumbler auf einen großen Eiswürfel abseihen.

Mit der oberen Hälfte des Rosmarinzweigs garnieren.

— David Slape, Frühling 2008

Dieser Cocktail wurde in der kubanischen Nacional Bar geboren. Sein Erfinder Will P. Taylor war der letzte Manager des Old Waldorf Astorias, bevor die Prohibiton der Bar den Garaus machte.

HOTEL NACIONAL SPECIAL

6 cl	Bacardi 8 Rum
3 cl	Ananassaft
1,5 cl	Limettensaft
1,5 cl	Zuckersirup
0,75 cl	Rothman & Winter Orchard Apricot

Alle Zutaten mit Eis shaken und in eine gekühlte Cocktailschale abseihen.

Mit einer Limettenscheibe garnieren.

— Bar La Florida Cocktails, *1933*

IMPERIAL BLUEBERRY FIZZ

Das glückliche Liebespaar Crème Yvette und Heidelbeere verbringt hier einen gelungenen Pärchenabend mit den vornehmen Eheleuten Cognac und Champagner.

4,5 cl	**Hine V.S.O.P. Cognac**
1,5 cl	**Crème Yvette**
2 EL	**Heidelbeeren**

Heidelbeeren und Crème Yvette im Rührglas zerstoßen.

Cognac und Eis hinzugeben, shaken und in eine gekühlte Coupette fein abseihen.

Mit 7,5 cl Moët & Chandon Impérial Champagner aufgießen.

Mit einer essbaren Orchideenblüte garnieren.

— *Jim Meehan, Frühling 2009*

IMPERIAL SILVER CORN FIZZ

Unser geschätzter Stammgast Wylie Dufresne, Chef und Besitzer des WD 50, erfand das Maiswasser als Unterstützung des maishaltigen Tennessee Whiskys.

4,5 cl	George Dickel No. 12 Tennessee Whisky
3 cl	Maiswasser
1,5 cl	Honigsirup
1	Eiweiß

Erst ohne, dann mit Eis shaken und in eine gekühlte Coupette abseihen.

Mit 3 cl Moët & Chandon Impérial Champagner aufgießen.

Keine Garnierung.

— *Jim Meehan, Sommer 2009*

Maiswasser

48 cl	Wasser
1	26 cl Dose Mais

Mais und Wasser im Mixer pürieren, fein abseihen, in eine Flasche füllen und im Kühlschrank aufbewahren.

Ertrag: etwa 60 cl

In seinem Werk Imbibe! beschreibt David Wondrich die Entwicklung des einfachen Whiskeycocktails hin zu immer anspruchsvolleren Spielarten wie dem Fancy Whiskey Cocktail, der im Bar-Tenders Guide *von 1862 erschien. Der Improved Whiskey Cocktail erschien 14 Jahre später auf der Bildfläche.*

IMPROVED WHISKEY COCKTAIL

6 cl   Rittenhouse Rye Whiskey Vol. 50 %
0,75 cl   Luxardo Maraschino Likör
0,75 cl   Zuckersirup
2 Spritzer   Angostura

Alle Zutaten mit Eis rühren und in einen gekühlten, mit Absinth Vieux Pontarlier gespülten Tumbler auf einen großen Eiswürfel abseihen.

Ein Stück Zitronenschale in den Cocktail geben.

— *Jerry Thomas*, The Bar-Tender's Guide, *1876*

Eine der vielen Legenden rund um den Namen dieses Cocktails besagt, er lehne an die kräftige Farbe der Rosenart Jaquemot an.

JACK ROSE

6 cl   Laird's Old Apple Brandy
2 cl   Zitronensaft
2 cl   Grenadine

Alle Zutaten mit Eis shaken und in eine gekühlte Cocktailschale abseihen.

Keine Garnierung.

— *William Boothby*, The World's Drinks and How to Mix Them, *1908*

JAPANESE COURAGE

Englische Soldaten verpassten dem Genever im 17. Jahrhundert den Spitznamen „Dutch Courage", beeindruckt davon, wie sehr bereits ein kleiner Schluck den Kampfesmut der Holländer zu steigern schien. Auch in dieser japanisch angehauchten Variante steht der Genever seinen Mann.

18 cl **Kamoizumi Shusen Sake**
3 cl **Bols Genever**
1,5 cl **Chartreuse Jaune**
0,75 cl **Domaine de Canton Ingwerlikör**
0,75 cl **Honigsirup**

Den Sake im Wasserbad erwärmen (nicht kochen).

Zusammen mit den anderen Zutaten in eine vorgewärmte Tasse gießen.

Eine Zitronenscheibe mit sechs Nelken spicken und in den Cocktail geben.

— Jim Meehan, Winter 2009

JAPANESE COCKTAIL

Vermutlich kreierte Jerry Thomas diesen Drink im Juni 1860 für eine Delegation japanischer Würdenträger, die im Metropolitan Hotel gegenüber seiner Bar am 622 Broadway residierten.

6 cl Hine V.S.O.P. Cognac
1,5 cl Kassatly Chtaura Orgeat
2 Spritzer Angostura

Alle Zutaten mit Eis rühren und in eine gekühlte Cocktailschale abseihen.

Ein Stück Zitronenschale in den Cocktail geben.

— *Jerry Thomas*, The Bar-Tender's Guide, *1862*

JIMMIE ROOSEVELT

Ich zitiere Charles Baker: „Es war ein warmer Tag, und da ich quasi der Schwiegerneffe von Paul Garrett, dem Vorsitzenden des amerikanischen Winzerverbandes und derzeitigem „Vater" von Virginia Dare war, holten wir zwei kalte Flaschen unseres Garrett Champagners hervor und erschufen diesen Drink."

3 cl Rémy Martin V.S.O.P. Cognac
1 mit Angosturabitter beträufelter Demerara-Zuckerwürfel
1 BL Chartreuse Verte

Den Cognac mit Eis rühren und in eine gekühlte Coupette mit drei eingerissenen Eiswürfeln abseihen.

Den getränkten Zuckerwürfel hinzugeben und mit 6 cl Moët & Chandon Impérial Champagner aufgießen.

Vorsichtig mit Chartreuse Verte spiegeln.

— *Charles Baker*, The Gentleman's Companion, *1937*

JOHNNY APPLE COLLINS

Dieser verfeinerte John Collins mit englischer Soda und deutschem Apfelschnaps ist nach dem amerikanischen Pionier und Ökoaktivisten Johnny Appleseed benannt.

4,5 cl Maker's Mark Bourbon
2 cl Schönauer Apfelschnaps
2 cl Zitronensaft
2 Spritzer The Bitter Truth Thomas Bitters

Alle Zutaten mit Eis shaken und in ein gekühltes Collinsglas auf Eis abseihen.

Mit 6 cl Fever-Tree Bitter Lemon Soda aufgießen.

Ein Stück Zitronenschale in den Cocktail geben.

— *Jim Meehan, Herbst 2008*

JUDGMENT DAY

Charles kreierte diesen Drink als Danksagung an Melanie Asher, die Erfinderin des Macchu Pisco. Melanie zahlte seine Kaution und holte ihn so aus dem Gefängnis von New Orleans. Dort saßen er und ein Freund ein und warteten auf Rettung – die beiden hatten im Old Absinthe House eine Flasche Tequila zerschlagen.

4,5 cl Macchu Pisco
1,5 cl St. Germain Holunderblütenlikör
1,5 cl Limettensaft
1,5 cl Zitronensaft
1,5 cl Zuckersirup
1 Eiweiß

Erst ohne, dann mit Eis shaken und in eine gekühlte, mit Pernod gespülte Coupette abseihen.

Zwei Spritzer St. Elizabeth Allspice Dram in den Cocktail geben.

— *Charles Vexenat, Herbst 2008*

JUNIOR

David Wondrich fand diesen eleganten Sour in einer 1937er-Ausgabe des Esquire Magazines, wo der Drink von Murdock Pemberton, Presseagent des Broadways, vorgestellt wurde.

6 cl	**Rittenhouse Rye Whiskey Vol. 50 %**
2 cl	**Limettensaft**
1,5 cl	**Bénédictine**
2 Spritzer	**Angostura**

Alle Zutaten mit Eis shaken und in eine gekühlte Cocktailschale abseihen.

Keine Garnierung.

— *David Wondrich*, Esquire Drinks, *2002*

KANSAI KICK

Beim Experimentieren mit dem Cameron's Kick Cocktail ersetzte John deBary den keltischen Whiskey durch einen malzhaltigen Tropfen der japanischen Region Kansai und tauschte Zitronen- gegen Limettensaft. Der abrundende Madeira sorgt für Komplexität.

4,5 cl	**Yamazaki Single Malt Whisky (12 Jahre)**
2 cl	**Blandy's Sercial Madeira**
2 cl	**Limettensaft**
1 cl	**Kassatly Chtaura Orgeat**

Alle Zutaten mit Eis shaken und in eine gekühlte Cocktailschale abseihen.

Keine Garnierung.

— *John deBary, Frühling 2010*

KINA MIELE

Während sich „Kina" auf den südamerikanischen Chininbitter „quinquina" bezieht, beschreibt das italienische Wort „Miele", also Honig, die Basis des köstlichen Fabrikats aus dem Hause Nonino.

- 3 cl **Dolin Vermouth Dry**
- 2 cl **Cocchi Americano**
- 1,5 cl **Nonino Gioiello**
- 0,75 cl **Clear Creek Birnenbrandy**
- 1 Spritzer **The Bitter Truth Lemon Bitters**

Alle Zutaten mit Eis rühren und in einen gekühlten Tumbler auf einen großen Eiswürfel abseihen.

Ein Stück Grapefruitschale in den Cocktail geben.

— Sean Hoard, Sommer 2010

KING BEE

Als ich Nate fragte, warum er seinen Cocktail „King Bee" getauft hatte, sendete er mir die Lyrics zum Song „I'm a King Bee" des Bluesmusikers Muddy Waters.

- 4,5 cl **Barsol Quebranta Pisco**
- 2 cl **Zitronensaft**
- 1,5 cl **Bénédictine**
- 1,5 cl **Bärenjäger Honiglikör**

Alle Zutaten mit Eis shaken und in eine gekühlte Cocktailschale abseihen.

Vorsichtig mit 1,5 cl Lustau Palo Cortado Sherry spiegeln.

Keine Garnierung.

— Nate Dumas, Frühling 2009

Cocktails **155**

KIN KAN

Japaner kennen die Kumquat unter dem Namen „Kin kan". Die kleine, aromatische Zitrusfrucht wird zur Herbst- und Winterzeit in ganz Südostasien angebaut.

4,5 cl Beefeater Gin
3 cl Kumquatsirup
2 cl Zitronensaft

Alle Zutaten mit Eis shaken und in eine gekühlte, mit St. Germain Holunderblütenlikör gespülte Cocktailschale abseihen.

Keine Garnierung

— *John Deragon, Frühling 2008*

Kumquatsirup

18 cl Kumquats
48 cl Zuckersirup

Kumquats waschen, oben und unten abschneiden und mit dem Zuckersirup in einen Topf geben. Die Mischung zum Kochen bringen und auf kleiner Hitze 30 Minuten köcheln lassen. Vom Herd nehmen, abdecken und eine Stunde abkühlen lassen.

Fein abseihen, in eine Flasche füllen und im Kühlschrank aufbewahren.

Ertrag: etwa 28 cl

KOYO

„Koyo" beschreibt im Japanischen bunte Blätter und lehnt vollmundig an den Herbst an, wenn sich die Bäume in schönstes Rot, Orange, Gelb und Braun hüllen.

- 6 cl **Masumi Okuden Junmai Sake**
- 1,5 cl **Dubonnet Rouge**
- 0,75 cl **Cynar**
- 0,75 cl **Chartreuse Jaune**

Alle Zutaten mit Eis rühren und in eine gekühlte, mit St. Germain Holunderblütenlikör gespülte Cocktailschale abseihen.

Ein Stück Zitronenschale in den Cocktail geben.

— Daniel Eun, Herbst 2008

LACRIMOSA

Wegen dieser dunklen, verträumten Negronivariante wird keine lateinische Träne vergossen. Während der Rye Whiskey für den Gin einspringt, ersetzt Amaro den süßen Wermut und Luxardo Bitter den Campari.

- 6 cl **Rittenhouse Rye Whiskey Vol. 50 %**
- 2 cl **Luxardo Bitter**
- 2 cl **Amaro CioCiaro**

Alle Zutaten mit Eis rühren und in einen gekühlten Tumbler auf einen großen Eiswürfel abseihen.

Den Cocktail mit einer Orangenschale flambieren.

— David Slape, Herbst 2008

LA FLORIDA COCKTAIL

Am Wochenende vor Tales of the Cocktail im Jahr 2009 stand Jack McGarry für eine Schicht hinter dem Tresen des PDT und servierte diese köstliche Daiquirivariante.

- 6 cl Banks 5 Island Rum
- 2 cl Limettensaft
- 1,5 cl Marie Brizard Crème de Cacao Blanc
- 0,75 cl Martini Rosso
- 1 BL Grenadine

Alle Zutaten mit Eis shaken und in eine gekühlte Cocktailschale abseihen.

Mit einer Limettenscheibe garnieren.

— *Jules Bergeron*, Trader Vic's Bartenders Guide, *1972*

LAKE GEORGE

Brian erfand diesen Cocktail während eines Urlaubs am sonnenverwöhnten Ufer des Lake George.

- 3 cl Jameson Irish Whiskey
- 3 cl Glenlivet Single Malt Scotch Whisky (12 Jahre)
- 1,5 cl Drambuie Liqueur
- 1,5 cl Zitronensaft

Alle Zutaten mit Eis shaken und in eine gekühlte Cocktailschale abseihen.

Keine Garnierung.

— *Brian Shebairo, Winter 2009*

LA LOUCHE

Wer sich in Frankreich so richtig daneben benimmt, mag ein empörtes „louche" zu hören bekommen. Dieser Cocktail ist als entsprechende Inspiration zu verstehen.

4,5 cl **Hendrick's Gin**
3 cl **Lillet Rouge**
1,5 cl **Limettensaft**
0,75 cl **Chartreuse Jaune**
0,75 cl **Zuckersirup**

Alle Zutaten mit Eis shaken und in eine gekühlte Cocktailschale abseihen.

Keine Garnierung.

— *Charlotte Voisey, Winter 2007*

LA PERLA

Häufig fehlinterpretiert als Hommage an die berühmte Lingeriemarke bezieht sich der Name dieses Cocktails jedoch auf die Bar des Tequilagurus Tomas Estes im Londoner Viertel Covent Garden.

4,5 cl **Partida Tequila Reposado**
4,5 cl **Lustau Manzanilla Sherry**
2 cl **Mathilde Birnenlikör**

Alle Zutaten mit Eis rühren und in eine gekühlte Cocktailschale abseihen.

Ein Stück Zitronenschale in den Cocktail geben.

— *Jacques Bezuidenhout, San Francisco, 2005*

LAST WORD

Die Bekanntheit dieses Drinks verdanken wir einzig und allein der Bartenderlegende Murray Stenson aus dem Zig Zag Café in Seattle.

2 cl Tanqueray Gin
2 cl Luxardo Maraschino Likör
2 cl Chartreuse Verte
2 cl Limettensaft

Alle Zutaten mit Eis shaken und in eine gekühlte Cocktailschale abseihen.

Keine Garnierung.

— Ted Saucier, Bottoms Up, 1951

LAWN DART

Nichts symbolisiert für Bartender Sean Hoard den Sommeranfang so sehr wie der Duft von frisch geschnittenem Gras. Beileibe kein Feld-, Wald- und Wiesencocktail, fängt der Lawn Dart genau dieses Aroma gelungen ein.

3 cl Partida Tequila Blanco
3 cl Tanqueray Gin
2 cl Limettensaft
2 cl Agavensirup
0,75 cl Chartreuse Verte
1 13 cm langer Streifen grüne Paprika

Paprika und Agavensirup zerstoßen.

Die restlichen Zutaten hinzugeben, mit Eis shaken und in ein gekühltes Collinsglas auf Eis abseihen.

Mit einem Schirmchen und einer Limettenscheibe garnieren.

— Sean Hoard, Sommer 2010

LEAPFROG

In The Ideal Bartender *beschreibt Tom Bullock den Leaping Frog Cocktail mit ungarischem Aprikosenbrandy und Limettensaft. Ich ergänzte den Drink mit Gin, Minze und Bitter.*

6 cl	Plymouth Gin
2 cl	Zitronensaft
1,5 cl	Rothman & Winter Orchard Apricot
0,75 cl	Zuckersirup
2 Spritzer	hausgemachter Orangenbitter
6	Minzblätter

Die Minzblätter mit dem Zuckersirup zerstoßen.

Die restlichen Zutaten hinzugeben, mit Eis shaken und in eine gekühlte Cocktailschale fein abseihen.

Keine Garnierung.

— *Jim Meehan, Sommer 2007*

LEFT HAND COCKTAIL

Sam Ross vereint mit diesem Drink seine beiden liebsten Klassiker – italienischen Negroni und amerikanischen Manhattan – und wählte als würdigen Namenspaten den Italo-Amerikaner Lefty, Mafiakiller im Film Donnie Brasco.

4,5 cl	Elijah Craig Bourbon (12 Jahre)
2 cl	Carpano Antica Formula Vermouth
2 cl	Campari
2 Spritzer	Bittermens Xocolatl Mole Bitters

Alle Zutaten mit Eis rühren und in eine gekühlte Cocktailschale abseihen.

Mit drei eingelegten Kirschen am Spieß garnieren.

— *Sam Ross, New York, 2007*

Dieser vom Aviation inspirierte Cocktail vereint die Köstlichkeiten zwei meiner Lieblingsdestillerien der Westküste und ist ein wohlschmeckender Nachweis für den Aufstieg der Mikrodestillation an Amerikas „linker Küste".

LEFT COAST

2 cl	**Clear Creek Plum Brandy**
2 cl	**Anchor Genevieve**
1,5 cl	**Luxardo Maraschino Likör**
1,5 cl	**Zitronensaft**
1,5 cl	**Ananassaft**
1 BL	**Rothman & Winter Crème de Violette**

Alle Zutaten mit Eis shaken und in eine gekühlte Cocktailschale abseihen.

Keine Garnierung.

— Jim Meehan, Frühling 2009

Im Jahr 2006 bat mich Rob Cooper, einen warmen Cocktail mit St. Germain zu mixen. Um zu beweisen, dass der Holunderblütenlikör auch starke Gegner zu bändigen vermag, schickte ich ihn gegen eines der legendären Torfmonster von der Insel Islay in die Manege.

LE PÈRE BIS

12 cl	**frisch aufgebrühter Kamillentee**
4,5 cl	**Ardbeg Single Malt Scotch Whisky (10 Jahre)**
1,5 cl	**St. Germain Holunderblütenlikör**
1,5 cl	**Honigsirup**

Alle Zutaten in einer vorgewärmten Isoliertasse verrühren.

Eine Zitronenspalte mit drei Nelken spicken und in den Cocktail geben.

— Jim Meehan, Winter 2008

LION'S TOOTH

„Dandelion", das englische Wort für „Löwenzahn", ist eine Abwandlung des französischen „dent de lion". Seinen Namen verdankt das Gewächs den scharfzackigen Blättern.

- 6 cl Rittenhouse Whiskey-Löwenzahninfusion
- 2 cl Lustau Palo Cortado Sherry
- 1,5 cl Chartreuse Jaune
- 0,75 cl St. Germain Holunderblütenlikör

Alle Zutaten mit Eis rühren und in eine gekühlte Cocktailschale abseihen.

Keine Garnierung.

— John deBary, Frühling 2010

Rittenhouse Whiskey-Löwenzahninfusion

- 1 75 cl Flasche Rittenhouse Rye Whiskey Vol. 50 %
- 1,5 cl Löwenzahntee

Den Whiskey und den Tee in ein reaktionsneutrales Gefäß geben. Zehn Minuten bei Zimmertemperatur ziehen lassen.

Fein abseihen und in eine Flasche füllen.

Ertrag: etwa 75 cl

L.E.S. GLOBETROTTER

Während seiner Zeit hinter der Bar des PDT kreierte der berühmte Konditormeister Johnny Iuzzini diese Variante des Cock 'n' Bull Special, der von Ted Saucier in seinem Buch Bottoms Up *beschrieben wird.*

- 4 cl Wild Turkey Rye Whiskey
- 2 cl Hine V.S.O.P. Cognac
- 2 cl Bénédictine
- 1,5 cl Clément Creole Shrubb Rhum Liqueur

Alle Zutaten mit Eis rühren und auf eine Eiskugel in einen gekühlten Tumbler abseihen.

Ein Stück Orangenschale in den Cocktail geben.

— *Johnny Iuzzini, Winter 2008*

LITTLE BIT COUNTRY

Elayne Werns streifte als kleines Mädchen durch ein Naturreservat nahe ihrem Elternhaus und verbrachte die Sommerferien auf einer Touristenranch in den Adirondack Mountains. Als echtes Mädchen vom Lande mixte sie diesen Nature-to-Go für graue Wintertage.

- 6 cl Bulleit Bourbon
- 2 cl Zitronensaft
- 1,5 cl Deep Mountain Grade B Ahornsirup
- 0,75 cl Luxardo Maraschino Likör
- 1 6 mm dicke Jalapeñoscheibe mit ein paar Samen
- 1 Spritzer Angostura
- 1 Spritzer hausgemachter Orangenbitter

Jalapeño mit dem Ahornsirup vermengen.

Die restlichen Zutaten hinzugeben, mit Eis shaken und in eine gekühlte Cocktailschale fein abseihen.

Den Cocktail mit einem Stück Orangenschale flambieren.

— *Elayne Werns, New York, 2009*

LUAU

Diese Variation des Luau Grog, die in Sippin Safari *von Jeff Berry nachzulesen ist, ersann Gerry für unsere beiden Stammgäste Gina Haase und Jack Fetterman.*

- 2 cl Wray & Nephew Overproof Rum
- 2 cl Appleton Estate V/X Rum
- 2 cl El Dorado Rum (15 Jahre)
- 1,5 cl Limettensaft
- 1,5 cl Zuckersirup
- 0,75 cl Boiron Maracujapüree
- 0,75 cl Kassatly Chtaura Orgeat
- 1 Spritzer Angostura

Alle Zutaten mit Eis rühren, in einen gekühlten Tumbler auf gestoßenes Eis abseihen und mit Eis auffüllen.

Mit einem Schirmchen, einer Limettenscheibe, einem Orangenstück und zwei langen Strohhalmen servieren.

— *Gerry Corcoran,* Frühling 2009

MAI-TAI

Tikipate Trader Vic erfand nach eigener Aussage diesen Klassiker im Jahr 1944 für Besuch aus Tahiti. Begeistert kommentierten seine Freunde „Maitai roa!" – „Sehr gut!"

- 3 cl Banks 5 Island Rum
- 3 cl Rhum Clément V.S.O.P.
- 3 cl Limettensaft
- 1,5 cl Marie Brizard Curaçao Orange
- 1,5 cl Kassatly Chtaura Orgeat

Alle Zutaten mit Eis rühren und in einen gekühlten Tumbler auf gestoßenes Eis abseihen.

Den Cocktail mit einem Minzezweig garnieren.

— *Jules Bergeron,* Trader Vic's Bartenders Guide, *1972*

MAE WEST ROYAL DIAMOND FIZZ

Mae West liebte sowohl Champagner als auch Bourbon. Für den absoluten Prickelfaktor mixte LeNell diesen Cocktail mit aphrodisierenden Goji-Beeren und Granatapfel, der Frucht der Aphrodite.

- 6 cl **Four Roses Single Barrel Bourbon-Infusion mit Goji-Beeren**
- 3 cl **Grapefruitsaft**
- 1,5 cl **Pama Granatapfellikör**
- 1 **ganzes Ei**

Erst ohne, dann mit Eis shaken und in eine gekühlte Coupette mit einer Crusta aus Zucker, Cayennepfeffer und Kakaopulver abseihen.

Mit drei whiskeygetränkten Goji-Beeren am Spieß servieren.

— *LeNell Smothers, Winter 2007*

Four Roses Single Barrel Bourbon-Infusion mit Goji-Beeren

- 4,5 cl **Goji-Beeren**
- 1 **75 cl Flasche Four Roses Single Barrel Bourbon**

Die Goji-Beeren und den Whiskey in ein reaktionsneutrales Gefäß geben. Zugedeckt 48 Stunden bei Zimmertemperatur ziehen lassen.

Fein abseihen und in eine Flasche füllen.

Ertrag: etwa 75 cl

MANHATTAN

Ungeachtet der historischen Herkunft dieses Cocktails: In der zweiten Hälfte des 19. Jahrhunderts war italienischer Wermut sprichwörtlich in aller Munde – und sein Weg in den Whiskeycocktail damit quasi vorgezeichnet.

6 cl Wild Turkey Rye Whiskey
3 cl Martini Rosso
2 Spritzer Angostura

Alle Zutaten mit Eis rühren und in eine gekühlte Cocktailschale abseihen.

Den Cocktail mit drei eingelegten Kirschen am Spieß garnieren.

— *O. H. Byron,* Modern Bartender's Guide, *1884*

MARGARITA

Im Spanischen bezeichnet „Margarita" das Gänseblümchen ebenso wie diesen berühmten Sour, der urspünglich mit Curaçao gesüßt wurde.

6 cl El Tesoro Tequila Platinum
2 cl Cointreau
2 cl Limettensaft
0,75 cl Agavensirup

Alle Zutaten mit Eis rühren und in einen gekühlten Tumbler auf Eis oder in eine gekühlte Cocktailschale (wahlweise mit Salzcrusta) abseihen.

Mit einer Limettenscheibe garnieren.

— *Picador Cocktail listed in W. J. Tarling's* Café Royal Cocktail Book, *1937*

MARINER

John unterlegte den rauchigen Charakter des Scotch mit einem süßen Schwarzen Kardamomsirup. Traditionellerweise wird dieses südostasiatische Gewürz auf offener Flamme getrocknet.

- 6 cl Compass Box Oak Cross Blended Malt Scotch Whisky
- 1,5 cl Schwarzer Kardamomsirup
- 0,75 cl Ananassaft
- 0,75 cl Zitronensaft

Alle Zutaten mit Eis rühren und in einen gekühlten Tumbler auf einen großen Eiswürfel abseihen.

Ein Stück Zitronenschale in den Cocktail geben.

— *John Deragon, Sommer 2008*

Schwarzer Kardamomsirup

- 135 cl Zuckersirup
- 9 cl Schwarzer Kardamom

Den Kardamom und den Zuckersirup für sieben bis acht Minuten auf großer Flamme unter ständigem Rühren kochen.

Vom Herd nehmen und zwei Stunden abkühlen lassen.

Fein abseihen (dabei nicht auf die Schoten drücken), in eine Flasche füllen und im Kühlschrank aufbewahren.

Ertrag: etwa 100 cl

MARTINEZ

Dass Drinks wie der Martinez verdientermaßen wieder ins Rampenlicht zurückkehrten, haben wir dem Einsatz von Bartendern wie dem Schotten Adam Elmegirab zu verdanken, der Boker's Bitters wieder in den Handel brachte.

4,5 cl Hayman's Old Tom Gin
4,5 cl Dolin Vermouth Sweet
0,75 cl Luxardo Maraschino Likör
2 Spritzer Dr. Adam Elmegirab's Boker's Bitters

Alle Zutaten mit Eis rühren und in eine gekühlte Cocktailschale abseihen.

Ein Stück Orangenschale in den Cocktail geben.

— *O. H. Byron,* Modern Bartenders Guide, *1884*

MARTINI

Über die letzten hundert Jahre zählte die sich ändernde Zubereitung und Garnierung dieses Drinks zu den sichersten Methoden, den Geschmack der jeweiligen Epoche zu verorten.

9 cl Plymouth Gin
3 cl Dolin Vermouth Dry

Alle Zutaten mit Eis rühren und in eine gekühlte Cocktailschale abseihen.

Den Cocktail mit drei Oliven am Spieß oder einem Stück Zitronenschale garnieren.

— *Frank Newman,* American Bar, *1904*

MARY PICKFORD

Eddie Woelke aus dem Kockey Club in Havana benannte seinen Cocktail nach der wegweisenden Stummfilmdarstellerin und -produzentin Mary Pickford.

6 cl	Banks 5 Island Rum
2 cl	Ananassaft
1,5 cl	Luxardo Maraschino Likör
0,75 cl	Grenadine

Alle Zutaten mit Eis shaken und in eine gekühlte Cocktailschale abseihen.

Keine Garnierung.

— *Pedro Chicote*, Cocktails, *1928*

MASATAKA SWIZZLE

Im September 2009 stellte Stanislav Vadrna diesen Cocktail auf einem Event der Paris Whisky Live vor und benannte ihn nach Masataka Taketsuru, dem Gründer von Nikka Whisky.

4,5 cl	Nikka Taketsuru Malt Whisky (12 Jahre)
1,5 cl	Luxardo Amaretto
1,5 cl	Zitronensaft
1 BL	Demerarasirup

Alle Zutaten in einen gekühlten Tumbler geben und mit gestoßenem Eis auffüllen.

Mit einem Swizzle Stick verrühren und mit mehr gestoßenem Eis auffüllen.

Drei Spritzer Peychaud's Bitters in den Cocktail geben und mit einem Minzezweig garnieren.

— *Stanislav Vadrna, Bratislava, 2009*

MASTER CLEANSE

Die Anregung zu diesem Cocktail gab der Detoxcocktail von Stanley Burroughs, der mit Limonade, Ahornsirup und Cayennepfeffer zubereitet wird.

6 cl	Laird's Old Apple Brandy
2 cl	Zitronensaft
1,5 cl	Deep Mountain Grade B Ahornsirup
2	6 mm dicke Jalapeñoscheiben mit ein paar Samen
20 Tropfen	Gelbwurzelextrakt

Alle Zutaten mit Eis shaken und in eine gekühlte Cocktailschale fein abseihen.

Den Cocktail mit einer dünnen Jalapeñoscheibe garnieren.

— *Lydia Reissmueller, Herbst 2009*

MAY DAISY

Der Daisy May war der erste Drink, den Phil auf die Karte der Flatiron Lounge setzte. Sein Rezept war Vorlage für diesen Drink, den wir auf unsere erste Getränkekarte für Familie und Freunde brachten.

6 cl	Hine V.S.O.P. Cognac
3 cl	Zitronensaft
2 cl	Chartreuse Verte
2 cl	Zuckersirup

Alle Zutaten mit Eis shaken und in ein gekühltes Weißweinglas auf Eis abseihen.

Den Cocktail mit einem Minzezweig garnieren.

— *Phil Ward, New York, Sommer 2007*

MAY DAY

Der Name dieses Cocktails hat nichts mit dem Notrufsignal zu tun, im Gegenteil: Jane serviert hier einen entspannten 1. Mai, der einen sonnigen Ausblick auf den kommenden Sommer verspricht.

- 1,5 cl Plymouth Gin
- 1,5 cl Aperol
- 1,5 cl Zitronensaft
- 1 BL Zuckersirup
- 3 Spritzer Fee Brothers Rhubarb Bitters

Alle Zutaten mit Eis rühren und in eine gekühlte Cocktailschale abseihen.

Mit 6 cl Moët & Chandon Impérial Champagner aufgießen.

Keine Garnierung.

— *Jane Danger, Frühling 2009*

MELON STAND

Danger taufte diesen Drink nach ihrer Traumbar in Minnesota, dem Jane's Sweet Melon Stand.

- 6 cl Plymouth Gin
- 3 cl Wassermelonensaft
- 2 cl Zitronensaft
- 1,5 cl Aperol
- 1,5 cl Zuckersirup

Alle Zutaten mit Eis shaken und in ein gekühltes Collinsglas auf gestoßenes Eis abseihen.

Den Cocktail mit drei Wassermelonenkugeln am Spieß garnieren.

— *Jane Danger, Sommer 2008*

MEXICANO

Das Salatgurkenaroma betont den pflanzlichen Charakter des erdigen Tequilas, der in dieser königlichen Variante des Americanos den Platz des süßen Wermuts einnimmt.

4,5 cl **Partida Tequila Reposado**
2 cl **Gran Classico Bitter**
3 **6 mm dicke Salatgurkenscheiben**

Die Salatgurkenscheiben im Rührglas zerstoßen.

Die restlichen Zutaten mit Eis hinzugeben, rühren und in eine gekühlte Cocktailschale fein abseihen.

Mit 6 cl Moët & Chandon Impérial Champagner aufgießen.

Ein Stück Zitronenschale in den Cocktail geben.

— *Jim Meehan, Sommer 2010*

MEZCAL MULE

Maracuja und Salatgurke lockern diesen herben Mule erfrischend auf. Für die nötige Schärfe sorgt das mexikanische Chili.

4,5 cl **Sombra Mezcal**
3 cl **Ingwerbier**
2 cl **Limettensaft**
2 cl **Boiron Maracujapüree**
1,5 cl **Agavensirup**
4 Scheiben **Salatgurke**
(1 für die Garnierung)

Den Agavensirup und die Salatgurkenscheiben im Rührglas zerstoßen.

Die restlichen Zutaten hinzugeben, mit Eis shaken und in einen gekühlten Tumbler mit Eis abseihen.

Eine Prise gemahlenen Chili über den Cocktail geben und mit einem Stück kandierten Ingwer und einer Scheibe Salatgurke garnieren.

— *Jim Meehan, Winter 2009*

MIDNIGHT EXPRESS

Don und John entwickelten dieses Rezept mit Unterstützung von Jamie McCormick, Barista und Inhaber des Cafés Abraço im East Village.

9 cl frisch aufgebrühter Kaffee
4,5 cl Hine V.S.O.P. Cognac-Walnussinfusion (siehe S. 82 Rezept für Buona Notte)
0,75 cl Luxardo Amaretto
0,75 cl Zuckersirup

Alle Zutaten in einer vorgewärmten Isoliertasse anrichten.

Frisch geschlagene Sahne und geriebene Muskatnuss über den Cocktail geben.

— *John Deragon und Don Lee, Winter 2008*

MILK PUNCH

Dieser köstliche Brunchklassiker aus New Orleans ist nur selten auf den Cocktailkarten der Nordstaaten zu finden.

4,5 cl Vollmilch
3 cl Pierre Ferrand Ambre Cognac
3 cl Myers's Original Dark Rum
2 cl Zuckersirup

Alle Zutaten mit Eis rühren und in einen gekühlten Tumbler auf einen großen Eiswürfel abseihen.

Geriebene Muskatnuss über den Cocktail geben.

— *Jerry Thomas*, The Bar-Tender's Guide, *1862*

MINT APPLE CRISP

Diese freie Interpretation des Crisp Cocktails, der im Applegreen's Bar Book *zu finden ist, rinnt als köstlicher Saketini die Kehle hinunter, wo sich das subtile Melonen- und Minzaroma des Sake wunderbar entfaltet.*

6 cl Heart of the Hudson Apple Vodka
3 cl Masumi Arabashiri Sake
0,75 cl Zuckersirup
3 6 mm dicke Apfelscheiben (Granny Smith)
2 Minzblätter

Apfelscheiben, Minzblätter und Zuckersirup zerstoßen.

Restliche Zutaten und Eis hinzugeben. Rühren und in eine gekühlte Cocktailschale fein abseihen.

Den Cocktail mit drei Honigmelonenkugeln am Spieß garnieren.

— *Karen Fu und Jim Meehan, Sommer 2010*

MINT JULEP

Das Geheimnis eines herausragenden Mint Julep besteht in kräftiger Minze, gestoßenem Eis und dem besten Bourbon der Bar. Dazu will er stilecht im silbernen Julepbecher serviert werden.

- 7,5 cl **Booker's Bourbon**
- 1,5 cl **Zuckersirup**
- 8 **Minzblätter (plus 3 Zweige als Garnierung)**

Die Minzblätter und den Zuckersirup im gekühlten Julepbecher zerstoßen.

Den Bourbon hinzugeben und mit gestoßenem Eis auffüllen.

Mit einem Swizzle Stick verrühren und mit mehr gestoßenem Eis auffüllen.

Den Cocktail mit drei Minzezweigen garnieren.

— *Jerry Thomas,* The Bar-Tender's Guide, *1862*

MOJITO

Im Jahr 2002 erlebte der Mojito eine Renaissance, als Pierce Brosnan alias James Bond den Drink im Film Stirb an einem anderen Tag *bestellte.*

- 6 cl **Banks 5 Island Rum**
- 3 cl **Zuckersirup**
- 2 cl **Limettensaft**
- 8 **Minzblätter (plus 1 Minzezweig als Garnierung)**

Den Zuckersirup und die Minzblätter im Rührglas zerstoßen.

Die restlichen Zutaten hinzugeben, shaken und in ein gekühltes Collinsglas auf Eis abseihen.

Mit 3 cl Soda auffüllen und mit einem Minzezweig garnieren.

— *Als „Rum Mojo" im* Libro de Cocktail, *1929, von Juan A. Lasa*

MONTGOMERY SMITH

Während einer ruhigen Schicht regte ein Kollege Nate dazu an, einen Drink namens Montgomery Smith zu erfinden.

6 cl Hine V.S.O.P. Cognac
1,5 cl Bénédictine
0,75 cl Fernet Branca

Alle Zutaten mit Eis rühren und in eine gekühlte Cocktailschale abseihen.

Ein Stück Zitronenschale in den Cocktail geben.

— Nate Dumas, New York, 2007

MONKEY GLAND

In Cocktails: How to Mix Them *(1922) schreibt Robert Vermeire diesen ungewöhnlichen Cocktail Harry McElhone zu, der den Monkey Gland hinter dem Tresen des Londoner Ciro's Clubs aus der Wiege hob.*

6 cl Beefeater Gin
3 cl Orangensaft
1 BL Al Wadi Granatapfelsirup

Alle Zutaten mit Eis shaken und in eine gekühlte, mit Absinth Vieux Pontarlier gespülte Cocktailschale abseihen.

Keine Garnierung.

— Harry McElhone, ABC of Mixing Cocktails, *1922*

MORANGO FIZZ

In Brasilien, der Heimat des Cachaças, bezeichnet das portugiesische Wort „Morango" die Erdbeere.

6 cl Mae de Ouro Cachaça-Erdbeerinfusion
2 cl Zitronensaft
2 cl Zuckersirup
1 Eiweiß

Erst ohne, dann mit Eis shaken und in ein gekühltes Longdrinkglas abseihen.

Mit 3 cl Soda aufgießen.

Keine Garnierung.

— *Don Lee, Sommer 2007*

Mae de Ouro Cachaça-Erdbeerinfusion

75 cl Mae de Ouro Cachaça
48 cl geviertelte Erdbeeren ohne Strunk

Den Cachaça und die Erdbeeren in ein reaktionsneutrales Gefäß geben. Zugedeckt zwölf Stunden bei Zimmertemperatur ziehen lassen.

Fein abseihen, in eine Flasche füllen und im Kühlschrank aufbewahren.

Ertrag: etwa 75 cl

Cocktails

MOSCOW MULE

Der Moscow Mule ist die köstliche Gemeinschaftsleistung von Jack Morgan vom Restaurant Cock'n'Bull in Los Angeles und John G. Martin von Heublein, dem damaligen Smirnoff-Importeur.

4,5 cl Smirnoff Black Vodka
3 cl Ingwerbier
3 cl Zuckersirup
2 cl Limettensaft

Alle Zutaten mit Eis shaken und in eine gekühlte Kupfertasse auf Eis abseihen.

Mit einer Limettenscheibe und kandiertem Ingwer garnieren.

— Lucius Beebe, The Stork Club Bar Book, *1946*

MOUNT VERNON

George Washington höchstpersönlich inspirierte mich zu diesem Cocktail. Der Präsident betrieb auf seinem Privatgut Mount Vernon eine der größten Destillerien des Landes.

3 cl Clear Creek Kirschwasser
3 cl Gran Duque D'Alba Brandy de Jerez
2 cl Grapefruitsaft
1,5 cl Lustau Pedro Ximénez Sherry
1,5 cl Heering Cherry Liqueur

Alle Zutaten mit Eis shaken und in eine gekühlte Cocktailschale abseihen.

Den Cocktail mit drei eingelegten Kirschen am Spieß garnieren.

— Jim Meehan, Winter *2007*

MUM'S APPLE PIE

Diesen Drink, der zu Anfang als Apple Crumble auf der Karte stand, kreierte Simon für die Cocktailbar Koba im englischen Brighton.

4,5 cl **Havana Club Rum (7 Jahre)**
3 cl **Red Jacket Orchards Apple Cider**
2 cl **Zitronensaft**
1,5 cl **Demerarasirup**

Alle Zutaten mit Eis shaken und in ein gekühltes Collinsglas auf gestoßenes Eis abseihen.

Eine Apfelscheibe mit geriebenem Zimt und Muskatnuss bestreuen und in den Cocktail geben.

— *Simon Ford, London, 2001*

NAVY GROG

Vermutlich sprang der „Grog" von den Schiffen der British Royal Navy in unseren Wortschatz. Britische Matrosen tauften ihre verwässerte Rumration nach Admiral Edward „Old Grog" Vernon, der diesen Spitznamen seinem Mantel aus Tarlatan – auf Englisch grogram – verdankt.

3 cl **Gosling's Black Seal Rum**
3 cl **Appleton Reserve Rum**
3 cl **El Dorado Rum (15 Jahre)**
2 cl **Limettensaft**
2 cl **Grapefruitsaft**
1,5 cl **Honigsirup**

Alle Zutaten in einem gekühlten Collinsglas anrichten und mit gestoßenem Eis auffüllen.

Mit einem Swizzle Stick verrühren und mit mehr gestoßenem Eis auffüllen.

Keine Garnierung.

— *Don the Beachcomber, 1941*

NEGRONI

Als „Camparinette" und „Campari Cardinal" stand das Dreigestirn Gin-Wermut-Campari bereits in französischen und spanischen Cocktailbüchern wie Cien Cocktails *und* L'Heure du Cocktail, *bevor es als Negroni die Welt eroberte.*

4 cl   Beefeater Gin
4 cl   Campari
4 cl   Martini Rosso

Alle Zutaten mit Eis rühren und in eine gekühlte Cocktailschale oder auf Eis in einen gekühlten Tumbler abseihen.

Ein Stück Orangenschale in den Cocktail geben.

— *J. S. Brucart*, Cien Cocktails, *1943*

NEW AMSTERDAM

Die ersten Kolonialisten in Manhattan waren holländische Händler, die ihre neue Heimat auf den Namen New Amsterdam tauften.

6 cl   Bols Genever
3 cl   Clear Creek Kirschwasser
1 BL   Demerarasirup
2 Spritzer   Peychaud's Bitters

Alle Zutaten mit Eis rühren und in eine gekühlte Cocktailschale abseihen.

Ein Stück Zitronenschale in den Cocktail geben.

— *Jim Meehan, New York, 2006*

NEWARK

Als John und ich diese Variante des Brooklyns erfanden, wurden derart viele Cocktails mit Vierteln in Brooklyn etikettiert, dass wir diesen Trend kurzerhand torpedierten und unsere Kreation nach Newark in New Jersey benannten.

- 6 cl **Laird's Old Apple Brandy**
- 3 cl **Vya Sweet Vermouth**
- 0,75 cl **Fernet Branca**
- 0,75 cl **Maraska Maraschino Likör**

Alle Zutaten mit Eis rühren und in eine gekühlte Cocktailschale abseihen.

Keine Garnierung.

— *Jim Meehan und John Deragon, Herbst 2007*

Cocktails **189**

NEWFANGLED

Während wir unseren Old Fashioned auf die altmodische Art mit Zucker, Bitter und einem Stück Zitrone kennen und lieben, überrascht und überzeugt diese modernere Version mit einem Schuss Bier.

    6 cl **Old Grand-Dad Bonded Bourbon**
0,75 cl **Zuckersirup**
2 Spritzer **Angostura**
   ½ **Orangenscheibe**
    3 **eingelegte Kirschen**

Die Orangenscheibe und die Kirschen zerstoßen.

Die restlichen Zutaten hinzugeben, mit Eis shaken und in eine gekühlte Cocktailschale fein abseihen.

Mit 6 cl Southampton Double White Ale aufgießen.

Keine Garnierung.

— *Kevin Diedrich, Frühling 2010*

NEW YORK FLIP

David Wondrich verfolgt die Geschichte des Rotweins in Cocktails bis zurück in die 1880er-Jahre.

    3 cl **Elijah Craig Bourbon (12 Jahre)**
 15 cl **Schlagsahne**
0,75 cl **Zuckersirup**
    1 **Eigelb**

Erst ohne, dann mit Eis shaken und in eine gekühlte Cocktailschale abseihen.

Mit 2 cl Noval Black Port aufgießen.

Geriebene Muskatnuss über den Cocktail geben.

— *Charles Schumann,* American Bar, *1995*

NIGORI MILK PUNCH

Als Milchersatz funktioniert der cremige Sake in dieser vanilligen Version des Milk Punch ausgezeichnet.

6 cl   **Kamoizumi Nigori Sake**
3 cl   **Hine V.S.O.P. Cognac**
1,5 cl   **Navan Vanilla Liqueur**
3 Spritzer   **Feldman's Barrel Aged Bitters**

Alle Zutaten mit Eis rühren und in eine gekühlte Cocktailschale abseihen.

Geriebene Muskatnuss über den Cocktail geben.

— *Jim Meehan, Winter 2009*

NOCE ROYALE

Die italienische Walnuss „Noce" heiratet ins Königshaus ein: Im Cocktailjargon wird ein mit Champagner aufgegossener Drink als „Royale" bezeichnet.

4,5 cl   **Beefeater Gin**
1,5 cl   **Plymouth Sloe Gin**
0,75 cl   **Monteverdi Nocino**

Alle Zutaten mit Eis rühren und in eine gekühlte Cocktailschale abseihen.

Mit 6 cl Moët & Chandon Impérial Champagner aufgießen.

Keine Garnierung.

— *Lindsay Nader, Herbst 2009*

NORMAN INVERSION

Diese saisonale Hommage an den French 75, neu aufgelegt mit trockenem französischem Cidre, war Johns erster Cocktail auf unserer Karte.

3 cl	Aviation Gin
1,5 cl	Schönauer Apfelschnaps
0,75 cl	Grapefruitsaft
0,75 cl	Zuckersirup
1 Spritzer	Regan's Orange Bitters

Alle Zutaten mit Eis shaken und in eine gekühlte Cocktailschale abseihen.

Mit 6 cl Dupont Brut Sparkling Cider aufgießen.

Keine Garnierung.

— *John deBary, Herbst 2008*

NOUVEAU CARRÉ

Diese tequila-basierte Hommage an den Vieux Carré Cocktail entstand nach dem Hurrikan Katrina, um das allgemeine Bewusstsein für den Überlebenskampf des schwer getroffenen New Orleans zu schärfen.

4,5 cl Ocho Anejo Tequila
2 cl Lillet Blanc
0,75 cl Bénédictine
3 Spritzer Peychaud's Bitters

Alle Zutaten mit Eis rühren und in eine gekühlte Cocktailschale abseihen.

Ein Stück Zitronenschale in den Cocktail geben.

— *Jonny Raglin, San Francisco, 2005*

NOUVEAU SANGAREE

Für die Website Liquor.com bat mich Editor Noah Rothbaum um einen Weincocktail mit Beaujolais Nouveau.

6 cl Beaujolais Nouveau
4,5 cl Laird's Old Apple Brandy
1,5 cl Plymouth Sloe Gin
0,75 cl Deep Mountain Grade B Ahornsirup
2 Spritzer Angostura

Alle Zutaten mit Eis rühren und in eine gekühlte Cocktailschale abseihen.

Mit einem Apfelfächer garnieren und gemahlenen Zimt über den Cocktail geben.

— *Jim Meehan, Winter 2009*

NOVAL CUP

Inspiriert vom Pimm's Cup erfand ich diesen Cocktail mit dem vielseitigen Port, der in diesem erfrischenden Sommercocktail seinen Job ganz hervorragend macht.

6 cl	Noval Black Port
1,5 cl	Zitronensaft
1,5 cl	Zuckersirup
1	Erdbeere

Die Erdbeere mit dem Zuckersirup zerstoßen.

Die restlichen Zutaten hinzugeben, mit Eis shaken und in ein gekühltes Collinsglas auf Eis fein abseihen.

Mit 6 cl Soda aufgießen.

Den Cocktail mit einer Salatgurkenscheibe garnieren.

— *Jim Meehan, Sommer 2010*

NTH DEGREE

Nate faszinierten die starken, altmodischen Cocktails im Milk & Honey, die auf zwei gegensätzlichen Basisspirituosen aufbauen.

3 cl	Rhum Clément V.S.O.P.
3 cl	Laird's Old Apple Brandy
1,5 cl	Chartreuse Verte
1	Demerara-Zuckerwürfel
2 Spritzer	Fee Brothers Whiskey Barrel Aged Bitters

Den Zuckerwürfel mit dem Bitter zerstoßen.

Die restlichen Zutaten hinzugeben, mit Eis rühren und auf einen großen Eiswürfel in einen gekühlten Tumbler abseihen.

Ein Stück Orangen- und Zitronenschale in den Cocktail geben.

— *Nate Dumas, Winter 2008*

OCCIDENTAL

Der Linie Aquavit begibt sich während seiner Reifung in alten Sherryfässern auf eine Rundreise ab Norwegen bis über den Äquator. Nate benannte den Drink nach dem Kurs, den das Schiff mit seiner kostbaren Fracht auf dem Heimweg einschlägt.

6 cl Linie Aquavit
2 cl Grand Marnier
1,5 cl Nonino Amaro

Alle Zutaten mit Eis rühren und in eine gekühlte, mit Fernet Branca gespülte Cocktailschale abseihen.

Ein Stück Orangeschale in den Cocktail geben.

— *Nate Dumas, Winter 2008*

OLD-FASHIONED WHISKEY COCKTAIL

Im Jahr 1806 definierte die Zeitung Balance and Columbian Repository *den Cocktail als „ein anregendes Getränk aus beliebigen Spirituosen, Zucker, Wasser und Bitter – umgangssprachlich auch Bittered Sling genannt." Um 1888 galt dieser Cocktail bereits als antiquiert.*

6 cl Wild Turkey Rye Whiskey
1 Demerara-Zuckerwürfel
2 Spritzer Angostura

Alle Zutaten vermengen, mit Eis rühren und in einen gekühlten Tumbler auf einen großen Eiswürfel abseihen.

Ein Stück Zitronenschale in den Cocktail geben.

— *Theodore Proulx,* The Bartender's Manual, *1888*

Cocktails **195**

OLD FLAME

Zur Freude unserer Gäste servierte Cervantes Ramirez diese Variation des Neptune's Wrath von Toby Maloney.

6 cl Plymouth Gin
2 cl Zitronensaft
2 cl Zuckersirup
1 Eiweiß

Alle Zutaten erst ohne, dann mit Eis shaken und in eine gekühlte Coupette abseihen.

1,5 cl brennende Chartreuse V.E.P. Verte in den Cocktail gießen.

Keine Garnierung.

— *Cervantes Ramirez, Winter 2007*

OLD MAID

Eines Abends setzte sich Lynette Marrero an den Tresen der East Side Company Bar und bestellte einen Gindrink mit Salatgurke. Sam erfüllte ihr diesen Wunsch mit einem Gimlet namens Old Maid, der mit gestoßener Salatgurke und Minze zubereitet wird.

2 cl Plymouth Gin
3 cl Limettensaft
2 cl Zuckersirup
6 Minzblätter (plus 1 Minzezweig als Garnierung)
4 Scheiben Salatgurke (1 für die Garnierung)

Salatgurke und Minze mit dem Zuckersirup zerstoßen.

Die restlichen Zutaten hinzugeben, mit Eis shaken und auf einen großen Eiswürfel in einen gekühlten Tumbler fein abseihen.

Den Minzezweig durch die letzte Scheibe Salatgurke stechen und in den Cocktail geben.

— *Sam Ross, New York, 2004*

Cocktails

OLD PAL

In seinem Nachwort zu Barflies and Cocktails *von Harry McElhone erzählt Arthur Moss, sein Freund „Sparrow" Robertson habe ihm diesen Drink namens My Old Pal gewidmet.*

6 cl **Old Overholt Rye Whiskey**
2 cl **Dolin Vermouth Dry**
2 cl **Campari**

Alle Zutaten mit Eis rühren und in eine gekühlte Cocktailschale abseihen.

Keine Garnierung.

— Harry McElhone, ABC of Mixing Cocktails, *1922*

OPERA COCKTAIL

Im Originalrezept werden Dubonnet und Gin zu gleichen Teilen angegeben und mit einem Schuss Mandarinencreme verfeinert. Ich bevorzuge diese Variante mit etwas mehr Gin.

6 cl **Plymouth Gin**
3 cl **Dubonnet Rouge**
0,75 cl **Mandarin Napoleon**
1 Spritzer **hausgemachter Orangenbitter**

Alle Zutaten mit Eis rühren und in eine gekühlte Cocktailschale abseihen.

Ein Stück Orangenschale in den Cocktail geben.

— Jacques Straub, Drinks, *1914*

PADDINGTON

Nachdem er seine ersten Schichten unter den Augen unseres ausgestopften Schwarzbären Paddington gearbeitet hatte, kreierte David dessen wohlschmeckenden Namensvetter.

4,5 cl	Banks 5 Island Rum
1,5 cl	Lillet Blanc
1,5 cl	Grapefruitsaft
1,5 cl	Zitronensaft
1 BL	Bonne Maman Orangenmarmelade

Alle Zutaten mit Eis shaken und in eine gekühlte, mit St. George Absinth gespülte Cocktailschale abseihen.

Ein Stück Grapefruitschale in den Cocktail geben.

— David Slape, Herbst 2008

PADDY WALLBANGER

Diese Neuinterpretation des Harvey Wallbangers präsentiert Gerry Corcoran als trockenen irischen Manhattan mit einem Schuss des neuen Gallianos L'Autentico.

4,5 cl	Black Bush Irish Whiskey
4,5 cl	Dolin Vermouth Dry
1,5 cl	Galliano L'Autentico
2 Spritzer	hausgemachter Orangenbitter

Alle Zutaten mit Eis rühren und in eine gekühlte Cocktailschale abseihen.

Keine Garnierung.

— Gerry Corcoran, Frühling 2009

Cocktails

PALOMA

In Mexiko wird die Paloma traditionellerweise mit Squirt Soda aufgegossen. Auf der nordamerikanischen Seite der Grenze wird Squirt Soda jedoch mit Maissirup gesüßt, sodass David lieber auf Ting Soda zurückgreift.

    6 cl **Siete Leguas Reposado Tequila**
1,5 cl **Limettensaft**

In einem gekühlten Collinsglas mit Salzcrusta anrichten und Eis hinzugeben.

Mit 6 cl Ting Grapefruit Soda auffüllen.

Den Cocktail mit einer halben Grapefruitscheibe garnieren.

— David Wondrich, Killer Cocktails, *2005*

PARKSIDE FIZZ

Diese Variante des Southside Fizz benannte ich nach den drei Parks rund um die Gramery Tavern: Madison Square im Norden, Gramercy im Osten und Union Square im Süden.

   6 cl **Hangar One Buddha's Hand Vodka**
   2 cl **Zitronensaft**
1,5 cl **Kassatly Chtaura Orgeat**
     8 **Minzblätter (plus 1 Minzezweig als Garnierung)**

Die Minze mit dem Orgeat vermengen.

Die restlichen Zutaten hinzugeben, mit Eis shaken und in einen gekühlten Tumbler auf Eis abseihen.

Mit 3 cl Soda aufgießen.

Den Cocktail mit einem Minzezweig garnieren.

— Jim Meehan, New York, *2005*

PAUL'S CLUB COCKTAIL

Dieser Cocktail ist gleichzeitig eine Hommage an den verehrten Paul Ricard wie an den Paul's Club, den ich in Madison, Wisconsin leitete.

    6 cl **Tanqueray Gin**
    3 cl **Concord Shrubb**
 0,75 cl **Zuckersirup**

Alle Zutaten mit Eis rühren und in eine gekühlte Cocktailschale abseihen.

Mit 0,75 cl Ricard spiegeln.

Keine Garnierung.

— *Jim Meehan und Don Lee, Herbst 2007*

Concord Shrubb

  2,25 kg gestoßene Concord-Trauben
     1 l Weißweinessig

Die Trauben mit dem Essig in ein reaktionsneutrales Gefäß geben. Zugedeckt eine Woche lang bei Zimmertemperatur ziehen lassen.

Fein abseihen, in eine Flasche füllen und im Kühlschrank aufbewahren.

Ertrag: etwa 180 cl

PEARL BUTTON

Fertig gemixt schimmerte der neue Cocktail wie die Perlenknöpfe seiner Weste, nach denen John diese Kreation umgehend benannte.

- 6 cl Mãe de Ouro Cachaça
- 2 cl Lillet Blanc
- 1,5 cl Limettensaft

Alle Zutaten mit Eis shaken und in ein gekühltes Collinsglas auf Eis abseihen.

Mit 4,5 cl San Pellegrino Limonata aufgießen.

Den Cocktail mit einer halben Grapefruitscheibe garnieren.

— *John Deragon, Frühling 2008*

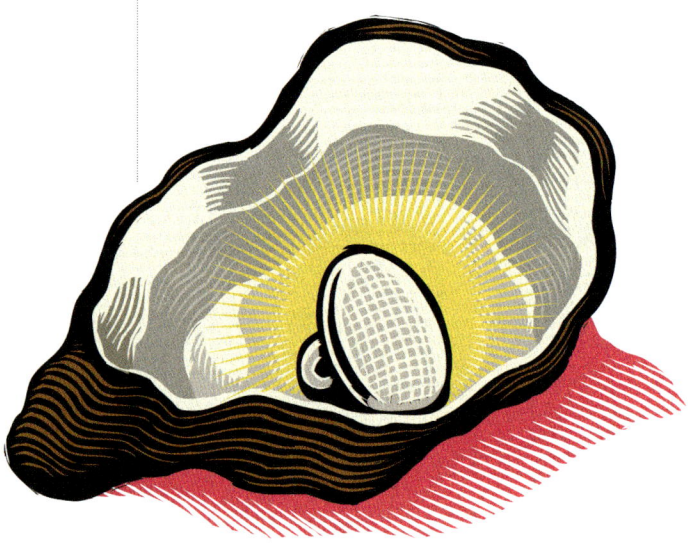

PEARL OF PUEBLA

Mit der Hilfe von Bartender Euclides López entwarf ich diese mexikanische Ausgabe des French Pearl von Audrey Saunders. Mezcal und frischer Oregano – Herz und Niere der Puebla-Küche – sorgen für authentischen Geschmack.

6 cl **Sombra Mezcal**
2 cl **Chartreuse Jaune**
2 cl **Limettensaft**
4 Zweige **frischer Oregano**
1 BL **Ricard**
1 BL **Agavennektar**

Den Oregano und den Agavennektar vermengen.

Die restlichen Zutaten hinzugeben, mit Eis shaken und in eine gekühlte Cocktailschale fein abseihen.

Keine Garnierung.

— *Jim Meehan, Winter 2008*

PERFECT PEAR

Marco kreierte diesen Drink in der Saucebox Bar in Portland für seine Exfrau Sarah und taufte ihn in Gedenken an ihre Hochzeit und den Song „Three of a Perfect Pear" von King Crimson.

6 cl **Clear Creek Birnenbrandy**
2 cl **Zitronensaft**
1,5 cl **Orangensaft**
1,5 cl **Zuckersirup**

Alle Zutaten mit Eis shaken und in eine gekühlte Cocktailschale mit halber Zuckercrusta abseihen.

Keine Garnierung.

— *Marco Dionysos, Portland, 1995*

PHARAOH COOLER

Am Wochenende vor Tales of the Cocktail stand Jack McGarry für eine Schicht hinter dem Tresen des PDT. Sein Drink, benannt nach einem ägyptischen Mythos über den Samen der Wassermelone, schaffte es direkt in unsere Karte.

4,5 cl	Partida Blanco Tequila
3 cl	Wassermelonensaft
2 cl	Grenadine
1,5 cl	Limettensaft
4 Tropfen	Marivani Rosenblütenwasser

Alle Zutaten mit Eis shaken und in ein gekühltes Collinsglas auf Eis abseihen.

Mit 3 cl Soda aufgießen.

Keine Garnierung.

— *Jack McGarry, Belfast, Frühling 2009*

PERSEPHONE

Der griechischen Mythologie zufolge entstanden die Jahreszeiten nach der Entführung der Persephone durch Hades: Die Natur litt, während ihre Mutter Demeter nach ihr suchte.

3 cl Laird's Applejack
2 cl Dolin Vermouth Sweet
1,5 cl Plymouth Sloe Gin
1,5 cl Zitronensaft
1,5 cl Zuckersirup

Alle Zutaten mit Eis rühren und in eine gekühlte Cocktailschale abseihen.

Keine Garnierung.

— *David Slape, Winter 2008*

PIMM'S CUP

James Pimm gelangte im 19. Jahrhundert durch seinen House Cup, einen Mix aus Likören und Fruchtextrakten, zu verdientem Ruhm.

6 cl Pimm's #1 Cup
2 cl Zitronensaft
1,5 cl Zuckersirup
3 Scheiben Salatgurke (1 als Garnierung)

Salatgurke und Zuckersirup zerstoßen.

Die restlichen Zutaten hinzugeben, mit Eis shaken und in ein gekühltes Collinsglas auf Eis abseihen.

Mit 3 cl Fever-Tree Ginger Ale aufgießen.

Den Cocktail mit einer Salatgurkenscheibe garnieren.

— *Lucius Beebe*, The Stork Club Bar Book, *1946*

Cocktails

PINK LADY

Im Bartender's Book *(1951) schreibt Jack Townsend: „Eine Pink Lady wird von jungen Soirée-besucherinnen genauso gern getrunken wie von feierwütigen Nachtschwärmern am Broadway."*

- 4,5 cl Plymouth Gin
- 2 cl Zitronensaft
- 1,5 cl Laird's Applejack
- 1,5 cl Zuckersirup
- 1,5 cl Grenadine
- 1 Eiweiß

Erst ohne, dann mit Eis shaken und in eine gekühlte Coupette abseihen.

Keine Garnierung.

— *Harry McElhone,* ABC of Mixing Cocktails, *1922*

PISCO SOUR

Erstmalig wurde der Pisco Sour von Victor Morris serviert. Der Kalifornier führte eine Bar im peruanischen Lima und mixte den üblichen Whiskey Sour kurzerhand mit Pisco.

6 cl	La Diablada Pisco
2 cl	Limettensaft
2 cl	Zuckersirup
1	Eiweiß

Erst ohne, dann mit Eis shaken und in eine gekühlte Coupette abseihen.

Vier Tropfen Angostura in den Cocktail geben und mit zwei Strohhalmen kurz rühren.

— *Charles H. Baker Jr., The South American Gentleman's Companion, 1951*

PLÁTANOS EN MOLE OLD FASHIONED

Namen- und ideengebend für diesen Cocktail war ein guatemaltekisches Dessert. Den allerersten Schluck genossen die Teilnehmer des StarChefs.com International Chefs Congress im New Yorker 69th Regiment Armory.

6 cl	Zacapa Centenario Rum Solera Gran Reserve 23
0,75 cl	Marie Brizard Crème de Banane
12 Tropfen	Bittermens Xocolatl Mole Bitters

Alle Zutaten mit Eis rühren und in einen gekühlten Tumbler auf einen großen Eiswürfel abseihen.

Eine Prise gemahlenes Chili über den Cocktail geben.

— *Jim Meehan, Sommer 2010*

PRIMAVERA

Nach den kühlen und kargen Tagen von Fenchel und Sellerie füllen sich die Märkte im Frühling wieder mit Beeren, Blumen und Spargel.

- 6 cl **Krogstad Aquavit**
- 2 cl **Cointreau**
- 2 cl **Zitronensaft**
- 2 **4 cm lange Spargelspitzen**
- 1 **6 mm dicke Scheibe Fenchel**
- 1 **5 cm langes Stück Sellerie**

Im Cointreau das Gemüse zerstoßen.

Die restlichen Zutaten hinzugeben, mit Eis shaken und in eine gekühlte, mit St. George Absinth gespülte Cocktailschale fein abseihen.

Ein Stück Orangenschale in den Cocktail geben.

— *Sean Hoard, Sommer 2010*

PRINCE EDWARD

Mit ein paar nachträglich hinzugefügten Spritzern Orangenbitter erhält das Originalrezept von Stan Jones den richtigen Dreh.

- 6 cl **Compass Box Oak Cross Blended Malt Scotch Whisky**
- 2 cl **Lillet Blanc Liqueur**
- 1,5 cl **Drambuie**
- 2 Spritzer **hausgemachter Orangenbitter**

Alle Zutaten mit Eis rühren und in eine gekühlte Cocktailschale abseihen.

Ein Stück Orangenschale in den Cocktail geben.

— *Stan Jones,* Jones Complete Bar Guide, *1977*

PRINCE OF WALES

Albert Edward, Prince of Wales und Sohn von Königin Victoria, besuchte im Jahr 1860 als erstes Mitglied der britischen Königsfamilie den nordamerikanischen Kontinent.

3 cl Hine V.S.O.P. Cognac
3 cl Blandy's Sercial Madeira
0,75 cl Grand Marnier
1 Spritzer Angostura

Alle Zutaten mit Eis rühren und in eine gekühlte Cocktailschale abseihen.

Mit 3 cl Moët & Chandon Impérial Champagner aufgießen.

Ein Stück Orangenschale in den Cocktail geben.

— *Louis Foquet*, Bariana, 1896

PUMPKIN TODDY

Das heutige Rezept lässt seine Herkunft nur erahnen: Ursprünglich wurden Toddies im 18. Jahrhundert heiß oder kalt serviert und mit nur einer Spirituose sowie Zucker und Wasser zubereitet. Üblich war die Zugabe von Muskatnuss.

3 cl Laird's Old Apple Brandy
1,5 cl Rittenhouse Rye Whiskey Vol. 50 %
1,5 cl Zitronensaft
1,5 cl Deep Mountain Grade B Ahornsirup
1 TL Libby's Pumpkin Purée
2 Spritzer Angostura

Alle Zutaten in einer vorgewärmten Isoliertasse verrühren.

Mit 15 cl heißem Wasser aufgießen und rühren.

Geriebenen Zimt über den Cocktail geben.

— *Jane Danger*, Winter 2008

PROFESSOR

Mit diesem Rumcocktail interpretierte Michael den Chancellor Cocktail aus dem Esquire Drink Book *von Frederick Birmingham.*

- 6 cl   Rhum Clément V.S.O.P.
- 2 cl   Dow's Fine Tawny Port
- 1,5 cl   Carpano Antica Formula Vermouth
- 1 Spritzer   Angostura
- 1 Spritzer   hausgemachter Orangenbitter

Alle Zutaten mit Eis rühren und in eine gekühlte Cocktailschale abseihen.

Ein Stück Orangenschale in den Cocktail geben.

— *Michael Madrusan, Winter 2007*

QUEENS PARK SWIZZLE

Swizzles werden traditionellerweise mit dem trockenen Zweig eines Tropenbusches zubereitet, dessen fünf gestutzte Zacken am Ende für den richtigen Dreh sorgen.

- 6 cl **Barbancourt Rum (8 Jahre)**
- 3 cl **Limettensaft**
- 1,5 cl **Demerarasirup**
- 8 **Minzblätter (plus 1 Minzezweig als Garnierung)**

Die Minzblätter und den Sirup in einem gekühlten Collinsglas zerstoßen.

Restliche Zutaten mit gestoßenem Eis hinzugeben, mit dem Swizzle Stick verrühren und mit gestoßenem Eis auffüllen.

Zwei Spritzer Peychaud's Bitters und zwei Spritzer Angostura in den Cocktail geben.

Den Cocktail mit einem Minzezweig garnieren.

— *Jules Bergeron*, Trader Vic's Bartender's Guide, *1947*

RACK & RYE

Der Likör Rock & Rye, Inspiration für Lydias Cocktail, wird aus Rye Whiskey mit Kandiszucker, Früchten und Bitterkräutern bereitet.

- 4,5 cl **Wild Turkey Russell's Reserve Whiskey (6 Jahre)**
- 2 cl **Batavia Arrack van Oosten**
- 0,75 cl **Demerarasirup**
- 2 Spritzer **Angostura**
- 2 Spritzer **Angostura-Orangenbitter**

Alle Zutaten mit Eis rühren und in einen gekühlten Tumbler auf Eis abseihen.

Ein Stück Zitronen- und Orangenschale über dem Glas auspressen.

Mit einem Kandisstick garnieren.

— *Lydia Reissmueller*, Herbst 2009

RAMOS GIN FIZZ

Dieser New Orleans Fizz wurde erstmals im Imperial Cabinet Saloon von Henry C. Ramos geshakt, trägt aber erst seit Beginn des 20. Jahrhunderts den Namen seines Schöpfers.

6 cl	Beefeater Gin
2 cl	Schlagsahne
2 cl	Zuckersirup
1,5 cl	Limettensaft
1,5 cl	Zitronensaft
5 Tropfen	Marivani Orangenblütenwasser
1	Eiweiß

Erst ohne, dann mit Eis shaken und in ein gekühltes Collinsglas abseihen.

Mit 3 cl Soda aufgießen.

Keine Garnierung.

— *George Kappeler*, Modern American Drinks, *1895*

RAPSCALLION

Als dieser Cocktail etwas mehr hielt als versprochen, bekam er den Namen Rapscallion – Tunichtgut.

6,5 cl	Talisker Single Malt Scotch Whisky (10 Jahre)
2 cl	Lustau Pedro Ximénez Sherry

Alle Zutaten mit Eis rühren und in eine gekühlte, mit St. George Absinth gespülte Cocktailschale abseihen.

Ein Stück Zitronenschale über dem Glas auspressen.

Keine Garnierung.

— *Adeline Shepherd und Craig Harper, Copenhagen, 2007*

RASPBERRIES REACHING

Diesen Drink erfand ich für einen Wettbewerb mit Meistersommelière Emily Wines.

4,5 cl Trimbach Framboise
3 cl Zokaji Aszú 5 Puttonyos „Red Label"
1,5 cl Pama Granatapfellikör
3 Tropfen Marivani Rosenblütenwasser

Alle Zutaten mit Eis rühren und in eine gekühlte Cocktailschale abseihen.

Den Cocktail mit einem rosa Rosenblatt garnieren.

— *Jim Meehan, Sommer 2009*

RATTLESNAKE

Laut Niederschrift von Harry Craddock erhielt dieser Drink seinen Namen, weil er „entweder Klapperschlangenbisse heilt, Klapperschlangen umbringt oder Sie Klapperschlangen sehen lässt."

6 cl Rittenhouse Rye Whiskey Vol. 50 %
3 cl Zitronensaft
2 cl Zuckersirup
1 Eiweiß

Erst ohne, dann mit Eis shaken und in eine gekühlte, mit Absinth Vieux Pontarlier gespülte Coupette abseihen.

— *Harry Craddock*, The Savoy Cocktail Book, *1930*

RED DEVIL

Daniel benannte seinen Drink nach dem Fanclub der koreanischen Fußballnationalmannschaft. Das Zusammenspiel von holländischem Genever und koreanischem Tee symbolisiert laut Eun den Erfolg des holländischen Trainers Hiddink, der das koreanische Nationalteam 2002 bis ins Halbfinale der WM führte.

6 cl **Bols Genever**
3 cl **Vya Sweet Vermouth-Infusion mit Jujubetee**
3 Scheiben getrocknete **Kakifrucht**
2 Spritzer **Fee Brothers Whiskey Barrel Aged Bitters**

Die Kakischeiben und den Wermut im Rührglas zerstoßen.

Die restlichen Zutaten hinzugeben, mit Eis rühren und auf einen großen Eiswürfel in einen gekühlten Tumbler abseihen.

Den Cocktail mit einer Zimtstange garnieren.

— *Daniel Eun, Herbst 2008*

Vya Sweet Vermouth-Infusion mit Jujubetee

4 cl **Jujubetee**
1 37,5 cl Flasche **Vya Sweet Vermouth**

Tee und Wermut in ein reaktionsneutrales Gefäß geben.

Rühren bis sich eine homogene Mischung bildet.

Fein abseihen, in eine Flasche füllen und im Kühlschrank aufbewahren.

Ertrag: etwa 42 cl

REMEMBER THE MAINE

Das Originalrezept stammt aus Bakers „verschwommener Erinnerung an eine Nacht im Havanna des unseligen Jahres 1933, als jeder Schluck vom Krach der Bomben über dem Prado oder der Granaten auf das Hotel Nacional unterbrochen wurde..."

- **6 cl** **Wild Turkey Russell's Reserve Rye Whiskey (6 Jahre)**
- **2 cl** **Carpano Formula Sweet Vermouth**
- **1,5 cl** **Heering Cherry Liqueur**
- **1 BL** **Pernod**

Alle Zutaten mit Eis rühren und in eine gekühlte Cocktailschale abseihen.

Ein Stück Zitronenschale in den Cocktail geben.

— *Charles H. Baker, Jr.*, The Gentleman's Companion: An Exotic Drinking Book, *1937*

RED-HEADED SAINT

Louis Smeby überzeugte uns mit seinem Bitter, der den Zuckerrohrgeschmack und die Grasnote des Cachaças wundervoll ergänzt.

- 6 cl **Beleza Pura Cachaça**
- 2 cl **Limettensaft**
- 1,5 cl **Agavensirup**
- 0,75 cl **Chartreuse Jaune**
- 4 Spritzer **A.B. Smeby Vernena Bitters**

Alle Zutaten mit Eis shaken und in ein gekühltes Collinsglas auf gestoßenes Eis abseihen.

Vier Spritzer Peychaud's Bitters in den Cocktail geben.

Keine Garnierung.

— *David Slape, Frühling 2009*

REMEMBER MAINE

Lydia Reissmueller kreierte diesen Cocktail mit Unterstützung ihres Galans Josh, der allerdings nach Maine umzog, bevor der Drink in unserer Karte erschien.

- 6 cl **Rhum Clément V.S.O.P.**
- 4,5 cl **Red Jacket Orchard Apple Cider**
- 0,75 cl **St. Elizabeth Allspice Dram**
- 2 Spritzer **Angostura**

Alle Zutaten mit Eis rühren und in einen gekühlten Tumbler auf einen großen Eiswürfel abseihen.

Mit einem mit Meersalz bestreuten Apfelfächer garnieren.

— *Lydia Reissmueller, Herbst 2008*

Cocktails

RESTING POINT

Dieser Cocktail mit Reposado – spanisch für „ausgeruht" – und Punt – „Punkt" im Italienischen – präsentiert sich als eine bittersüße Erdbeermargarita, die weit mehr als einen gemütlichen Abend verspricht.

- 4,5 cl **Siete Leguas Reposado Tequila**
- 1,5 cl **Chartreuse Jaune**
- 1,5 cl **Punt e Mes**
- 1,5 cl **Zitronensaft**
- 1,5 cl **Agavensirup**
- 2 **Erdbeeren (1 für die Garnierung)**

Eine Erdbeere zerstoßen.

Die restlichen Zutaten hinzugeben, mit Eis shaken und eine gekühlte Cocktailschale fein abseihen.

Den Cocktail mit einem Erdbeerfächer garnieren.

— *Lindsay Nader, Frühling 2010*

REVEREND PALMER

Dieser Cocktail ist nur entfernt mit dem Country Club Cooler des legendären Golfers Arnold Palmer verwandt, stillt nachmittäglichen Durst jedoch ebenso vortrefflich.

6 cl	Elijah Craig Bourbon (12 Jahre)-Infusion mit Schwarztee
1,5 cl	Zitronensirup
2 Spritzer	Angostura

Alle Zutaten mit Eis rühren und in einen gekühlten Tumbler auf einen großen Eiswürfel abseihen.

Ein Stück Zitronenschale in den Cocktail geben.

— *Don Lee, Sommer 2007*

Elijah Craig Bourbon-Infusion mit Schwarztee

1 75 cl	Flasche Elijah Craig Bourbon (12 Jahre)
1,5 cl	In Pursuit of Tea Ceylon Pekoe Orangentee

Tee und Bourbon in ein reaktionsneutrales Gefäß geben.

Zwölf Minuten bei Zimmertemperatur ziehen lassen.

Fein abseihen und in eine Flasche füllen.

Ertrag: etwa 75 cl

Zitronensirup

72 cl	Zuckersirup
8	Zitronen

Mit einem Schälmesser (Microplane) die Zitronen schälen.

Die Schale und den Zuckersirup in ein reaktionsneutrales Gefäß geben.

Zehn Minuten bei Zimmertemperatur ziehen lassen.

Fein abseihen, in eine Flasche füllen und im Kühlschrank aufbewahren.

Ertrag: etwa 70 cl

RHUBARBARITA

Das natürliche Aroma des roten Rhabarbers ergänzt den erdigen Tequila unserer Cadillac Margarita, die mit einem Touch Cosmopolitan überrascht.

4,5 cl Partida Tequila Blanco
3 cl Zitronensaft
2 cl Grand Marnier
1,5 cl Boiron Rhabarberpüree
1,5 cl Grenadine

Alle Zutaten mit Eis shaken und in eine gekühlte Cocktailschale abseihen.
Ein Stück Grapefruitschale in den Cocktail geben.

— Jim/Don, Frühling 2008

RHUM CLUB

Dieser Drink versteht sich als Hommage an den ginbasierten Pegu Club Cocktail, der in den 1920er-Jahren im gleichnamigen Club in Rangun serviert wurde.

6 cl Banks 5 Island Rum
2 cl Limettensaft
1,5 cl Clément Creole Shrubb Rhum Liqueur
75 cl Martinique Sugar Cane Syrup
2 Spritzer Angostura
1 Spritzer Angostura Orangenbitter

Alle Zutaten mit Eis shaken und in eine gekühlte Cocktailschale abseihen.
Den Cocktail mit einer Orangenspalte garnieren.

— Jim Meehan, Winter 2009

RIO BRAVO

Nidal Ramini kreierte diesen Cocktail für einen Sagatiba-Wettbewerb, als er in seiner früheren Bar Dusk mit Ago Perrone hinter dem Tresen stand.

- 6 cl Sagatiba Cachaça
- 2 cl Limettensaft
- 1,5 cl Kassatly Chtaura Orgeat
- 3 gewürfelte Stückchen frisch geschälter Ingwer

Ingwer und Sirup im Rührglas zerstoßen.

Die restlichen Zutaten hinzugeben, mit Eis shaken und in eine gekühlte Cocktailschale fein abseihen.

Ein Stück Orangenschale in den Cocktail geben.

— *Nidal Ramini, London, 2006*

Füllen sich die Stände der Bauernmärkte wieder mit Bärlauch, dem mit Schnittlauch, Zwiebeln und Knoblauch verwandten Wildgemüse, hat offiziell der Frühling begonnen.

RITE OF SPRING

6 cl Tanqueray Gin
2 cl Vya Dry Vermouth
0,75 cl gepökelter Bärlauch

Alle Zutaten mit Eis rühren und in eine gekühlte Cocktailschale abseihen.

Mit einem Stängel gepökelten Bärlauch garnieren.

— Don Lee, Frühling 2008

Gepökelter Bärlauch

900 g Bärlauch, gewaschen und ohne Borsten. Stängel mit großen Blättern bis auf 3 cm abschneiden.
24 cl heißes Wasser
12 cl Reisessig
6 EL feinste Raffinade
2,25 TL koscheres Salz
1 TL Shichimi Chilipfeffer (japanische Gewürzmischung mit 7 Zutaten)
1 TL Kochu Karu (koreanische Chiliflocken)
1 TL ganze weiße Pfefferkörner

Wasser mit Essig und allen Gewürzen zum Kochen bringen und über den Bärlauch gießen.

Abkühlen lassen und vor dem Servieren drei bis vier Tage kalt stellen.

ROB ROY

Dieser Manhattan wird mit Scotch gemixt und trägt den Namen einer romantischen Operette, die im Jahr 1894 am Herald Square nahe dem Old Waldorf Hotel in New York uraufgeführt wurde.

7,5 cl	**Famous Grouse Blended Scotch Whiskey**
2 cl	**Dolin Vermouth Rouge**
2 Spritzer	**Angostura**

Alle Zutaten mit Eis rühren und in eine gekühlte Cocktailschale abseihen.

Ein Stück Zitronenschale in den Cocktail geben.

— The Cocktail Book: A Sideboard Manual for Gentlemen, *1900*

ROMEO Y JULIETA

David Slape erschuf diesen Negroni mit gealtertem Rum, schwenkte ihn in heller Tabakessenz und benannte ihn nach seiner liebsten kubanischen Zigarrenmarke.

6 cl	**Zacapa Centenario Rum Solera Grand Reserve 23**
1,5 cl	**Carpano Antica Formula Vermouth**
1,5 cl	**Campari**

Alle Zutaten mit Eis rühren und in eine gekühlte, mit vier Spritzern verdünnter Tabakessenz (Mandy Aftel – Blond Tobacco Absolute) gespülte Cocktailschale abseihen.

Keine Garnierung.

— David Slape, *Winter 2009*

ROSE

Johnny Mitta schwang den Shaker hinter der Bar des Hotels Chatham in Paris, wo er diesen Cocktail in den 1920er-Jahren kreierte.

- 6 cl **Noilly Prat Dry Vermouth**
- 3 cl **Clear Creek Kirschwasser**
- 1 BL **Bonne Maman Himbeermarmelade**

Alle Zutaten mit Eis rühren und in eine gekühlte Cocktailschale fein abseihen

Den Cocktail mit drei eingelegten Kirschen am Spieß garnieren.

— *Adolphe Torelli*, 900 Recettes de Cocktails, *1921*

ROSITA

Dank Gary Regan kennen und lieben wir diesen Drink – er perfektionierte das Originalrezept mit einem Spritzer Bitter und etwas mehr Tequila.

- 4,5 cl **Partida Tequila Reposado**
- 1,5 cl **Martini Rosso**
- 1,5 cl **Dolin Vermouth Dry**
- 1,5 cl **Campari**
- 1 Spritzer **Angostura**

Alle Zutaten mit Eis rühren und in eine gekühlte Cocktailschale abseihen.

Ein Stück Orangenschale in den Cocktail geben.

— *Mr. Boston: Official Bartender's Guide, 1974*

RUST BELT

Mit einem Hauch Angostura verleiht John deBary dem Vanille- und Mandelaroma dieses Rums Sour einen leicht rostigen Touch.

4,5 cl	Barbancourt Rhum Réserve Speciale Five Stars (8 Jahre)
1,5 cl	Grand Marnier Navan Liqueur
1,5 cl	Zitronensaft
1,5 cl	Limettensaft
0,75 cl	Kassatly Chtaura Orgeat
1	Eiweiß

Alle Zutaten erst ohne, dann mit Eis shaken und in eine gekühlte Coupette abseihen.

Durch eine Barlogo-Schablone zwei Spritzer Angostura über den Cocktail geben.

— *John deBary, Winter 2008*

ROYAL BERMUDA YACHTCLUB COCKTAIL

Nachdem ich im Jahr 2004 diesen Cocktail in Vintage Spirits and Forgotten Cocktails *gefunden hatte, kaufte ich auf der Stelle eine Flasche Velvet Falernum – seitdem ein fester Bestandteil jeder Bar unter meinen Fittichen.*

6 cl Mount Gay Rum Eclipse
3 cl Limettensaft
1,5 cl Cointreau
1,5 cl John D. Taylor's Velvet Falernum

Alle Zutaten mit Eis shaken und in eine gekühlte Cocktailschale abseihen.

Mit einer Limettenscheibe garnieren.

— *Crosby Gaige*, Cocktail Guide and Ladies' Companion, *1945*

RUSTY NAIL

Laut David Wondrich erschien der Rusty Nail als B.I.F. Cocktail erstmals 1937 auf den Karten der Cocktailbars. Erst in den 1970er-Jahren erhielt der Drink mit Scotch und Drambuie seinen heutigen Namen.

6 cl Famous Grouse Blended Scotch Whiskey
2 cl Drambuie Liqueur

Alle Zutaten mit Eis rühren und in einen gekühlten Tumbler auf einen großen Eiswürfel abseihen.

Keine Garnierung.

— *Stan Jones*, Jones' Complete Barguide, *1977*

Cocktails **231**

RYE WITCH

Ich nenne einen neuen Drink gern „Witch", wenn dieser mit Strega – italienisch für „Hexe" – zubereitet wird.

6 cl	Rittenhouse Rye Whiskey Vol. 50 %
0,75 cl	Strega Safranlikör
0,75 cl	Lustau Palo Cortado
1	Zuckerwürfel
2 Spritzer	hausgemachter Orangenbitter

Bitter und Zuckerwürfel im Rührglas zu Brei zerstoßen.

Die restlichen Zutaten hinzugeben, mit Eis rühren und in einen gekühlten Tumbler abseihen.

Ein Stück Orangenschale über dem Glas auspressen.

Keine Garnierung.

— *Jim Meehan, Herbst 2007*

SAGE OLD BUCK

Wie so viele Abende für neue Cocktailideen begann auch dieser mit Lydias voll bepackter Einkaufstüte, aus der wir Vanille, schwarzen Pfeffer und Salbei als würdige Partner für den Single Malt erkoren.

4,5 cl	Benromach Single Malt Whisky (12 Jahre)
2 cl	Zitronensaft
2 cl	Ingwerbier
2 cl	Zuckersirup
1,5 cl	Belle de Brillet
0,75 cl	Eurovanille Natural Vanilla Extract
8	ganze schwarze Pfefferkörner

Den Pfeffer mit dem Zuckersirup zerstoßen.

Die restlichen Zutaten hinzugeben, mit Eis shaken und in ein gekühltes Collinsglas auf Eis fein abseihen.

Mit einem angeschlagenen Salbeiblatt garnieren.

— *Jim Meehan und Lydia Reissmueller, Herbst 2009*

SAZERAC

Der Sazerac hat gleich zwei starke Namenspaten: Mit Sazerac de Forge et Fils Cognac wurde der Cocktail ursprünglich zubereitet, dann übernahm Thomas Handy in den 1870er-Jahren das Sazerac Coffee House, wo er das Rezept mit Rye Whiskey in seine heutige Form goss.

    6 cl Rittenhouse Rye Whiskey Vol. 50 %
3 Spritzer Peychaud's Bitters
2 Spritzer Angostura
     1 Demerara-Zuckerwürfel

Den Zuckerwürfel und den Bitter zerstoßen.

Whiskey und Eis hinzugeben.

Rühren und in einen gekühlten, mit Absinth Vieux Pontalier gespülten Tumbler abseihen.

Ein Stück Zitronenschale über dem Glas auspressen.

— William Boothby, World Drinks and How to Mix Them, 1908

SEELBACH COCKTAIL

Im Jahr 1995 entdeckte Adam Seger aus Chicago dieses alte Rezept aus Zeiten vor der Prohibition, als er im historischen Seelbach Hotel in Louisville arbeitete.

   3 cl Bulleit Bourbon
 1,5 cl Cointreau
3 Spritzer Peychaud's Bitters
2 Spritzer Angostura

Alle Zutaten mit Eis rühren und in eine gekühlte Cocktailschale abseihen.

Mit 6 cl Moët & Chandon Impérial Champagner aufgießen.

Ein Stück Orangenschale in den Cocktail geben.

— Ted Haigh, Vintage Spirits and Forgotten Cocktails, 2003

SHADDOCK ROSE

Als Jenn Colliau, die Gründerin von Small Hands Foods, für eine Gastschicht hinter dem Tresen des PDT stand, servierte sie diesen tequilabasierten Gimlet mit Grapefruit und nannte ihn Shaddock Rose zu Ehren von Lauchlin Rose, der im 19. Jahrhundert den Rose's Lime Juice erfunden hatte.

6 cl El Tesoro Tequila Reposado
1,5 cl Small Hands Food Grapefruitsirup
1 Spritzer Peychaud's Bitters
1 Spritzer hausgemachter Orangenbitter

Alle Zutaten mit Eis rühren und in eine gekühlte Cocktailschale abseihen.

Ein Stück Zitronenschale in den Cocktail geben.

— *Jennifer Colliau, San Francisco, 2009*

SHISO DELICIOUS

Bei einem süßen Shrimpgericht mit rotem Pfeffer und Shiso im WD 50 in Maine kamen Kevin Diedrich und ich auf die Idee, den Pepper Delicious Cocktail von Ryan Magarian auf ähnliche Weise zu variieren.

5 cl Aviation Gin
2 cl Zitronensaft
1,5 cl Grapefruitsaft
0,75 cl Martinique Sugar Cane Syrup
2 Shisoblätter
1 10 cm lange Tranche rote Paprika

Shiso, Paprika und Zuckersirup zerstoßen.

Die restlichen Zutaten hinzugeben, shaken und in eine gekühlte Cocktailschale fein abseihen.

Keine Garnierung.

— *Jim Meehan und Kevin Diedrich, Frühling 2010*

SHISO MALT SOUR

Japan färbt ab: Die japanische Art der Cocktailzubereitung sowie japanische Techniken und Servierrituale sind mittlerweile feste Bestandteile der modernen Cocktailkultur.

- 6 cl Yamazaki Single Malt Whisky (12 Jahre)
- 2 cl Limettensaft
- 2 cl Zuckersirup
- 0,75 cl Absinth Vieux Pontarlier
- 3 Shisoblätter (1 für die Garnierung)
- 1 Eiweiß

Shiso und Zuckersirup im Rührglas zerstoßen und die restlichen Zutaten hinzugeben.

Erst ohne, dann mit Eis shaken und in eine gekühlte Coupette fein abseihen.

Den Cocktail mit einem Shisoblatt garnieren.

— *Jim Meehan, Frühling 2009*

SIDECAR

Laut Vermeire wurde dieser Cocktail erstmals von MacGarry, dem berühmten Bartender des Buck's Clubs in London, serviert.

- 6 cl Rémy Martin V.S.O.P. Cognac
- 2 cl Cointreau
- 2 cl Zitronensaft
- 0,75 cl Zuckersirup

Alle Zutaten mit Eis shaken und in eine gekühlte Cocktailschale mit halber Zuckercrusta abseihen.

Keine Garnierung.

— *Robert Vermeire,* Cocktails: How to Mix Them, *1922*

SIESTA

Als einschneidende Erfahrung beschreibt Katie diesen Drink, den sie auf Grundlage des beliebten Klassikers Hemingway Daiquiri kreierte.

- 6 cl El Tesoro Tequila Platinum
- 1,5 cl Campari
- 1,5 cl Limettensaft
- 1,5 cl Grapefruitsaft
- 1,5 cl Zuckersirup

Alle Zutaten mit Eis shaken und in eine gekühlte Cocktailschale abseihen.

Ein Stück Grapefruitschale in den Cocktail geben.

— *Katie Stipe, New York, 2006*

SILK ROAD

Beim Naschen von Joyva Sesame Crunch kam Don die Idee zu diesem Cocktail, der nach der Seidenstraße – der alten Handelsroute zwischen China und Europa – benannt ist.

6 cl	**Krogstad Aquavit-Infusion mit schwarzem Sesam**
0,75 cl	**karamellisierter Zuckersirup**
1 Spritzer	**Angostura**
1 Spritzer	**Peychaud's Bitters**

Alle Zutaten mit Eis rühren und in eine gekühlte Cocktailschale abseihen.

Den Cocktail mit einem Stück Orangenschale flambieren.

— *Don Lee, Herbst 2007*

Krogstad Aquavit-Infusion mit schwarzem Sesam

1	**75 cl Flasche Krogstad Aquavit**
4,2 cl	**schwarzer Sesam**
10	**schwarze Pfefferkörner**

Sesam und Pfeffer auf mittlerer Hitze drei bis fünf Minuten anbraten.

Im Rührglas fein zerstoßen und mit dem Krogstad Aquavit in ein reaktionsneutrales Gefäß geben.

Zehn Minuten ziehen lassen, fein abseihen und in eine Flasche füllen.

Ertrag: etwa 75 cl

Karamellisierter Zuckersirup

1 Tasse	**feinste Raffinade**
	Wasser

Raffinade und zwei Teelöffel Wasser in einen Topf geben, erwärmen und rühren, bis der Zucker Blasen schlägt. Braun werden lassen. In 30 cl Wasser einrühren, bis sich der karamellisierte Zucker auflöst. Abkühlen lassen, in eine Flasche füllen und im Kühlschrank aufbewahren.

Ertrag: etwa 45 cl

SILVER LINING

Ein Gast des Milk & Honey verpasste diesem Drink seinen Namen. Seine einzige Vorgabe: Da der Drink mit Eiweiß zubereitet wird, solle „Silver" im Namen enthalten sein.

4,5 cl	Old Overholt Rye Whiskey
2 cl	Licor 43 Cuarenta y Tres
2 cl	Zitronensaft
0,75 cl	Zuckersirup
1	Eiweiß

Erst ohne, dann mit Eis shaken und in ein gekühltes Longdrinkglas abseihen.

Mit 3 cl Soda aufgießen.

Keine Garnierung.

— *Joseph Schwartz, New York, Januar 2001*

SILVER ROOT BEER FIZZ

Für Küchenchef Wylie Dufresne, einen selbsternannten Root-Beer-Fanatiker, erfand ich diesen pikanten Cocktail.

3 cl	Mount Gay Rum Eclipse
3 cl	Smith & Cross Jamaica Rum
1,5 cl	Zitronensaft
1,5 cl	Ananassaft
1	Eiweiß

Erst ohne, dann mit Eis shaken und in ein gekühltes Longdrinkglas abseihen.

Mit 6 cl Fitz's Root Beer aufgießen.

Geriebene Muskatnuss über den Cocktail geben.

— *Jim Meehan, Herbst 2009*

Cocktails

SILVER SANGAREE

Nachdem sie sich mit Wein- und Biercocktails in der benachbarten Weinbar Ravi De-Rossi beschäftigt hatte, erfand Jane Danger diese Sangaree für unsere Winterkarte.

- 4,5 cl Paumanok Cabernet Franc
- 2 cl Zitronensaft
- 1,5 cl Famous Grouse Blended Scotch Whisky
- 1,5 cl Dow's Fine Ruby Port
- 1,5 cl Nelkensirup
- 4 in Kirschwasser eingelegte Kirschen
- 1 Eiweiß

Kirschen und Nelkensirup im Rührglas zerstoßen und die restlichen Zutaten hinzugeben.

Erst ohne, dann mit Eis shaken und in ein gekühltes Weinglas abseihen.

Geriebene Muskatnuss über den Cocktail geben.

—Jane Danger, Winter 2007

Nelkensirup

- 72 cl Zuckersirup
- 4,5 cl ganze Nelken

In einem mittelgroßen Topf den Zuckersirup zum Kochen bringen, die Nelken hinzugeben und vom Herd nehmen.

15 Minuten ziehen lassen, fein abseihen, in eine Flasche füllen und im Kühlschrank aufbewahren.

Ertrag: etwa 65 cl

SINGAPORE SLING

Der tropische Cousin des herberen Straits Sling wurde um 1915 von Bartender Ngiam Tong Boon in der Long Bar des Raffles Hotels erfunden.

6 cl	Ananassaft
4,5 cl	Plymouth Gin
1,5 cl	Heering Cherry Liqueur
1,5 cl	Grenadine
0,75 cl	Cointreau
0,75 cl	Bénédictine
0,75 cl	Limettensaft
1 Spritzer	Angostura

Alle Zutaten mit Eis shaken und in ein gekühltes Collinsglas auf Eis abseihen.

Den Cocktail mit einer Kirsche und einem Stück Ananas garnieren.

— Sloppy Joe's, *1931*

SINGLE MALT SANGAREE

Sangarees, benannt nach der spanischen Sangria, wurden in der ersten Hälfte des 19. Jahrhunderts traditionellerweise mit Likörwein, Wasser, Zucker und Muskatnuss zubereitet.

6 cl	Paumanok Cabernet Franc
3 cl	Oban Single Malt Whisky (14 Jahre)
3 cl	Dubonnet Rouge
2 cl	Grand Marnier
1 BL	Demerarasirup

Alle Zutaten bis zum Dampfen erhitzen und in eine vorgewärmte Isoliertasse gießen.

Eine Orangenschale über dem Cocktail auspressen.

Den Cocktail mit einer Zimtstange garnieren.

— Jim Meehan, *Winter 2008*

Für den Plymouth Sloe Gin werden Schlehen für mehrere Monate in hochprozentigen Gin eingelegt, dem sie ein süßliches Aroma verleihen. Vor dem Abfüllen wird der Gin auf einen Alkoholgehalt von etwa 26 % verdünnt.

SLOE GIN FIZZ

- 3 cl **Plymouth Sloe Gin**
- 3 cl **Plymouth Gin**
- 2 cl **Zitronensaft**
- 0,75 cl **Zuckersirup**

Alle Zutaten mit Eis shaken und in ein gekühltes Longdrinkglas abseihen.

Mit 9 cl Soda aufgießen.

Keine Garnierung.

— *J. A. Grohusko,* Jack's Manual, *1910*

SMOKY GROVE

Eines Nachts ließ sich Cocktailautor Jonathan Forester einen Überraschungsdrink mixen. Pogash servierte ihm einen Perfect Rob Roy mit Orangenbitter, der es nicht nur in Foresters Herz, sondern auch in seinen Blog auf Slashfood.com schaffte.

6 cl	Compass Box Peat Monster Blended Malt Whisky
1,5 cl	Carpano Antica Formula Vermouth
1,5 cl	Dolin Vermouth Dry
1 Spritzer	Angostura
1 Spritzer	hausgemachter Orangenbitter

Alle Zutaten mit Eis rühren und in eine gekühlte Cocktailschale abseihen.

Den Cocktail mit einem Stück Orangenschale flambieren.

— Jonathan Pogash, New York, 2007

SOLSTICE

Der alte Römer kannte die Sonnenwende als „Solstice", den längsten wie den kürzesten Tag des Jahres. John serviert seinen Drink am liebsten in der allerdunkelsten Jahreszeit.

4,5 cl	Rittenhouse Rye Whiskey Vol. 50%
1,5 cl	Laird's Old Apple Brandy
1,5 cl	Nonino Amaro
1,5 cl	Dubonnet Rouge
0,75 cl	Grenadine

Alle Zutaten mit Eis rühren und in eine gekühlte Cocktailschale abseihen.

Keine Garnierung.

— John Deragon, Sommer 2007

SOUTHSIDE

Sean Muldoon bezweifelt, dass dieser Cocktail tatsächlich nach der Chicagoer Southside Gang benannt wurde, die während der Prohibition verbotenerweise mit Bier handelte.

6 cl Plymouth Gin
2 cl Zitronensaft
2 cl Zuckersirup
4   Minzblätter

Den Zuckersirup und die Minzblätter zerstoßen.

Die restlichen Zutaten hinzugeben, mit Eis shaken und in eine gekühlte Cocktailschale fein abseihen.

Keine Garnierung.

— *Hugo Ensslin,* Recipes for Mixed Drinks, *1916*

SOUTH SLOPE

Michael wohnte im Brooklyner Stadtteil South Slope, als er diesen Cocktail kreierte.

2 cl   Beefeater Gin
2 cl   Aperol
2 cl   Lillet Blanc
1,5 cl Marie Brizard Curaçao Orange
1,5 cl Zitronensaft

Alle Zutaten mit Eis shaken und in eine gekühlte Cocktailschale abseihen.

Ein Stück Zitronenschale in den Cocktail geben.

— *Michael Madrusan, Sommer 2007*

SPICE MARKET

Diese Ode an den Osten vereint nicht pasteurisierten Sake mit Gin aus dem Hause Desmond Payne's, der den Gaumen mit Grapefruit, Sencha und grünem Tee umspielt.

6 cl Masumi Arabashiri Sake
3 cl Beefeater 24 London Dry Gin
1 BL John D. Taylor's Velvet Falernum

Alle Zutaten mit Eis rühren und in eine gekühlte Cocktailschale abseihen.

Etwas verdünnte Aftel Nelkenessenz über den Cocktail sprühen.

— *Nate Dumas, Frühling 2009*

STAGGERAC

Der George T. Stagg zählt zur gefeierten Buffalo Trace Antique Collection amerikanischer Whiskeys. Mit seinen 70 % spielt der seltene, nicht filtrierte Barrel Proof Whiskey in der allerobersten Liga.

6 cl George T. Stagg Bourbon Whiskey
3 Spritzer Peychaud's Bitters
2 Spritzer Angostura
1 Zuckerwürfel

Den Zuckerwürfel und den Bitter zu Brei zerstoßen.

Die restlichen Zutaten hinzugeben, mit Eis rühren und in einen gekühlten, mit Jade Absinth Edouard gespülten Tumbler abseihen.

Ein Stück Zitronenschale über dem Glas auspressen.

— *Don Lee, Winter 2007*

Cocktails 245

STATESMAN

Seinen straighten und eleganten Cocktail empfiehlt Erick als ideale Beigabe zu Abenden voll geistreicher Konversation.

6 cl	Beefeater 24 London Dry Gin
1,5 cl	Rothman & Winter Orchard Pear
1 BL	Chartreuse Verte
1 Spritzer	Regan's Orangenbitter

Alle Zutaten mit Eis rühren und in eine gekühlte Cocktailschale abseihen.

Ein Stück Zitronenschale in den Cocktail geben.

— *Erick Castro, San Francisco, 2008*

ST. RITA

Die ersten Gläser St. Rita standen in Budapest auf dem Tisch der Familie Zwack. Der Zwetschgenschnaps von Sohn Sándor Zwack, ein Destillat aus handverlesenen wilden Pflaumen, wird nur in kleinsten Mengen abgefüllt und ist Bestandteil des Orginalrezepts.

4,5 cl	Clear Creek Plum Brandy
2 cl	Limettensaft
1,5 cl	Zwack Unicum
1,5 cl	Honigsirup

Alle Zutaten mit Eis shaken und in eine gekühlte Coupette abseihen.

Mit 6 cl Moët & Chandon Impérial Champagner aufgießen.

Etwas Marivani Lavendelessenz über den Cocktail sprühen und mit einer essbaren Orchideenblüte garnieren.

— *Jim Meehan, Herbst 2008*

SWISS MIST

Zum Grapefruitaroma dieses Silver Gin Sours gesellt sich ein Hauch von Absinth. Hergestellt wird Kübler Absinth, ein Blanche aus der Schweiz, stilecht im Val de Travers.

- 6 cl Plymouth Gin
- 2 cl Zitronensaft
- 2 cl Grapefruitsirup
- 1 Eiweiß

Erst ohne, dann mit Eis shaken und in eine gekühlte Coupette abseihen.

Etwas Kübler Absinth über den Cocktail sprühen.

— Jim Meehan, Frühling 2008

Grapefruitsirup

- 70 cl Zuckersirup
- 3 weiße Grapefruits

Mit einem Schälmesser (Microplane) die Grapefruits schälen.

Die Schale und den Zuckersirup in ein reaktionsneutrales Gefäß geben.

Zehn Minuten bei Zimmertemperatur ziehen lassen.

Fein abseihen, in eine Flasche füllen und im Kühlschrank aufbewahren

Ertrag: etwa 65 cl

SWOLLEN GLAND

Im Jahr 2009 kreierten wir diese raffinierte Version des berühmten Monkey Gland Cocktails von Harry McElhone, der im Harry's ABC of Mixing Cocktails von 1922 veröffentlicht wurde.

- 6 cl Berkshire Mountain Distillers' Greylock Gin
- 1,5 cl Orangensaft
- 0,75 cl Chartreuse Jaune
- 4 Spritzer Peychaud's Bitters

Alle Zutaten mit Eis shaken und in eine gekühlte, mit Absinth Vieux Pontarlier gespülte Cocktailschale fein abseihen. Mit einer langen Tranche Salatgurke am Spieß garnieren.

— *Jim Meehan und Lydia Reissmueller, Herbst 2009*

TALBOTT LEAF

Gerry Corcoran dichtete diese Romanze von Champs Elysées und Clover Leaf mit Bourbon in der Nebenrolle. Das Stück trägt den Namen der Talbott Tavern, die im 18. Jahrhundert im Herzen von Bardstown, Kentucky zu finden war.

- 6 cl Old Grand Dad Kentucky Straight Bourbon Whiskey Bonded
- 2 cl Zitronensaft
- 1,5 cl Chartreuse Verte
- 0,75 cl Cynar
- 1 BL Bonne Maman Erdbeermarmelade
- 7 Minzblätter (1 für die Garnierung)

Sechs Minzblätter und Cynar zerstoßen.

Die restlichen Zutaten hinzugeben, mit Eis shaken und in eine gekühlte Cocktailschale fein abseihen.

Den Cocktail mit dem siebten Minzblatt garnieren.

— *Gerry Corcoran, Frühling 2009*

TAO OF POOH

Ein jeder kennt die Liebesbeziehung zwischen Honig und Pu dem Bären. Die vier Zutaten dieses Cocktails stehen für den Weg von der Blume bis zur süßen Belohnung aus dem Bienenstock.

6 cl	Kokoswasser
4,5 cl	42 Below Manuka Honey
0,75 cl	Galliano L'Autentico
2 Spritzer	The Bitter Truth Lemon Bitters

Alle Zutaten mit Eis rühren und in eine gekühlte Cocktailschale abseihen.

Keine Garnierung.

— Jim Meehan, Frühling 2010

THERE WILL BE BLOOD

John taufte diesen Sour nach der grausamen Geschichte um Gier und Begierde. Paul Thomas Andersons Film spielt im Wilden Westen, dessen heimlicher König der Bourbon war.

6 cl	Old Grand Dad Kentucky Straight Bourbon Whiskey Bonded
2 cl	Marie Brizard Crème de Cacao Blanc
2 cl	Blutorangensaft

Alle Zutaten mit Eis shaken und in eine gekühlte Cocktailschale abseihen.

Den Cocktail mit einem Stück Orangenschale flambieren.

— John deBary, Winter 2008

TIPPERARY COCKTAIL

In Robert Vermeires Cocktails: How to Mix Them *finden wir diesen Drink als ginbasierten Sour mit Grenadine, Orangensaft, süßem Wermut und Minze.*

6 cl Bushmills Irish Whiskey Black Bush
3 cl Carpano Antica Formula Vermouth

Alle Zutaten mit Eis rühren und in eine gekühlte, mit grüner Chartreuse gespülte Cocktailschale abseihen.

Keine Garnierung.

— *Hugo Ensslin,* Recipes for Mixed Drinks, *1916*

TI-PUNCH

Ed Hamilton exportiert Rum aus Martinique und ist im hohen Maß verantwortlich für den Import dieses karibischen Klassikers in die Vereinigten Staaten.

6 cl Neisson Rhum Vieux Réserve Speciale
1 BL Martinique Zuckerrohrsirup
1 Limettenscheibe (münzgroßes Endstück mit etwas Fruchtfleisch)

Die Limettenscheibe an beiden Seiten ausdrücken und die ätherischen Öle der Schale und den Saft in einen gekühlten Tumbler tropfen.

Die restlichen Zutaten hinzugeben und mit gestoßenem Eis auffüllen. Mit dem Swizzle Stick verrühren, mit mehr gestoßenem Eis auffüllen und erneut verrühren.

Keine Garnierung.

— *Ed Hamilton,* Rums of the Eastern Caribbean, *1997*

TOM COLLINS

Dieser Cocktail trägt den Namen von John Collins, der als Kellner im Londoner Limmer's Hotel arbeitete und für seinen Gin Punch berühmt war.

6 cl **Hayman's Old Tom Gin**
2 cl **Zitronensaft**
1,5 cl **Zuckersirup**

Alle Zutaten mit Eis shaken und in ein gekühltes Collinsglas auf Eis abseihen.

Mit 6 cl Soda auffüllen und mit einer Zitronenspalte garnieren.

— *Jerry Thomas,* The Bar-Tender's Guide, *1876*

TOMMY'S MARGARITA

Julio Bermejo erfand diese moderne Margaritavariante und benannte sie nach dem Restaurant Tommy's, das seine Familie in San Francisco betreibt.

6 cl **L & J Blanco Tequila**
3 cl **Limettensaft**
3 cl **Agavensirup**

Alle Zutaten mit Eis shaken und in einen gekühlten Tumbler auf Eis abseihen.

Keine Garnierung.

— *Julio Bermejo, San Francisco, 1987*

TRIBOROUGH

Nates Triborough, eine Variation des Remember the Maine Cocktails, fällt unter die Rubrik „Drinks, die nach New York City benannt sind".

6 cl Wild Turkey Rye Whiskey
1,5 cl Clear Creek Kirschwasser
1,5 cl Punt e Mes
1,5 cl Amaro CioCiaro
1 Spritzer Angostura

Alle Zutaten mit Eis rühren und in einen gekühlten Tumbler abseihen.

Ein Stück Orangenschale in den Cocktail geben.

— *Nate Dumas, New York, 2009*

TRIDENT

In seinem Essential Bartender's Guide *schreibt Robert Hess, dieser Drink zeuge von seiner „Vorliebe für seltsame Zutaten, die nicht in jeder Bar zu finden sind".*

4,5 cl Krogstad Aquavit
4,5 cl Lustau Manzanilla Papirusa Sherry
2 cl Cynar
2 Spritzer Fee Brothers Peach Bitters

Alle Zutaten mit Eis rühren und in eine gekühlte Cocktailschale abseihen.

Ein Stück Zitronenschale in den Cocktail geben.

— *Robert Hess, Seattle, 2002*

Cocktails

T & T

Der knackige Cocktailname ist die Abkürzung für Tequila & Tamarinde, zwei Hausmittel, die in López' Heimat Mexiko an warmen Tagen für Abkühlung sorgen.

4,5 cl **Tamarindenpüree**
3 cl **Siembra Azul Blanco Tequila**
3 cl **Sombra Mezcal**
1,5 cl **Bénédictine**
2 Spritzer **Angostura**

Alle Zutaten mit Eis shaken und in eine gekühlte Cocktailschale abseihen.

Ein Stück Orangenschale in den Cocktail geben.

— *Euclides López, Frühling 2009*

Tamarindenpüree

150 cl **Wasser**
40 cl **geschälte Tamarinde**

Wasser und Tamarinde in einen Topf geben, bei hoher Hitze 15 Minuten lang kochen und vom Herd nehmen.

Die noch warme Mischung durch ein Spitzsieb streichen. Dabei die Tamarinde mit einem Löffel fest in das Sieb drücken, um möglichst viel Flüssigkeit auszupressen. In eine Dosierflasche füllen und im Kühlschrank aufbewahren.

Ertrag: etwa 100 cl

TUXEDO

Die Herkunft des Tuxedos lässt sich zurückverfolgen bis in die Ramapo Mountains im Südosten von New York. Im dortigen Tuxedo Park Club kleidet man sich allerdings eher sportlich.

6 cl   Plymouth Gin
4,5 cl   Dolin Vermouth Dry
0,75 cl   Luxardo Maraschino Likör
2 Spritzer   hausgemachter Orangenbitter

Alle Zutaten mit Eis rühren und in eine gekühlte, mit Absinth Vieux Pontarlier gespülte Cocktailschale abseihen.

Ein Stück Zitronenschale und eine Kirsche in den Cocktail geben.

— *Harry Johnson*, Bartender's Manual, *1900*

UP TO DATE

Ensslin überlässt im Originalrezept dem Bartender die Sherry-Entscheidung. Neben einem Oloroso ist meine erste Wahl der Manzanilla, der dem Drink einen leicht salzigen Geschmack und eine belebende Schärfe verleiht.

6 cl	Wild Turkey Rye Whiskey
2 cl	Lustau Manzanilla Papirusa Sherry
1,5 cl	Grand Marnier
2 Spritzer	Angostura

Alle Zutaten mit Eis rühren und in eine gekühlte Cocktailschale abseihen.

Ein Stück Zitronenschale in den Cocktail geben.

— *Hugo Ensslin,* Recipes for Mixed Drinks, *1916*

VACCARI

Allen, die an einem heißen Sommertag nach einem steifen Drink dürsten, sei dieser nach dem Erfinder des Gallianos benannte Cocktail wärmstens ans Herz gelegt.

4,5 cl	Compass Box Asyla Scotch Blend-Kamilleninfusion
2 cl	Dolin Vermouth Dry
1,5 cl	Galliano L'Autentico
1 Spritzer	The Bitter Truth Grapefruit Bitters
1 Spritzer	The Bitter Truth Lemon Bitters

Alle Zutaten mit Eis rühren und in einen gekühlten Tumbler auf einen großen Eiswürfel abseihen.

Ein Stück Grapefruitschale in den Cocktail geben.

— *Naren Young, New York, 2010*

Compass Box Asyla Scotch Blend-Kamilleninfusion

1	75 cl Flasche Compass Box Asyla Scotch Blend
1,5 cl	In Pursuit of Tea Kamillenblüten

Tee und Whisky in ein reaktionsneutrales Gefäß geben.

20 Minuten ziehen lassen.

Fein abseihen und in eine Flasche füllen.

Ertrag: etwa 75 cl

VAUVERT SLIM

In Vauvert stand das Kartäuserkloster, in dem François-Annibal d'Estrées im Jahr 1605 der dort ansässigen Bruderschaft ein Manuskript mit dem Rezept für das „Elixir des langen Lebens" schenkte.

6 cl **Grapefruitsaft**
3 cl **Chartreuse Verte**
1,5 cl **Limettensaft**
7 **Minzblätter (1 als Garnierung)**
1 **Eiweiß**

Sechs Minzblätter mit Limettensaft vermengen und die restlichen Zutaten hinzugeben.

Erst ohne, dann mit Eis shaken und in eine gekühlte, mit Laphroaig Single Islay Malt Scotch Whisky (10 Jahre) gespülte Coupette abseihen.

Den Cocktail mit dem 7. Minzblatt garnieren.

— Ryan Noreiks, Brisbane, 2009

VELVET CLUB

Im Café Royal Cocktail Book von 1937 kann man das Rezept für den Velvet Glove Cocktail von L. V. Battersby nachlesen. Jane veredelt diese Variation mit einem Schuss Moët & Chandon Impérial Champagner, dem „Club" Soda des PDT sozusagen.

3 cl **Hine V.S.O.P. Cognac**
1,5 cl **Lillet Blanc**
1,5 cl **Marie Brizard Crème de Cacao Blanc**

Alle Zutaten mit Eis rühren und in eine gekühlte Cocktailschale abseihen.

Mit 3 cl Moët & Chandon Impérial Champagner aufgießen.

Keine Garnierung.

— Jane Danger, Winter 2008

VESPER

Diese Martinivariante trägt den Namen des Bondgirls aus Casino Royale *und ist maßgeblich schuld daran, dass eine ganze Generation von Cocktailliebhabern meint, dass hochprozentige Mischgetränke geschüttelt und nicht gerührt werden müssen.*

6,5 cl **Plymouth Gin**
2 cl **Belvedere Vodka**
1,5 cl **Lillet Blanc**

Alle Zutaten mit Eis rühren und in eine gekühlte Cocktailschale abseihen.

Ein Stück Zitronenschale in den Cocktail geben.

— *Ian Fleming*, Casino Royale, *1953*

VIEUX CARRÉ

Laut Arthur mixt Walter Bergeron, Barchef der Cocktaillounge im Hotel Monteleone, diesen Cocktail mit besonderem Stolz.

3 cl **Sazerac Rye Whiskey (6 Jahre)**
3 cl **Hine V.S.O.P. Cognac**
3 cl **Carpano Antica Formula Vermouth**
0,75 cl **Bénédictine**
1 Spritzer **Angostura**
1 Spritzer **Peychaud's Bitters**

Alle Zutaten mit Eis rühren und in einen gekühlten Tumbler auf einen großen Eiswürfel abseihen.

Keine Garnierung.

— *Stanley Clisby Arthur, Famous New Orleans Drinks, 1937*

Cocktails **261**

VIEUX MOT

Nach der Markteinführung des St. Germain Holunderblütenlikörs in der ersten Hälfte des Jahres 2007 schwappte eine wahre Flutwelle neuer Cocktails mit dem Likör über die USA.

4,5 cl **Plymouth Gin**
2 cl **Zitronensaft**
1,5 cl **St. Germain Holunderblütenlikör**
1,5 cl **Zuckersirup**

Alle Zutaten mit Eis shaken und in eine gekühlte Cocktailschale abseihen.

Keine Garnierung.

— *Don Lee, Herbst 2007*

WARD EIGHT

Ganz gleich, ob dieser Cocktail wirklich zum Sieg des Demokraten Martin Lomasney 1896 im Locke-Ober Café des Bostoner 8. Stadtbezirks kreiert wurde oder nicht, die Politik war schon immer Teil der Cocktailkultur.

- 6 cl **Rittenhouse Rye Whiskey Vol. 50 %**
- 1,5 cl **Zitronensaft**
- 1,5 cl **Orangensaft**
- 0,75 cl **Zuckersirup**
- 1 BL **Al Wadi Granatapfelsirup**

Alle Zutaten mit Eis shaken und in eine gekühlte Cocktailschale abseihen.

Keine Garnierung.

— The Cocktail Book: A Sideboard Manual for Gentleman, *1913*

WATER LILY

Diesen Drink durfte zu allererst eine von Richards liebsten Freundinnen probieren, deren zweiter Vorname „Lily" lautet.

- 2 cl **Plymouth Gin**
- 2 cl **Rothman & Winter Crème de Violette**
- 2 cl **Cointreau**
- 2 cl **Zitronensaft**

Alle Zutaten mit Eis shaken und in eine gekühlte Cocktailschale abseihen.

Ein Stück Orangenschale in den Cocktail geben.

— *Richard Boccato, New York, 2007*

WEESKI

Eigentlich wollte David einen klassischen Manhattan mixen. Da der Rye Whiskey aber leer war, griff er zum Jameson Whiskey und ersetzte den süßen Wermut des Manhattanrezepts durch Lillet Blanc.

6 cl **Jameson Irish Whiskey (12 Jahre)**
3 cl **Lillet Blanc**
1 BL **Cointreau**
2 Spritzer **hausgemachter Orangenbitter**

Alle Zutaten mit Eis rühren und in eine gekühlte Cocktailschale abseihen.

Ein Stück Orangenschale in den Cocktail geben.

— *David Wondrich, New York, 2003*

WELLINGTON FIZZ

Dieser Drink, benannt nach der neuseeländischen Haupt- und Küstenstadt, vereint den klassischen American Ramos Gin Fizz mit lokaltypischem Maracujapüree.

6 cl **42 Below Kiwi Vodka**
3 cl **Schlagsahne**
2 cl **Limettensaft**
1,5 cl **Boiron Maracujapüree**
1,5 cl **Kassatly Chtaura Orgeat**
1 **Eiweiß**

Erst ohne, dann mit Eis shaken und in ein gekühltes Collinsglas abseihen.

Mit 3 cl Soda auffüllen und drei Sprühstöße verdünnte Aftel Bergamottenessenz über den Cocktail geben.

— *Sean Hoard, Frühling 2010*

WHISKEY SMASH

Dale erfand diesen neuen Cocktail für ein paar Gäste des Rainbow Rooms, die nach eigener Aussage niemals Whiskey trinken würden.

6 cl **Rittenhouse Rye Whiskey Vol. 50 %**
3 **Zitronenspalten**
2 cl **Zuckersirup**
6 **Minzblätter (plus 1 Minzezweig als Garnierung)**

Zitronenspalten, Minzblätter und Sirup zerstoßen.

Whiskey hinzugeben, mit Eis shaken und in einen gekühlten Tumbler auf Eis fein abseihen.

Den Cocktail mit einem Minzezweig garnieren.

— *Dale DeGroff, New York, 1999*

WHITE BIRCH FIZZ

Als John in der White Birch Lane in seinem Elternhaus zu Besuch war, mischte er diesen Drink für seine Mutter, die dem Gin sehr zugetan ist.

4,5 cl **Plymouth Gin**
2 cl **Zitronensaft**
1,5 cl **Strega Safranlikör**
1,5 cl **Rothman & Winter Orchard Apricot**
1 **Eiweiß**

Erst ohne, dann mit Eis shaken und in ein gekühltes Collinsglas abseihen.

Mit 6 cl Soda auffüllen und etwas Suze Likör über den Cocktail sprühen.

— *John deBary, Herbst 2009*

WHITE LADY

Bis heute steht diese Schöpfung von McElhone auf der Karte der Harry's New York Bar in Paris, von in klassischem Weiß gekleideten Bartendern serviert.

    6 cl **Beefeater Gin**
    2 cl **Cointreau**
    2 cl **Zitronensaft**
0,75 cl **Zuckersirup**
      1 **Eiweiß**

Erst ohne, dann mit Eis shaken und in eine gekühlte Coupette abseihen.

Keine Garnierung.

— *Harry McElhone,* ABC of Mixing Cocktails, *1929*

WHITE NEGRONI

Zu einem gemeinsamen Abendessen in Bordeaux brachte Nick Blacknell seinem Freund Wayne Collins eine Flasche Suze mit, der damit spontan diesen Aperitif mixte.

6 cl **Plymouth Gin**
3 cl **Lillet Blanc**
2 cl **Suze Likör**

Alle Zutaten mit Eis rühren und in eine gekühlte Cocktailschale abseihen.

Ein Stück Zitronenschale in den Cocktail geben.

— *Wayne Collins, London, 2002*

Cocktails

WIDOW'S KISS

George Kappeler verfasste das Buch Modern American Drinks während seiner Zeit als Barchef des Holland Houses, das seinerzeit zu den elegantesten Hotels von New York City zählte.

    6 cl **Laird's Old Apple Brandy**
0,75 cl **Chartreuse Jaune**
0,75 cl **Bénédictine**
2 **Spritzer** Angostura

Alle Zutaten mit Eis rühren und in eine gekühlte Cocktailschale abseihen.

Keine Garnierung.

— George Kappeler, Modern American Drinks, 1895

WITCH'S KISS

Diese tequilabasierte Hommage an den Widow's Kiss von George Kappeler überrascht mit Safranlikör anstelle von gelber Chartreuse und ersetzt Bénédictine durch Apple Butter.

   6 cl **José Cuervo Tequila Platino**
   2 cl **Zitronensaft**
1,5 cl **Strega Safranlikör**
  1 BL **Red Jacket Orchards Apple Butter**

Alle Zutaten mit Eis shaken und in eine gekühlte Cocktailschale abseihen.

Ein Stück Zitronenschale in den Cocktail geben.

— Jim Meehan, Herbst 2008

WOOLWORTH

Dieser Drink trägt den Namen des einstmals höchsten New Yorker Gebäudes, dem Woolworth Building.

6 cl	Compass Box Asyla Scotch Blend
3 cl	Lustau Manzanilla Papirusa Sherry
1,5 cl	Bénédictine
2 Spritzer	hausgemachter Orangenbitter

Alle Zutaten mit Eis rühren und in eine gekühlte Cocktailschale abseihen.

Ein Stück Zitronenschale in den Cocktail geben.

— *John Deragon, Herbst 2007*

WRONG AISLE

Obstessig kommt nicht nur in der Küche zum Einsatz, sondern hat auch seinen festen Platz im Regal einer gut sortierten Cocktailbar.

6 cl	Laird's Old Apple Brandy
3 cl	Lillet Blanc
0,75 cl	Quittenessig
1 Spritzer	Fee Brothers Whisky Barrel Aged Bitters

Alle Zutaten mit Eis rühren und in eine gekühlte, mit St. Germain Holunderblütenlikör gespülte Cocktailschale abseihen.

Einen Apfelfächer mit Muskatnuss bestreuen und in den Cocktail geben.

— *Jim Mechan, Sommer 2010*

ZOMBIE PUNCH

Tikibarbesitzer wie Donn Beach waren sehr darauf bedacht, ihre Rezepte geheim zu halten: Nur die verlässlichsten Bartender des Teams waren mit den vollständigen Rezepturen vertraut. Oftmals kannte das Team am Tresen nur Teile des Rezepts und mixte mit nicht etikettierten, durchnummerierten Flaschen.

4,5 cl	Appleton Estate Reserve Rum
4,5 cl	Bacardi 8 Rum
3 cl	Lemon Hart Rum 151 Demerara
2 cl	Limettensaft
1,5 cl	John D. Taylor's Velvet Falernum
1,5 cl	Trader Tiki's Don's Mix
1 BL	Grenadine
1/8 TL	Absinth Vieux Pontarlier
1 Spritzer	Angostura

Alle Zutaten mit Eis shaken und in einen gekühlten Tikibecher auf gestoßenes Eis abseihen.

Den Cocktail mit einem Minzezweig garnieren.

— *Don the Beachcomber, 1934*

HOT DOGS

Keine echte PDT-Nacht ohne die Hot Dogs, die vom Crif Dogs durch die beiden Metalltürchen an unseren Tresen gereicht werden! Einige unserer besten Kunden – gleichzeitig Chefköche von Weltformat – verraten im Folgenden ihre Rezepte: Freuen Sie sich auf die delikaten Geheimnisse von Wylie Dufresne aus dem WD-50, David Chang vom Momofuku, Daniel Humm aus dem Eleven Madison Park und vielen mehr. Dazu präsentieren wir echte Crif Dogs Specials wie den John John Deragon.

HUMMER

Gegenüber vom Crif Dogs und PDT verkauft der Holyland Market israelische Lebensmittel. Dazu liegt der Hummus Place nur einen Block entfernt. Dieser Hot Dog mit Kichererbsen ist das schmackhafte Abbild unserer Nachbarschaft – es war nur eine Frage der Zeit, bis er auf der Karte auftauchte.

	Öl zum Braten
8	längs geschnittene, vegetarische Hot Dog-Würstchen
8	Hot Dog-Brötchen
24 cl oder 30 cl	Hommos
16	längs geschnittene, israelische Essiggurken
etwa ½ Tasse	eingelegte, israelische Peperoni in 3 mm dicken Scheiben

1. Eine Grillplatte oder große, möglichst gusseiserne Bratpfanne auf mittlerer Hitze erwärmen. Nach einer Minute das Öl hineingeben. Die vegetarischen Würstchen mit der geschnittenen Seite nach unten auf den Grillrost oder in die Bratpfanne legen und etwa fünf Minuten lang knusprig braun braten.

2. Die beiden Würstchenhälften wieder zu einem Ganzen zusammenfügen und in ein Hot-Dog-Brötchen legen. Einen gehäuften Löffel Hommos auf dem Würstchen verteilen (wir geben den Hommos im Zickzackmuster mit einer Dosierflasche darauf). Die

Gurkenscheiben gehören zwischen Brötchen und Wurst, die Peperonischeiben darauf – gerade so viel, dass der Hommos nicht komplett bedeckt wird. Sofort servieren.

Anmerkung: Im PDT arbeiten wir mit Hommos der Marke Sabra und mit Gurken von Kvutzat Yavne Food Products, einem israelischen Kibbutz, wo Eingelegtes zubereitet wird. Alternativ eignen sich alle kleinen, festen Gurken mit weicher Schale. Dazu verleihen die israelischen Peperoni dem Hot Dog eine gute, nicht allzu intensive Schärfe. Wer keine israelischen Lebensmittel in der Umgebung kaufen kann, ist mit italienischen Peperoni ebenso gut bedient.

Für 8 Personen

JOHN JOHN DERAGON

	Öl zum Braten
8	Thumann's Franks Würstchen (oder andere Würstchen zum Frittieren)
8	Hot Dog-Brötchen
12 cl	Frischkäse (am besten Zimmertemperatur)
	Bagelgewürz (siehe rechts)
4	dünn geschnittene Frühlingszwiebeln (grüne und weiße Teile)

1. Sind alle Zutaten vorbereitet, werden die Hot-Dog-Würstchen gebraten: Vier bis sechs Zentimeter hoch Öl in einen tiefen Topf geben (nicht in eine Bratpfanne! In einem tiefen Suppentopf kann das Öl spritzen, wie es will – in der Pfanne nicht). Auf mittlerer Hitze bis auf 190 °C erwärmen und die Würstchen mit einem Pfannenwender hineingeben. Je zwei bis vier Würstchen zusammen für fünf bis sieben Minuten frittieren, bis sie braun-schwarz gebrutzelt sind. Auf einem mit Servietten ausgelegten Teller eine Minute lang abkühlen lassen.

2. Auf eine Seite des halb aufgeschnittenen Brötchens ein bis zwei Esslöffel Frischkäse geben. Den ganzen Frischkäse komplett mit Bagelgewürz bestreuen. Ein frittiertes Würstchen vorsichtig in das Brötchen legen, dabei den Frischkäse und das Bagelgewürz nicht zu sehr vermengen (der bestreute Frischkäse bleibt bestenfalls auf einer Seite des Brötchens). Den Hot Dog mit einer großzügigen Prise geschnittener Frühlingszwiebeln bestreuen und warm servieren.

Für 8 Personen

John Deragon empfiehlt, die Tüte mit den frisch gekauften Bagels auf dem Nachhauseweg ein bisschen zu knuffen und zu malträtieren. Spätestens daheim ist die ganze Tüte voll mit perfekten Krümeln für den Hot Dog. Wer Mitleid mit den Bagels hat, hält sich an nebenstehendes Rezept.

Bagelgewürz

¼ **Tasse**	Sesamkörner
¼ **Tasse**	getrocknete Zwiebeln
¼ **Tasse**	getrockneter Knoblauch (zu große Knoblauchstücke kleinschneiden)
2 **EL**	koscheres Salz
2 **EL**	Mohnsamen

Alle Zutaten in eine Pfanne mit schwerem Boden geben. Auf mittlerer Hitze sieben bis zehn Minuten anbraten (dabei zu Anfang ab und zu und gegen Ende ständig rühren), bis der Knoblauch und der Sesam langsam golden werden und der Duft frisch getoasteter Bagels in der Luft liegt. Die Mischung nicht braun oder schwarz werden lassen. Abkühlen lassen und in einem luftdichten Gefäß dunkel lagern

Ertrag: etwa eine Tasse, was für viele Hot Dogs reicht

TATER TOTS MIT KÄSE UND JALAPEÑOS

	Öl zum Braten
1	Tüte Tater Tots von Ore-Ida
½ Tasse	Cheez Whiz Käsedip
2 bis 4 EL	gehackte eingelegte Jalapeños

1. Vier bis sechs Zentimeter hoch Öl in einen tiefen Suppentopf geben. Auf mittlerer Hitze bis auf 190 °C erwärmen und die Tots mit einem Pfannenwender hineingeben. Mehrere Tots zusammen drei bis vier Minuten lang frittieren, bis sie braun und knusprig gebrutzelt sind. Auf einem mit Servietten ausgelegten Teller eine Minute lang abkühlen lassen.

2. Den Ofen auf 230 °C vorheizen, die Tots gleichmäßig auf einem Backblech verteilen und 40 bis 50 Minuten lang braun und knusprig backen. Nach 35 Minuten die Tots alle fünf Minuten kosten, um so die genaue Backzeit im eigenen Herd zu ermitteln.

3. Den Käsedip in der Mikrowelle oder vorsichtig im Wasserbad schmelzen und die gehackten Jalapeños einrühren. Zusammen mit den Tots heiß servieren. Besonders hübsch werden die Tots in einem Körbchen serviert. Dazu passt Ketchup.

Für 2 bis 4 Personen

CHANG DOG

8 Streifen	Schinkenspeck (je länger, desto besser)
8	Thumann's Franks Würstchen (oder andere Würstchen zum Frittieren)
	Zahnstocher
	Öl zum Braten
8	Hot Dog-Brötchen
2 Tassen	püriertes Momofuku Kimchi mit Chinakohl (siehe rechts)

1. Die Schinkenspeckstreifen um die Würstchen wickeln und an beiden Wurstenden mit einem Zahnstocher befestigen. Dabei die Zahnstocher immer so weit wie möglich herausstehen lassen – so besteht keine Gefahr, dass der Gast auf einen frittierten Zahnstocher beißt.

2. Vier bis sechs Zentimeter hoch Öl in einen tiefen Topf geben. Auf mittlerer Hitze bis auf 190 °C erwärmen und die Würstchen mit dem Schinkenspeck mit einem Pfannenwender hineingeben. Je zwei bis vier Würstchen zusammen für fünf bis sieben Minuten frittieren, bis sie braun-schwarz gebrutzelt sind. Auf einem mit Servietten ausgelegten Teller eine Minute lang abkühlen lassen.

3. Die frittierten Würstchen in die Hot-Dog-Brötchen legen, mit 1/4 Tasse Kimchi bestreuen und heiß servieren.

Für 8 Personen

Die Zutaten für dieses Rezept findet man in jedem koreanischen Lebensmittelladen. Wenn Sie die gesalzenen Shrimps kaufen und der Verkäufer komisch reagiert, erzählen Sie ihm, dass Sie Kimchi machen möchten.

Momofuku Kimchi mit Chinakohl

1	Chinakohl (geputzt und ohne äußere Blätter etwa 1,5 kg)
2 EL	koscheres Salz
½ Tasse + 2 EL	Zucker
20	geschälte Knoblauchzehen
20 Tranchen	geschälter frischer Ingwer
½ Tasse	Kochukaru (koreanische Chiliflocken)
¼ Tasse	Fischsoße
¼ Tasse	Usukuchi Sojasoße
2 TL	gesalzene Shrimps
½ Tasse	Frühlingszwiebeln (grüne und weiße Teile)
½ Tasse	geschnittene oder geraspelte Karotten in feinen Streifen

1. Den Chinakohl in der Mitte teilen und die Hälften quer in 2,5 cm breite Stücke schneiden. In einer mittelgroßen Rührschüssel mit Salz und zwei Esslöffeln Zucker bestreuen. Die Schüssel mit Plastikfolie abdecken und über Nacht kühl stellen.

2. Knoblauch, Ingwer, Chiliflocken, Fischsoße, Sojasoße und Shrimps mit dem restlichen Zucker mixen. Ist die Masse sehr fest, nach und nach 1/3 Tasse Wasser hinzugeben, bis die Mischung die Konistenz von dickflüssigem Salatdressing hat.

3. Frühlingszwiebeln und Karotten hinzugeben. Chinakohl abtropfen lassen und hinzugeben. Abdecken und kaltstellen. Das Kimchi schmeckt nach 24 Stunden gut, nach einer Woche besser und nach zwei Wochen perfekt (wir arbeiten im PDT nur mit zwei Wochen altem Kimchi). Je älter das Kimchi, desto intensiver sein Geschmack. Das Kimchi ist bis zu zwei Monaten haltbar – für Koreaner sogar länger.

Ertrag: etwa 150 cl

MASON DOG

Cuitlacoche ist ein Pilz, der an Maispflanzen wächst und auch als Maisbeulenbrand bekannt ist. Der schwarze Pilz sieht merkwürdig aus, schmeckt aber fantastisch. Besonders in der mexikanischen Küche ist Cuitlacoche beliebt. Hier gibt der leckere Pilz dem Würstchenmantel seine Farbe und seinen Geschmack. Wer mit tiefgekühltem Cuitlacoche arbeitet, taut ihn vorher gut auf. Der Cuitlacoche aus der Dose eignet sich zur sofortigen Zubereitung. Amador Acosta, der dieses Rezept unter Sam Mason im Tailor miterfand, nennt diesen Hot Dog „die Aztekenversion des heiligen Hot Dogs".

2 Tassen	feines gelbes Maismehl
1 Tasse	Mehl
2 EL	Salz
1/8 TL	Cayennepfeffer
1/2 TL	Backpulver
1/8 TL	Natron
1 Tasse	pürierter Cuitlacoche
2 Tassen	Milch
	Wasser nach Bedarf
	Öl zum Braten
8	Holzspieße
8	Rinderwürstchen

1. Alle trockenen Zutaten in eine große Rührschüssel geben und rühren, bis die Mischung gleichmäßig wirkt. Den Cuitlacoche hinzugeben und die Milch unterrühren. Mit Wasser nach Bedarf verdünnen, bis die Mischung die Konsistenz von ganz frischem, noch flüssigen Beton hat.

2. Viel Öl in einen tiefen Topf geben. Der Topf sollte tief genug sein, dass die Würstchen mit je einem Holzspieß längs aufgespießt und aus dem Öl genommen werden können. Dabei sollten noch etwa sechs Zentimeter Öl über den Würstchen stehen. Wenn die Würstchen nicht komplett mit Öl bedeckt sind, gießen Sie mit einem langen Löffel vorsichtig heißes Öl aus dem Topf über den unbedeckten Rest.

3. Auf mittlerer Hitze bis auf 190 °C erwärmen. Die Würstchen nacheinander längs aufspießen und in den Teig tauchen, sodass sie komplett ummantelt sind. Vorsichtig in das heiße Öl tauchen und sieben bis acht Minuten lang frittieren bis das Würstchen fast schwarz ist. Auf einem mit Servietten ausgelegten Teller ein paar Minuten lang abkühlen lassen.

Für 8 Personen

WYLIE DOG

Mit diesem Rezept interpretiert Wylie Dufresne einen Klassiker seines Restaurants als Hot Dog. Angelehnt ist der Wylie Dog an „Gepökelte Rinderzunge mit frittierter Mayonnaise und Zwiebeln", eine konstruktivistische Hommage an die Sandwiches aus Wylies Kindheit, die mit Rinderzunge, Salat, Tomaten und Mayonnaise belegt waren. Diese hatte Wylie in der Sandwichbude seines Vaters auf Rhode Island gegessen. Als Besitzer des WD-50 weiß Wylie, wie man Geschmacksnerven zum Glühen bringt. Frittierte Mayonnaise gehörte zu seinen ersten Erfindungen, die

	Öl zum Braten
8	Thumann's Franks Würstchen (oder andere Würstchen zum Frittieren)
8	Hot Dog-Brötchen
½ Tasse	Tomatensirup (siehe S. 287)
8 Streifen	frittierte Mayonnaise (siehe rechts)
etwa 1 Tasse	kleingeschnittenen Eisbergsalat
knapp ¼ Tasse	getrocknete Zwiebeln („Just Tomatoes" ist Wylies Lieblingsmarke)

1. Vier bis sechs Zentimeter hoch Öl in einen tiefen Suppentopf geben. Auf mittlerer Hitze bis auf 190 °C erwärmen und die Würstchen mit einem Pfannenwender hineingeben. Je zwei bis vier Würstchen zusammen für fünf bis sieben Minuten frittieren, bis sie braun-schwarz gebrutzelt sind. Auf einem mit Servietten ausgelegten Teller eine Minute lang abkühlen lassen. Alternativ das Öl bis auf 175 °C erhitzen und je ein Würstchen (für fünf bis sieben Minuten) mit etwas Mayonnaise (für vier Minuten) zusammen frittieren.

2. Die frittierten Würstchen in die Hot-Dog-Brötchen legen und etwa einen Esslöffel Tomatensirup darüber geben. Die frittierten Mayonnaisestreifen auf den Sirup legen, ein paar Handvoll kleingeschnittenen Eisbergsalat darüber verteilen und etwas getrocknete Zwiebeln auf den Hot Dog streuen.

Für 8 Personen

für Gesprächsstoff sorgten. Gelatine und Gellan werden zu einem hitzebeständigen Gel vermischt, das in Schritt vier des Rezepts püriert und verflüssigt wird. Daraus wird ein – Zitat Wylie – „thermoirreversibles Flüssiggel", das schließlich als frittierte Mayonnaise auf den Teller kommt.

Anmerkung: Wylie machte mit einer persönlichen Demonstration deutlich, dass für den Wylie Dog ein Topf mit Ausgießer viel geeigneter ist als ein normaler Topf. Das ist wichtig, weil in diesem Rezept heißes Öl in Wasser gegossen wird, und spritzendes heißes Öl braucht kein Mensch. Am besten hat sich ein kleiner Stieltopf

Frittierte Mayonnaise

6 g	Gelatineblätter
250 ml	Vollmilch
3 g	Gellan
500 ml	Traubenkernöl
2 EL	Senf
1 EL	Zitronensaft
1½ EL	koscheres Salz
1	komplettes gequirltes Ei
½ Tasse	Mehl
½ Tasse	Hot-Dog-Brötchenkrümel oder Paniermehl, fein gemahlen aus der Gewürzmühle
	Öl zum Braten

1. Die Gelatine in 200 ml Wasser einweichen, aufquellen lassen und ausdrücken. Das Wasser wegschütten und die Gelatine bereit halten.

2. Die Milch in einem mittelgroßen bis großen Topf auf den Herd stellen. Ganz langsam das Gellan mit einem Mixer unter die Milch rühren. Auf mittlerer Hitze die Milch mit einem Quirl weiter rühren, bis das Gellan komplett aufgequollen ist. Wylie erklärt: Die Konsistenz von Gellan ändert sich mit der Temperatur. Bei 50 °C quillt das Gellan schnell zu einer dicken, teigigen Masse. Bei etwa 90 °C ändert sich die Konsistenz schlagartig – dann ist das Gellan komplett gequollen.

3. In der Zwischenzeit in einem kleinen Stieltopf (am besten mit Ausgießer) das Traubenkernöl auf 100 °C erhitzen. Die Gelatine in der heißen Milch unter Rühren auflösen und langsam in das heiße Öl gießen. Dabei mit dem Quirl rühren und nur wenig Milch auf einmal in das Öl geben. Genau davor hat der Chemielehrer in der Schule immer gewarnt: Niemals heißes Öl in heißes Wasser schütten. Das Wasser kann überkochen, das Öl kann spritzen – deshalb stets vorsichtig arbeiten!

mit Ausgießer bewährt. Wer den nicht besitzt, sollte nach dem Prinzip „Je sicherer, desto besser" vorgehen.

4. Nachdem das Öl komplett untergerührt ist (und die „Mayonnaise" aussieht wie öliges Miracle Whip), den Senf, den Zitronensaft und das Salz mit dem Quirl unter die Masse heben. Vom Herd nehmen und mit dem Mixer rühren, bis die Mayonnaise schön cremig ist.

5. In eine 6 x 6 Brownieform gießen und abkühlen lassen, bis die Mayonnaise eine feste Konsistenz hat.

6. Die Mayonnaise vorsichtig in zwölf Zentimeter lange und 1,5 Zentimeter dicke Streifen schneiden.

7. Die Eier, das Mehl und die Hot-Dog-Krümel in je eine flache Schale geben. Nun die Mayonnaisestreifen nacheinander zuerst in Ei und dann vorsichtig in Mehl wenden. Wieder in Ei wenden und abschließend in die Krümel tauchen, sodass die Panade den Mayonnaisestreifen komplett ummantelt. Die so vorbereiteten Streifen können wochen- und monatelang eingefroren werden. Zum Frittieren zuvor zehn bis 15 Minuten auftauen.

8. Vier bis sechs Zentimeter hoch Öl in einen tiefen Suppentopf geben. Auf mittlerer Hitze bis auf 175 °C erwärmen und die Mayonnaisestreifen einzeln mit einem Pfannenwender hineingeben. Je ein paar Streifen zusammen oder einzeln mit einem Würstchen frittieren. Nach etwa vier Minuten, wenn etwas Mayonnaise hervorquillt und die Panade goldbraun gebraten ist, sind die Streifen fertig frittiert. Auf einem mit Servietten ausgelegten Teller vor dem Servieren eine bis drei Minuten lang abkühlen lassen.

Ertrag: 25 Streifen

Hot-Dog-Brötchenkrümel

Ein paar Hot-Dog-Brötchen längs durchschneiden und nebeneinander auf dem Backblech anordnen. Im Ofen unter 100 °C bis zum nächsten Morgen trocknen lassen (alternativ nach Betriebsschluss in den noch warmen Backofen stellen). Die getrockneten Brötchen in eine Küchenmaschine geben und zu feinen Krümeln verarbeiten. Die Krümel halten sich – gut verschlossen und dunkel gelagert – eine Ewigkeit.

Tomatensirup

1 kleine Tube	Tomatenmark (170 g)
1/2 Tasse	Sirup
6 EL	Butter
1/4 Tasse	Wasser
	Salz und Sherryessig nach Bedarf

Das Tomatenmark mit Sirup, Butter und Wasser in einem kleinen Topf auf mittlerer Hitze erwärmen, bis die Butter schmilzt. Die Zutaten im Topf gut umrühren und in einen Mixer geben. Etwa eine Minute lang mixen, bis die Mischung gleichmäßig wirkt. Mit Salz und Essig vorsichtig abschmecken, dazwischen immer wieder mixen. Zugedeckt im Kühlschrank aufbewahren.

Ertrag: etwa 50 cl

HUMM DOG

8 Streifen	Schinkenspeck (je länger, desto besser)
8	Thumann's Franks Würstchen (oder andere Würstchen zum Frittieren)
	Zahnstocher
8	Kartoffelbrötchen (alternativ: Brioches)
	Trüffelmayonnaise (siehe S. 290)
250 g	geriebener Gruyère
	Selleriegewürz (siehe rechts)

1. Den Ofen auf 150 °C vorheizen. Die Schinkenspeckstreifen um die Würstchen wickeln und an beiden Wurstenden mit einem Zahnstocher befestigen.

2. Vier bis sechs Zentimeter hoch Öl in einen tiefen Suppentopf geben. Auf mittlerer Hitze bis auf 190 °C erwärmen und die Würstchen mit einem Pfannenwender hineingeben. Je zwei bis vier Würstchen zusammen für fünf bis sieben Minuten frittieren, bis sie braun-schwarz gebrutzelt sind. Auf einem mit Servietten ausgelegten Teller eine Minute lang abkühlen lassen. In der Zwischenzeit die Kartoffelbrötchen leicht knusprig, aber nicht zu lange toasten. Anschließend die Grillfunktion des Backofens anschalten.

3. Etwa ein Esslöffel Trüffelmayonnaise auf jedem Brötchen verstreichen. Die Würstchen mit dem Schinkenspeck in die Brötchen legen und auf einem Backblech verteilen. Jeden Hot Dog mit Käse bestreuen und kurz in den Backofen stellen bis der Käse schmilzt. Die Hot Dogs aus dem Ofen nehmen, ein Esslöffel Selleriegewürz darübergeben und sofort servieren.

Für 8 Personen

Selleriegewürz

1 EL	gelbe Senfsaat
½ Tasse	Weißweinessig
4	Essiggurken (nicht zu sauer)
1	mittelgroßen, geschälten Knollensellerie
2 Stängel	Sellerie
2 EL	weißer Balsamicoessig
2 EL	Sherryessig

1. Die Senfsaat in einer Pfanne mit schwerem Boden vier bis fünf Minuten auf mittlerer Hitze braten. In der Zwischenzeit den Weißweinessig in einem anderen Topf zum Kochen bringen. Den Essig über die fertig getoastete Senfsaat gießen und zusammen in eine Schüssel geben. Abkühlen lassen, während das Gemüse vorbereitet wird.

2. Gurken, Knollensellerie und Sellerie in feine, exakte Würfel (1,5 × 1,5 cm) schneiden. Den Knollensellerie beiseitelegen.

3. Einen großen Topf Wasser auf dem Herd zum Kochen bringen und eine große Prise Salz hineingeben. Kaltes Wasser und Eis in eine Rührschüssel geben. Den Knollensellerie eine Minute lang in kochendem Wasser blanchieren, mit einem feinen Sieb herausholen, im Eisbad abschrecken und abtropfen lassen.

4. Das Gemüse und die Senfsaat in eine Rührschüssel füllen, die Essige hinzugeben und mischen. Mit Salz abschmecken. Zugedeckt im Kühlschrank aufbewahren.

Ertrag: etwa 50 cl

Wer anstelle von selbstgemachter Mayonnaise auf Miracel Whip und Co. zurückgreift, braucht sich nicht zu schämen. Wir schätzen uns glücklich, mit dem Küchenteam von Daniel Humm arbeiten zu dürfen, wenn der Humm Dog auf der Karte steht. Das von der New York Times preisgekrönte Team treibt die Trüffelmayonnaise zur Perfektion.

Trüffelmayonnaise

45 cl	**Rapsöl**
2	**Eigelb**
3 cl	**geriebener schwarzer Trüffel**
	Saft einer halben Zitrone
1 große Prise	**koscheres Salz**
1 Spritzer	**Trüffelöl**

In einer großen Rührschüssel das Öl langsam mit einem Quirl unter das Eigelb mischen, bis die Mischung cremig und weiß ist. Den geriebenen Trüffel hinzugeben und mit Salz, Zitronensaft und Trüffelöl abschmecken.

Ertrag: etwa 50 cl

ALKOHOLKUNDE

Für die Cocktails, die wir in unserer kleinen Bar servieren, benötigen wir eine große Auswahl an Spirituosen. Wir arbeiten mit ausgesuchten Marken, die zu den besten ihrer Kategorie zählen. Dazu stehen klassische Dessertweine, Aperitifs, Bitter und Liköre im Rückbuffet. Aus dem schier unendlichen Angebot an fabelhaften Produkten müssen wir aus Platzgründen eine gewisse Auswahl treffen.

Alle Spirituosen aus dem Rezeptteil dieses Buches finden Sie auf den folgenden Seiten unter ihrer jeweiligen Kategorie mit einem kleinen Überblick über Geschichte und Herstellung. Dabei lassen sich einige der flüssigen Köstlichkeiten recht gut nach ihrer Herkunft und ihren Produktionsbestimmungen zusammenfassen, während andere Spirituosen schwieriger in Gruppen einzuordnen sind.

Basis für die Kategorisierung der Spirituosen sind ihre charakterlichen Eigenschaften, weniger die gesetzlichen Vorgaben zu ihrer Herstellung. Diese Alkoholkunde basiert auf dem Cocktailangebot des PDT und versteht sich nicht als vollständige Übersicht. Ich bitte darum, aus der Auswahl an Produkten oder Unterkategorien keine Rückschlüsse auf meine persönliche Meinung zu bestimmten Marken zu ziehen.

Die Beschreibungen und Zuordnungen in diesem Kapitel setzen eine gewisse Grundkenntnis der Gärprozesse, des Destillationswesens, der Alterungstechniken sowie des Vokabulars zum Beschreiben und Bewerten von destillierten Spirituosen und Likörweinen voraus.

Das wachsende Interesse an hochwertigen Spirituosen wird heutzutage auch von einer Unmenge an Fachliteratur bedient. Empfehlungen finden Sie im Kapitel „Literatur für Bartender".

Viele der herausragenden Marken, mit denen wir im PDT mixen, haben ihren stolzen Preis und tauchen daher weder hier noch im Rezeptteil auf. Dies soll jedoch niemanden daran hindern, mit kostspieligen Spirituosen zu mixen. Im Gegenteil: Jeder einzelne Cocktail verdient die hochwertigsten Zutaten, die Sie sich leisten können.

VODKA

Im Polnischen und Russischen bedeutet Vodka „Wässerchen". Der Destillateur arbeitet mit fermentierter Maische aus vielen natürlichen Zutaten wie Roggen, Weizen, Kartoffeln, Gerste, Trauben, Baumsaft, Milch und Mais. Die Qualität des Getreides, die Fähigkeiten des Destillateurs, die Reinheit des Wassers und der Filterungsprozess fließen merklich in Aroma, Konsistenz, Körper und Geschmack des Endprodukts ein. Guter Vodka wird stufenweise gebrannt. Mit demineralisiertem Wasser wird das Destillat auf gaumenfreundliche 37,5 bis 50 % verschnitten. Anschließend filtern Aktivkohle, Diamant oder Sand die Fuselöle und Schwebeteilchen aus dem Vodka. Nach Fermentierung, Destillation und Filtration wird das fertige Produkt abgefüllt. Während westliche Hersteller üblicherweise möglichst viele Aromen herausfiltern, bewahren osteuropäische Vodkamarken oft den getreidigen Charakter. Hier verschwimmen allerdings die Grenzen. Viele Hersteller geben abschließend etwas Zucker in den Vodka, um für einen voluminöseren Körper zu sorgen und Unsauberkeiten im Destillat zu übertünchen.

Absolut 100 • Belvedere • Heart of the Hudson • Karlsson's • Smirnoff Black

Aromatisierter Vodka

Aromatisierter Vodka ist keine neue Erfindung. Schon bevor das Patent-Still-Verfahren im 19. Jahrhundert rechtlich geschützt wurde, würzten osteuropäische Destillateure ihre Vodkas mit Kräutern, Samen und Beeren. Unregelmäßigkeiten im Destillat wurden mit süßem Honig überdeckt, der zudem als gesund galt. Heutzutage werden die besten aromatisierten Vodkas mit frischen Zutaten versetzt, mazeriert und erneut destilliert. Für den gewünschten Geschmack sorgt eine alkoholische Aromatinktur oder im schlimmsten Fall ein kalter Aufguss mit künstlichen Aromen.

42 Below Kiwi • 42 Below Manuka Honey • Hangar One Buddha's Hand

GIN

Der Anglizismus Gin leitet sich aus dem niederländischen Getränk Genever (von Juniper: Wacholder) ab. Die klare Spirituose wird aus neutralem Getreidealkohol gewonnen, den man mit Wacholder und anderen natürlichen Zutaten wie Orangen- und Zitronenschale, Koriander, Engelwurz, Iriswurzel, Kardamom, Paradieskorn, Kubebenpfeffer, Mandeln und Zimtkassie versetzt. Aus dem niederländischen Genever entstanden drei Sorten englischer

Gin (in chronologischer Reihenfolge): Plymouth, Old Tom und London Dry. Nach Jahren rückläufiger Verkäufe in den 1960er-Jahren kam mit dem 1987er Bombay Sapphire erstmals ein Gin mit weniger Wacholderaroma auf den Markt. Der Plan ging auf: Es wurde wieder Gin bestellt.

Genever

Genever ist in den drei Varianten Jonge, Oude und Korenwijn erhältlich. Den aus purem Getreide destillierten Genever nennt man Graanjenever. Jonge Genever stand in den 1950ern erstmals in den Regalen, enthält mehr Getreide als Malz und ist dem modernen Vodka nicht unähnlich. Oude Genever ist ein Gemisch aus Moutwijn (ein aromatisches Destillat aus Roggen, Weizen, Gerste und gelegentlich Mais), Primasprit und einem pflanzlichen Destillat aus Wacholder, Engelwurz, Koriander, Süßholz und Hopfen. Im 18. Jahrhundert trank der Holländer auch Korenwijn, einen in gebrauchten Eichenfässern gealterten Genever, der aus 51 bis 70 % Moutwijn und nicht mehr als 20 Gramm Zucker pro Liter besteht.

Anchor Genevieve • Bols

Plymouth

Im 18. und 19. Jahrhundert lagerte die British Royal Navy große Ginvorräte für ihre Besatzungen. Heute produziert nur Coates & Co. den namenrechtlich geschützten Plymouth Gin. Der Gin wird aus sieben Pflanzen in der ältesten aktiven Destillerie Englands nach dem Originalrezept aus dem 18. Jahrhundert hergestellt und mit Wasser aus einem Stausee in der Heidelandschaft Dartmoor verdünnt.

Plymouth

Old Tom Gin

Oft wird der Old Tom Gin als das fehlende Glied zwischen holländischem Genever und London Dry Gin beschrieben. Doch wie hätte dieser Gin wohl geschmeckt? Schließlich wurde er in seiner Blütezeit im 19. Jahrhundert nach verschiedensten Rezepten und Techniken gebrannt. Dazu kam der Old Tom Gin zunächst aus der kupfernen Brennblase, die in den 1820er-Jahren jedoch vom Patent-Still-Verfahren abgelöst wurde. Old Tom Gins wurden mit Wacholder aromatisiert und mit Zucker gesüßt. Ein paar Hersteller unserer Tage bieten einen originalen Old Tom Gin (Ransom), andere vertreiben die modernere Variante (Hayman's).

Hayman's • Ransom

London Dry Gin

Die große Mehrheit der London Dry Gins wird nach dem gleichen Rezept und einer standardisierten Destillationstechnik hergestellt. Während in einigen Destillerien die Pflanzen und der Alkohol direkt in die Brennblase gegeben werden, hängen andere Hersteller die Pflanzen darüber, sodass der kondensierende Dampf aus der Brennblase das Aroma aufnimmt. Aromazusätze sind per Gesetz verboten. Dem fertigen Destillat dürfen ausschließlich gleichwertiger Alkohol, Wasser und fünf Gramm Zucker pro Liter hinzugefügt werden.

Beefeater • Beefeater 24 • Berkshire Mountain Distillery Greylock • Tanqueray

New Western Dry Gin

Ryan Magarian, der Gründer von Aviation Gin, prägte den Begriff „New Western Dry Gin". Dieser Gin eroberte den Markt um die Jahrtausendwende und schließt an den Erfolg leicht aromatisierter Gins wie Bombay Sapphire an. New-Western-Hersteller arbeiten mit einem neutralen Basisalkohol, der nicht zwangsläufig aus Getreide gebrannt werden muss. Mit Pflanzen aus der heimischen Region sorgt der Destillateur für das Heimatflair seines Gins. Ein dominantes Wacholderaroma ist Bedingung für die Klassifizierung als New Western Dry Gin. Dennoch dürfen geschmacklich auch andere Pflanzenauszüge mit im Rampenlicht stehen.

Aviation • Hendrick's

Aquavit

Aquavit wird auf die gleiche Weise hergestellt wie Gin. Kümmel, Dill, Fenchel, Zitrusschale, Anis und andere Zutaten werden in hochprozentigem Primasprit mazeriert und anschließend in der Brennblase destilliert. Das fertige Destillat wird mit einem neutralen Kartoffel- oder Getreidealkohol vermischt und abgefüllt oder zum Altern in Fässern gelagert. Schwedischer und dänischer Aquavit wird traditionellerweise ungealtert verkauft, während der norwegische Nachbar mit Primasprit aus Kartoffeln vermischt und in alten Sherryfässern gelagert wird.

Krogstad • Linie

SPIRITUOSEN AUS ZUCKERROHR

Die Geschichte des Rums folgt der Spur der Zuckerrohrpflanze von Asien nach Afrika und von Indien nach Spanien. Im 17. Jahrhundert führten französische, englische, spanische und portugiesische Siedler in den Kolonien besondere Destillationsverfahren ein, bauten Zuckerrohr an und produzierten Rum aus frisch gepresstem Saft, Melasse oder einem Nebenprodukt der Zuckerherstellung. Den Charakter des Rums bestimmen die Art des Zuckerrohrs oder der Melasse, die Hefe, die Gärzeit, der Grad der Verwässerung, die Destillationsweise, die Lagerungszeit im Holzfass und eventuelle Zusätze. Leicht angelehnt an die jeweilige Produktionsweise habe ich die Zuckerrohrspirituosen eingeteilt in Rum aus den französischen Überseedépartements und Cachaça aus frisch gepresstem Zuckerrohr sowie in spanischen und englischen Rum aus Melasse und Zuckerrohrsirup. Ein weiteres Unterkapitel ist dem indonesischen Batavia Arrack gewidmet.

Rhum Agricole & Rhum Industriel

In den französischen Überseedépartements schmückt sich der Rum mit einem zusätzlichen h und unterteilt sich in Rhum Agricole aus fermentiertem, frischem Zuckerrohrsaft und Rhum Industriel aus gegorener Melasse. Rhum Agricole wird ausschließlich auf Martinique, Guadeloupe und in der Réunion hergestellt. Der mit dem Patent-Still-Verfahren destillierte Rum lagert vor dem Abfüllen in großen Tanks. Rhum Vieux Agricole altert mindestens drei Jahre in neuen und gebrauchten Eichenfässern. Jedes Jahr werden die Fässer mit gleichaltrigem Rum aufgefüllt, da durch das heiße und feuchte Tropenklima bis zu 10% der Flüssigkeit verdunstet.

Barbancourt Blanc • Barbancourt (8 Jahre) • J.M. Blanc • Neisson Blanc • Rhum Clément V.S.O.P.

Spanischer Rum

In der Mitte des 19. Jahrhunderts revolutionierte der Spanier Don Facundo Bacardí die Rumproduktion. Auf Kuba führte er das Patent-Still-Verfahren, die Kohlefilterung, die Hefekultivierung und die Reifung in Eichenfässern ein. Dieser verfeinerte, delikate Rum wird landläufig als spanischer Rum bezeichnet. Der so gewonnene weiße Rum wird aus Melasse destilliert, in Eichenfässern abgemildert, gefiltert und abgefüllt. Die Farbe eines Rums sagt nichts über sein Alter aus, da häufig färbende Zuckercouleur zugegeben wird oder – im Falle des weißen Rums – alle Farbpigmente mit Kohle herausgefiltert werden. Die Gesetze zur Rumproduktion sind noch immer lückenhaft, und Altersangaben auf Rumetiketten sollte man daher mit einer gewissen Vorsicht begegnen. Zum Glück reift der Rum im warmen, feuchten Klima Mittelamerikas und der Karibik besonders schnell. Die meisten Rumsorten altern in Bourbonfässern. Auch Sherry-, Cognac- und Weinfässer werden verwendet.

Bacardi 8 • Chairman's Reserve • Flor de Caña Silver Dry • Havana Club (7 Jahre) • Matusalem Gran Reserva • Pampero Aniversario • Ron Zacapa 23 Centenario

Englischer Rum

Englische Destillateure übernahmen die spanische und sehr teure Produktionsweise verhältnismäßig spät. Der Engländer trank bis ins 20. Jahrhundert hinein beißenden Rum mit Estergeschmack, der in der traditionellen Brennblase aus langsam vergorener Melasse destilliert wurde. Zwar arbeiteten die meisten Destillerien ab den 1930er-Jahren mit dem Patent-Still-Verfahren, doch viele Hersteller verstärkten das Aroma des Destillats durch Beigabe von herkömmlichem Rum – besonders in Jamaica und Guyana. Ungeachtet der Art ihres Rums beziehen viele Rumdestillerien importierte Melasse dank der Konsolidierung der Zuckerindustrie im 19. Jahrhundert. Viele englische Rumsorten alterten in Lagerhallen der London Docks. Heutzutage wartet der englische Rum allerdings meist direkt in der Destillerie in alten Bourbonfässern auf seine Abfüllung.

Appleton Reserve • Appleton V/X • Banks 5 Island • Cruzan Black Strap • El Dorado (15 Jahre) • Gosling's Black Seal • Lemon Hart • Mount Gay Eclipse • Mount Gay X.O. • Myers's Dark • Smith & Cross • Wray & Nephew Overproof

Cachaça

Die brasilianische Cachaça wird aus frisch gepresstem Zuckerrohrsaft destilliert. Per Gesetz darf das fertige Getränk zwischen 38 und 48 % Alkohol enthalten. Die Zugabe von maximal sechs Gramm Zucker pro Literflasche ist erlaubt. Man unterscheidet zwischen Cachaças aus Kleinstproduktion mit der Brennblase und industriellen Cachaças, die nach dem Patent-Still-Verfahren gefertigt werden und den Löwenanteil in Export und Verkauf ausmachen. Gealterte Cachaça reift mindestens ein Jahr im Holzfass. Viele der Cachaças aus Kleinstproduktion sind außerhalb von Brasilien nicht verfügbar, weil sie in Fässern aus seltenen Tropenhölzern reifen und deshalb nicht exportiert werden dürfen.

Beleza Pura • Leblon • Mãe De Ouro • Sagatiba

Batavia Arrack

Der Zuckerrohrschnaps Batavia Arrack wird aus Melasse von der indonesischen Insel Java gewonnen. Sein erdiges Aroma verdankt der Arrack den wilden Hefekulturen und den trockenen Reiskuchen, die zum Anregen der Gärung mit in die Fermentierungsanlage gegeben werden. „Batavia" ist der holländische Kolonialname für das indonesische Jakarta, wo im 17. Jahrhundert das Hauptquartier der niederländischen Ostindien-Kompanie stationiert war. Arrack aus Batavia galt als beliebter Hauptbestandteil für Grog und Punsch im späten 18. und im 19. Jahrhundert und dient noch heute als Basis für modernen Schwedenpunsch.

van Oosten

BRANDY

Der Begriff Brandy leitet sich aus dem niederländischen „brandewijn" ab. Im Pot-Still-Verfahren wird Wein in einer Brennblase erhitzt, sodass der enthaltene Alkohol als Dampf nach oben steigt. Zur Kategorie Brandy zählen unter anderem Grappa, Eau de Vie und Tresterbrand. Allgemein bezeichnet Brandy ein – mitunter in Eichenfässern gealtertes – Destillat aus fermentiertem Obst mit einem finalen Alkoholgehalt von 40 %.

Cognac

Im französischen Département Charente liegt nördlich von Bordeaux nahe der Atlantikküste die Stadt, die dem Cognac ihren Namen gegeben hat. Hier werden viele der weltbesten Brandies aus Wein der Rebsorten Ugni Blanc, Folle Blanche und Colombard gebrannt, die mit dem kalkreichen, lehmigen und tonhaltigen Boden der Region beste Bedingungen vorfinden. Cognac wird in einer Brennblase, dem Charentais, zweimal destilliert. Per Gesetz muss echter Cognac in Fässern aus Limousin- oder Tronçaiseiche mindestens zwei Jahre lang reifen. Man unterscheidet zwischen dem zwei Jahre gereiften Very Special (V.S.), dem Very Superior Old Pale (V.S.O.P.) mit mindestens vier Jahren Lagerungszeit und dem Extra Old (X.O.), der sich ab seinem sechsten Lebensjahr so nennen darf. Nahezu jeder Cognac besteht aus einer Mischung verschieden alter Brandies aus einer oder mehrerer der Anbauregionen Grande Champagne, Petite Champagne, Borderies, Fin Bois, Bon Bois und Bois a Terroir.

Hine V.S.O.P. • Martell V.S.O.P. • Pierre Ferrand Ambre • Rémy Martin V.S.O.P.

Peruanischer Pisco

Peruanischer Pisco wird aus dem Most frisch fermentierter Trauben destilliert, die in einer subtropischen Wüste Perus zwischen dem Fuße der Anden und der Pazifikküste geerntet werden. Zu den acht genehmigten Rebsorten zählen Quebranta, Molar, Italia, Moscatel und Torontel, die nach langer, natürlicher Gärung in der Brennblase destilliert werden. Anschließend ruht das Destillat drei Monate in einem reaktionsneutralen Gefäß. Weder Farb- noch Aromastoffe dürfen dem Pisco beigemischt werden. Unterteilt wird peruanischer Pisco in vier Kategorien: Puro (aus einer einzigen Rebsorte), aromatisch oder nicht-aromatisch (abhängig von den verwendeten Trauben), Mosto Verde (aus teilweise fermentierten Trauben) und Acholado (eine Mischung aus aromatischen und nicht-aromatischen Trauben). Nach der Destillation darf peruanischer Pisco laut Gesetz nicht mit Wasser versetzt werden, er wird so getrunken, wie er aus der Destille kommt.

Barsol Quebranta • La Diablada • Macchu Pisco

Applejack

Die Pilger pflanzten Apfelbäume und brannten aus deren bittersüßen Früchten eine der ersten Spirituosen Nordamerikas. Die älteste kommerzielle Destillerie des Landes, Laird & Company, wurde im Jahr 1790 in Scobeyville in New Jersey gegründet. Zum heutigen Sortiment von Laird's gehören Applejack (eine Mischung aus Apfelbrandy und Neutralalkohol) und eine Auswahl an Apfelbrandies. Zum Sortiment zählt ein 50%iger Apfelbrandy, für den pro Flasche zehn Kilogramm Äpfel verarbeitet werden.

Laird's • Laird's Old Apple Brandy

Eau de Vie

Eau de Vie, das französische „Lebenswasser", gehört zu den nicht gereiften Obstbränden, die unter anderem als Kirschwasser, Himbeergeist, Mirabell oder Williamsbirne im Regal stehen. Das berühmteste Eau de Vie wird in den Alpen produziert.

Clear Creek Kirschwasser • Clear Creek Pear Brandy • Clear Creek Plum Brandy • Nonino Gioiello • Trimbach Framboise

Brandy de Jerez

Brandy de Jerez wird aus Wein der Rebsorten Airen und Palomino destilliert, die in der zentralspanischen Region La Mancha angebaut werden. Aus der traditionellen Kupferblase oder dem Patent-Destillationsgerät kommt der Brandy de Jerez in amerikanische Sherryfässer aus Eiche mit einem Fassungsvermögen von 500 Litern. Im komplexen Solera-Verfahren werden Brandies verschiedenen Alters verschnitten und verlassen als Solera, Solera Reserva oder Solera Gran Reserva (in der Brennblase destilliert und durchschnittlich acht Jahre gealtert) die Destillerie.

Gran Duque D'Alba

AGAVENBRÄNDE

Die Geschichte des Agavenbrands Mezcal und seiner Unterart Tequila beginnt mit den vinos de mezcal. Tequila und Mezcal unterscheiden sich in der verwendeten Agavensorte, der Lage der Agavenfelder und der Röstung der Agaven. Während Tequilaproduzenten die Piñas rösten oder dünsten, um die enthaltene Stärke zu Zucker zu verwandeln, werden die Piñas für den Mezcal unterirdisch in steinernen Brenngruben, den sogenannten palenques, geröstet, was dem Endprodukt einen erdigen und rauchigen Geschmack verleiht.

Tequila

Tequila wird ausschließlich aus der Agave Azul Tequilana Weber gebrannt, die zur Familie der Liliengewächse gehört. Die Herzen der Agavenpflanzen, die sogenannten Piñas, sehen aus wie riesige Ananas und sind nach sechs bis zwölf Jahren reif. Die reifen Piñas werden mit der Hand geerntet, beschnitten und in Steinöfen gedünstet oder geröstet, sodass sich die enthaltene Stärke zu Zucker verwandelt. Anschließend werden die fertig gekochten Agaven gemahlen, fermentiert und mindestens zweimal in der Brennblase oder im Patent-Still-Verfahren destilliert. Nach mexikanischem Gesetz darf Tequila im ganzen Bundesstaat Jalisco und in Teilen von Nayarit, Michoacán, Guanajuato und Tamaulipas produziert werden.

Blanco Tequila

Nach der Destillation wird Blanco Tequila bis zu 60 Tage gelagert und anschließend abgefüllt.

El Tesoro Platinum • Gran Centenario • José Cuervo Platino • L & J • Partida • Siembra Azul • Siete Leguas

Reposado Tequila

Reposado Tequila ruht zwei bis zwölf Monate in Holzfässern verschiedener Herkunft und Größe. Üblicherweise greift man auf amerikanische Whiskeyfässer zurück, die den Tequilageschmack durchaus beeinflussen können. Daher wird viel mit der Lagerung in neuen Holzfässern aus amerikanischer und französischer Eiche experimentiert.

Don Julio • El Tesoro • Gran Cententario • José Cuervo Tradicional • Partida • Siembra Azul • Siete Leguas

Añejo Tequila

Añejo Tequila reift mindestens ein Jahr, aber nicht länger als drei Jahre in Eichenfässern mit einem Fassungsvermögen von bis zu 600 Litern.

Don Julio • El Tesoro • Ocho

Mezcal

Echter Mezcal stammt aus dem mexikanischen Staat Oaxaca. Per Gesetz dürfen in fünf Regionen und zwei Städten die Agaven für den Mezcal angebaut und verarbeitet werden. 30 verschiedene Agavensorten sind für die

Mezcalproduktion zugelassen. Die meistgenutzte Agavesorte ist die Espadín. Die Piñas werden in unterirdischen, steinernen Brenngruben auf Holzfeuer geröstet und mit Erde bedeckt. Während des drei bis fünf Tage dauernden Röstprozesses erhalten die Agaven ein erdiges, rauchiges Aroma, gleichzeitig wird die enthaltene Stärke in Zucker umgewandelt. Die gerösteten Agaven werden gemahlen und in Holzwannen fermentiert. Die so gewonnene Maische wird in einem kleinen Keramik- oder Kupfer-Alambic mit 90 Litern Fassungsvermögen destilliert. Zwei Monate alter Mezcal wird als Blanco abgefüllt, während der Reposado zwei bis zwölf Monate im Eichenfass reift. Als Añejo bezeichnet man den Mezcal, der mindestens ein Jahr in 200-Liter-Eichenfässern altert. Pechuga Mezcal wird ein drittes Mal mit wilden Früchten und Nüssen destilliert. Beim Brennen wird dazu eine rohe Hühnerbrust in den Helm des tönernen Destillierapparats gehängt. Der Pechuga ist die neueste und vierte offizielle Kategorie des Mezcal.

Del Maguey Vida • Illegal Reposado • Sombra

WHISK(E)Y

Irgendwann vor dem 15. Jahrhundert wurde irgendwo in Irland erstmals uisce beatha (gälisch für „Lebenswasser") gebrannt, das wir heute als Whiskey kennen. Whiskey – mit „e" in den Vereinigten Staaten und in Irland, ohne „e" in Schottland, Japan und Kanada – wird aus fermentierter Maische (auch „Beer" genannt) aus Mais, Roggen, Gerste oder Weizen destilliert und anschließend in Eichenfässern gelagert. Die Art der Maische, das Fassholz, die Kohle zum Auskohlen, das Klima und die Dauer der Lagerung prägen den Geschmack des fertigen Whiskeys.

Whiskey

Whiskey besteht per amerikanischem Gesetz zu mindestens 51 % aus einer Getreidesorte, lagert mindestens zwei Jahre in neuen ausgekohlten Holzfässern und wird bis zu 80 % ausdestilliert. Eine Ausnahme bildet der Corn Whiskey, der auch ohne Mindestlagerzeit und Fassvorgaben seinen Namen tragen darf. Ist der Whiskey weniger als vier Jahre im Fass gereift, darf keine Altersangabe auf dem Label vermerkt werden.

Bernheim Wheat Whiskey • Glen Thunder Corn Whiskey • Old Potrero Hotaling's

Bourbon

Bourbon darf in jedem amerikanischen Bundesstaat produziert werden, wobei die meisten Bourbonbrennereien in Kentucky angesiedelt sind. Die Maische besteht zu 51 bis 79 % aus Mais, wird unter 80 % ausdestilliert und altert in neuen ausgekohlten Eichenfässern bei bis zu 62 % Alkoholgehalt mindestens zwei Jahre lang. Bis auf 40 % darf Bourbon verwässert werden. Jeder Bourbon unter vier Jahren muss auf dem Label sein Alter ausweisen. Ausschlaggebend ist dabei das Alter des jüngsten Whiskeys in der Flasche. Amerikas bekanntester Whiskey, der Bourbon, ist benannt nach einem Bezirk in Kentucky. Ironischerweise ist aber gerade dieser Bezirk „trocken", das heißt, dort gilt noch die Prohibition, und Alkohol darf in Bourbon weder verkauft noch getrunken werden. Konsequenterweise ist keine der großen Bourbonmarken im Bezirk Bourbon beheimatet.

Booker's • Bulleit • Elijah Craig (12 Jahre) • Four Roses • Four Roses Single Barrel • George T. Stagg • Maker's Mark • Old Grand Dad Bonded • Woodford Reserve

Tennessee Sour Mash

Nur zwei Unterschiede bestehen in der Herstellung von Bourbon und Tennessee Sour Mash Whiskey: Erstens muss der Tennessee im gleichnamigen Bundesstaat hergestellt werden. Zweitens wird der Whiskey nach der Destillation im sogenannten Lincoln County Process durch Holzkohle aus dem Holz des Zuckerahorns gefiltert, bevor er gelagert wird. In zehn bis zwölf

Tagen sickert der Whiskey langsam durch die Holzkohle, wobei Schwebeteilchen aus dem Destillat gefiltert werden und der Whiskey sein besonders weiches Aroma erhält.

George Dickel No. 12

Rye

Rye Whiskey darf in jedem US-Bundesstaat hergestellt werden, muss aber aus einer Maische mit einem mindestens 51%igen Roggenanteil bestehen. In Destillation, Alkoholgehalt, Fasssorte und Lagerungsdauer unterscheidet sich der Rye nicht vom Bourbon. Als „Bonded" darf ein Rye oder Bourbon etikettiert werden, wenn er aus einer einzigen Destillerie stammt, während einer Saison destilliert wurde, vier Jahre gealtert ist und mit einem Alkoholgehalt von 50% abgefüllt wird.

Old Overholt • Rittenhouse Vol. 50% • Sazerac (6 Jahre) • Wild Turkey • Wild Turkey Russell's Reserve (6 Jahre)

Irish Whiskey

Irish Whiskey wird traditionellerweise im Pot- oder Patent-Still-Verfahren dreimal destilliert. Für die Destillation wird Maische aus Getreide und gemalzter oder ungemalzter Gerste verwendet. Mindestens drei Jahre reift der Irish Whiskey in Holzfässern, die zuvor üblicherweise mit Sherry, aber auch Port oder Madeira gefüllt waren. Heutzutage sind die meisten Irish Whiskeys als Blend aus vor der Lagerung verschnittenen Malz- und Getreidewhiskeys beider Destillationsverfahren erhältlich. Die ungetorften Single Malts werden aus 100% gemalzter Gerste gebrannt. In der Pot-Still-Brennblase wird Whiskey aus einer Mischung aus gemalzter und ungemalzter Gerste gebrannt. Den Großteil irischer Whiskeys machen Blends aus einer Mischung von Getreide- und Malzwhiskeys aus.

Black Bush • Bushmills • Jameson • Jameson (12 Jahre)

Scotch Whisky

Als Scotch bezeichnet man Whisky, der in Schottland aus Wasser, Getreide und Hefe gebrannt wird. Bis zu drei Jahre reift der Whisky in Eichenfässern mit einem Fassungsvermögen von maximal 700 Litern und wird nicht unter einem Alkoholgehalt von 40% abgefüllt. Beim Mälzen wird gekeimte Gerste in einer Darre über Feuer getrocknet. Spezielle Torffeuer verleihen einigen Scotchs dabei einen besonders torfig-rauchigen Geschmack. Für den berühmten schottischen Single Malt wird ausschließlich Gerste verwendet.

Blended Scotch Whisky

Blended Scotch, der weltweit beliebteste Whisky, besteht zu 60 bis 70 % aus Grain Whisky (im Patent-Still-Verfahren destillierter Mais- oder Weizenwhisky) und zu 30 bis 40 % aus Single Malt Whisky. Das auf dem Label angegebene Alter bezieht sich auf das Alter des jüngsten Whiskys in der Flasche.

Chivas Regal (12 Jahre) • Compass Box Asyla • Famous Grouse

Blended Malt Scotch Whisky

Blended Malt Scotch, veraltet Vatted Malt, wird aus Whiskys von mindestens zwei verschiedenen Destillerien hergestellt. Dabei wird durch perfektes Abschmecken das gewünschte charakteristische Aroma erreicht.

Compass Box Oak Cross • Compass Box Peat Monster

Single Malt Scotch Whisky

Single Malt Scotch Whisky wird ausschließlich in einer Destillerie aus reiner gemalzter Gerste gebrannt, im Pot-Still-Verfahren zweimal bis etwa 60 bis 70 % ausdestilliert und mit einem Alkoholgehalt von 40 bis 46 % abgefüllt. Auf der Flasche ist das Alter des jüngsten Whiskys in der Flasche angegeben. Die meisten Single Malts reifen in alten Bourbon- oder Sherryfässern. Alternativ lagert man den Single Malt Scotch in Port-, Madeira- und Weinfässern.

Ardbeg (10 Jahre) • Benromach (12 Jahre) • Glenlivet (12 Jahre) •
Laphroaig (10 Jahre) • Oban (14 Jahre) • Talisker (10 Jahre)

Japanischer Malt Whisky

Die Produktion von japanischem Malt lehnt stark an die schottische Methode an. Masataka Taketsuru, der Gründer von Nikka, erlernte das Brennen in Schottland und nahm sein Wissen im Jahr 1920 mit zurück nach Japan. Von den acht aktiven Malt-Whisky-Destillerien in Japan gehören je zwei zu den landesweit größten Whiskyherstellern Suntory und Nikka. Das Malz und Getreide für japanischen Malt wird meist importiert und nach schottischem Verfahren verarbeitet. Das fertige Destillat reift in Bourbon- und Sherryfässern verschiedener Größe oder ausgesuchten japanischen Eichenfässern. Anders als in Schottland produzieren japanische Destillerien nur Blends, die mit Malz- und Getreidewhiskys aus eigener Herstellung verschnitten sind, sodass die Auswahl an japanischen Blended Whiskys begrenzt ist.

Nikka Taketsuru (12 Jahre) • Yamazaki (12 Jahre)

AROMATISIERTE WEINE & BITTER

Schon die alten Griechen versetzten ihren Wein zu medizinischen Zwecken mit Kräutern und Gewürzen. Zum Wein hinzugegebener Alkohol verlangsamt die Oxidation, konserviert aromatische Zusätze und verzögert die Säurebildung. Um das 12. Jahrhundert wurde die Destillationskunde von islamischen Alchemisten an christliche Ärzte weitergegeben und verbreitete sich bis zum 13. Jahrhundert in ganz Europa. Hinter Klostermauern wurde erstmals mit der Umwandlung von Wein in stärkeren Alkohol experimentiert, der zu Gesundheitszwecken mit Kräutern versetzt und aus Geschmacksgründen gesüßt wurde. Irgendwann übernahmen Apotheker und Drogisten die entwickelten Techniken, denn die Zubereitung von Arzneien und Medikamenten ähnelt durchaus der Herstellung der hier vorgestellten Bitter.

Vermouth
Vermouth oder Wermut besteht meist zu 75 % aus Weißwein, der für süßeres Aroma und medizinische Wirkung mit Pflanzenextrakten versetzt wird. Während italienische Hersteller leichten und frischen Wein als Basis nutzen, lassen französische Produzenten den Wein zuvor reifen und kontrolliert oxi-

dieren. Echter Vermouth wird aus Wermutblättern gewonnen. Für das typische Aroma sorgen dazu mindestens 50 weitere Kräuter und Gewürze wie Zimt, Muskatnuss, Nelken, Koriander, Wacholder und Kardamom. Durch Einlegen in Wein, Destillation oder Mazeration in heißem Wasser oder Alkohol werden die Pflanzenextrakte gelöst. Trockener Vermouth wird üblicherweise mit bis zu 40 Gramm Zucker pro Liter versetzt, während der Rosso und der Bianco mit bis zu 150 Gramm pro Liter viel süßer schmecken. Als Hochburgen des Vermouth gelten Italien und Frankreich, wo frischer Weißwein, Kräuter und Gewürze in Hülle und Fülle vorhanden sind.

Carpano Antica • Dolin Blanc • Dolin Dry • Dolin Sweet • Martini Bianco • Martini Rosso • Noilly Prat Dry • Punt e Mes • Vya Dry • Vya Sweet

Aperitifweine

Seit seiner Entdeckung im 17. Jahrhundert wird Chinin, der praktisch ungenießbare Chinarindenextrakt, für seine heilende Wirkung bei Fieber und Malaria geschätzt. Als in den 1840er-Jahren, während des Kolonialkriegs, die französischen Soldaten an Malaria starben wie die Fliegen, setzte die französische Regierung einen Preis für die Erfindung eines genießbaren chininhaltigen Getränks aus. Französische Unternehmer wie Joseph Dubonnet stellten daraufhin Likörweine mit Chinin, Kräutern und Gewürzen vor, die in Frankreich unter dem Namen „Quinquinas" bekannt und beliebt wurden. Neben populären Aperitifweinen wie Lillet werden auch Quinquinas mit einer Basis aus Rot- oder Weißwein hergestellt, die mit Primasprit verstärkt, mit Zucker oder Mistella gesüßt und mit bitteren Kräutern und Gewürzen wie Chinarinde, Kaffeebohnen, Orangenschale und Zimt aromatisiert werden. Die meisten Aperitifweine reifen im Fass und werden mit einem Alkoholgehalt von 14 bis 17 % abgefüllt.

Cocchi Americano • Dubonnet Rouge • Lillet Blanc • Lillet Rouge

Bitter

Zu den Bittern gehören alkoholische Infusionen und Destillate aus Kräutern, Wurzeln, Baumrinden und Gewürzen, die schon im Mittelalter von Mönchen und Apothekern als Heilmittel in Nordeuropa, Italien, Frankreich und Spanien hergestellt wurden. Die ersten Bitter für den Handel produzierten niederländische Firmen wie Lucas Bols bereits im 16. Jahrhundert. Heute dagegen führt Italien mit seinem amari die Riege der Bitterproduzenten an. Den bitteren Geschmack von Enzian, Chinin, Wermut, Artischocke, Löwenzahn, Bitterorange und Engelwurz mildern aromatische Zusätze wie Vanille, Nelken, Muskatnuss und Pfefferminz. Die amari unterteilen sich in starke und intensive Bitter wie Fernet Branca, die häufig als Digestif genossen werden, sowie in mildere Bitter wie Campari, der zu den Aperitifs zählt. Ihre gut gehüteten Rezepte und Herstellungsprozesse geben die Hersteller von Generation zu Generation weiter.

Amer Picon • Aperol • Averna • Campari • CioCiaro • Cynar • Fernet Branca • Gran Classico • Luxardo • Nonino • Suze • Zwack

ABSINTH

Der Name Absinth stammt ab von der lateinischen Bezeichnung Artemisia absinthium für seinen Hauptbestandteil, das Wermutkraut. Hergestellt wird Absinth auf die gleiche Weise wie Gin. Im Pot-Still-Verfahren wird hochprozentiger neutraler Alkohol – normalerweise auf Traubenbasis – unter anderem mit getrocknetem Wermut, Anis und Fenchelsaat vermengt. Zu diesen drei Hauptbestandteilen gibt der Destillateur nach eigenem Geschmack viele andere Kräuter und Gewürze wie Koriander, Engelwurz, Melisse und Minze hinzu. Mit Wasser wird die Mischung zu einer klaren aromatischen Spirituose destilliert. Diese wird entweder pur als „Blanche" abgefüllt oder mit getrockneten Pflanzenteilen erneut mazeriert, wobei das typische Absinthgrün entsteht. Klassischer Absinth wird mit einem Alkoholgehalt von 60 bis 75 % abgefüllt und verdünnt genossen.

Edouard • Kübler • Pernod • St. George • Vieux Pontarlier

Pastis

In einem südfranzösischen Dialekt beschreibt „pastis" die trübe Färbung, die diese Spirituose – gemixt mit Wasser – annimmt. Ätherische Öle aus Pflanzenteilen wie Anissaat und Süßholzharz werden durch Mazerieren und Destillieren gewonnen. Beim Kontakt mit Wasser lösen sich die Öle und geben dem Pastis sein typisches Erscheinungsbild. Nachdem der Absinth im Jahr 1915 in Frankreich verboten wurde, sattelten viele Hersteller auf diese nach Lakritz schmeckende Variante mit Sternanis, Fenchel und Süßholz um.

Pernod • Ricard

LIKÖR

Der Begriff Likör leitet sich aus dem lateinischen liquefacere – wörtlich „verflüssigen" – ab. Likör besteht aus einer Basisspirituose, die durch Destillation, Mazeration oder Perkolation (Durchfließen) aromatisiert wird. Minderwertigere Liköre werden mit neutralem Alkohol hergestellt, dem Pflanzenextrakte direkt zugefügt werden. Pro Liter werden Liköre mit 200 bis 350 Gramm Zucker gesüßt – Crèmes toppen den Zuckeranteil.

Kräuterliköre

Im 13. und 14. Jahrhundert legten Ärzte und Mönche verschiedene Kräuter, Gewürze und Rinden in Alkohol ein, um die Heilwirkung der jeweiligen Zutaten zu konservieren. Die so gewonnene Medizin sollte Krankheiten heilen und vorbeugen. Ihr Aroma verdanken Kräuterliköre einem kombinierten Verfahren aus Mazeration und Destillation von Dutzenden Pflanzenextrakten. Zunächst wurde mit Honig, später mit Zucker gesüßt. Von den zahlreichen Zutaten dieser komplexen Liköre sticht in der Regel keine geschmacklich besonders heraus.

Bärenjäger • Bénédictine • Carlshamns Flaggpunsch • Chartreuse Verte • Chartreuse Verte V.E.P. • Chartreuse Jaune • Drambuie • Galliano L'Autentico • Licor 43 • Strega

Liköre aus Blüten
Eine wahre Blütezeit erlebten diese Liköre im 16. Jahrhundert, als die italienische Prinzessin Caterina de Medici ihre Vorliebe für Likör in die Ehe mit Franzosenkönig Henry II einbrachte. Mit jeder neuen Köstlichkeit, die damalige Apotheker aus Blüten, Kräutern und Pflanzen erschufen, wuchs die Vielfalt und Beliebtheit der Blütenliköre. Der Lieblingslikör von Ludwig XIV, Rossolis, wurde aus einer Mischung von Orangenblüten, Moschusrose, Lilien, Jasmin, Zimt und Nelken hergestellt. Fantasievolle Kreationen, wie der violette Parfait Amour und die Crème Yvette, galten vor allem in der viktorianischen Ära als beliebtes Getränk.

Crème Yvette • Rothman & Winter Crème de Violette • St. Germain

Liköre aus Schalen & Früchten
Als die Mauren im achten Jahrhundert die iberische Halbinsel eroberten und mit ihnen Bitterorangen nach Europa kamen, bauten die Chinesen schon mehrere Jahrhunderte lang Orangen an. Doch erst im 15. Jahrhundert gelangten süße Orangen auf den Kontinent, und noch bis ins 19. Jahrhundert hinein galten Orangen in Europa als seltene Delikatesse. Es waren die Holländer, die zuerst ihre Liköre und Bitter mit Orangen veredelten – angefangen im 16. und 17. Jahrhundert mit der getrockneten Schale. Fruchtliköre wie der Heering Cherry Liqueur erschienen im 19. Jahrhundert auf der Bildfläche. Üblicherweise wurden Fruchtliköre durch Mazeration, die Zugabe von Fruchtsaft oder das Einlegen von Fruchtstücken in neutralen Alkohol oder Destillation gewonnen, wie es beim Maraschino und vielen Zitruslikören geschieht.

Belle de Brillet • Heering Cherry • Cointreau • Grand Marnier • Luxardo Maraschino • Mandarin Napoleon • Maraska Maraschino • Marie Brizard Crème de Banane • Marie Brizard Curaçao Orange • Mathilde Birnenlikör • Mathilde Pfirsischlikör • Pama Granatapfellikör • Pimm's #1 Cup • Plymouth Sloe Gin • Rothman & Winter Orchard Apricot • Rothman & Winter Orchard Pear • Schönauer Apfelschnapps • Theuriet Cassis

Liköre mit Nüssen, Bohnen und Samen
Viele Zutaten wie Anis, Mandeln und Vanille spielen in anderen Likören zwar auch eine wichtige Rolle, doch hier prägen sie den Charakter des Likörs. Neben vielen anderen neuen Aromen erschienen im 18. und 19. Jahrhundert Anis, Amaretto, Kakao und Minze auf der Bildfläche. Die neuen europäischen Handelswege und ausgeklügeltere Transportmethoden sorgten dafür,

dass Europa mit einer wahren Welle an exotischen Früchten und Gewürzen überspült wurde. Die ganze Bandbreite an Produktionsverfahren ist nötig, um diese scheinbar einfachen Liköre herzustellen, und oftmals werden weitere Zutaten hinzugefügt, um das gewünschte Aroma herauszuarbeiten.

Borsci Sambuca • Canton Ginger • John D. Taylor's Velvet Falernum • Kahlúa • Luxardo Amaretto • Marie Brizard Brun Crème de Cacao • Marie Brizard Blanc Crème de Cacao • Monteverdi Nocino • Navan Vanilla Liqueur • St.Elizabeth Allspice Dram

LIKÖRWEIN

Likörwein, oder aufgespriteter Wein, wird mit hochprozentigem Alkohol auf Traubenbasis aufgespritet. Der durch natürliche Gärung erreichte Alkoholgehalt von 16 bis 20 % kann so beliebig aufgerundet werden. Sherry, Post und Madeira, die drei berühmtesten Likörweine, wurden ursprünglich nur verstärkt, um die beschwerliche Überfahrt zu ihrem größten Abnehmer, Britannien, unbeschadet zu überstehen.

Sherry

Sherry – oder wie der Spanier sagt „Jerez" – stammt aus der südspanischen Provinz Andalusien. Das Klima am Atlantik und der kalkhaltige Boden sind Grundlage für die helle Farbe, frische Frucht und die konzentrierte Säure der Weine aus der Palominotraube. Die Auswahl an Sherry reicht vom kargen, mineralhaltigen Manzanilla, Fino und Amontillado über den reichhaltigen Oloroso bis hin zu den süßen Weinen aus den Trauben Pedro Ximénez oder Moscatel, die vor der Gärung in der Sonne trocknen. Im traditionellen Solera-Verfahren werden durch stetes Auffüllen der Fässer junge Weine mit älteren Tropfen verschnitten. Gleichzeitig wird dabei der sogenannte Flor, ein Hefefilm der den reifenden, trockenen Wein vor Oxidation schützt, mit Nährstoffen versorgt.

Lustau Cream • Lustau East India • Lustau Manzanilla • Lustau Palo Cortado • Lustau Pedro Ximénez

Madeira

Zwischen Portugal und Nordafrika liegt die Insel Madeira, auf der die Schiffe unterwegs auf der Gewürzroute von Europa nach Ostindien den Wein für die Reise aufluden. Die Seemänner schätzten Wein aus Madeira sehr, da er während der oft turbulenten Seereise entlang der heißen Küste Afrikas in den Fässern im Bauch des Schiffes zu einem richtig guten Tropfen heranreifte. Heutzutage wird Madeira in geheizten Räumen gelagert, die den Effekt einer langen Seereise südlich des Äquators in etwa imitieren. Madeira ist in vier verschiedenen Varianten erhältlich, die nach den jeweiligen Trauben benannt sind. Das Geschmacksprofil reicht dabei vom leichten und trockenen Sercial und Verdehlo bis zum reichhaltigen, honiggesüßten Bual und Malmsey.

Blandy's Sercial

Port

Geburtsort des Ports ist die portugiesische Region Douro. Im Gegensatz zu den beiden anderen Likörweinen wird er aus roten Trauben gewonnen. Zu Anfang des 17. Jahrhunderts setzte der Port zu einem Siegeszug in die britischen Gläser an – und ersetzte Clairet und Bordeaux, die wegen des Krieges zwischen England und Frankreich geschmäht wurden. Bis heute zählt Port zu den internationalen Klassikern. Während der Gärung wird der Wein mit hochprozentigem Weindestillat aufgespritet, sodass der Gärprozess stoppt und der Restzucker der Trauben dem Port seinen typisch lieblichen Geschmack verleiht. Die Portpalette reicht vom fruchtig-jungen Ruby über die eleganten gealterten Tawnies bis hin zum Late Bottled Vintage, dessen jahrelange Reifung seine Frucht zügelt und seine einst ruppigen Tannine zähmt.

Dow's Ruby • Dow's Tawny • Noval Black

Alkoholkunde

VORRATSKAMMER

In unserer Vorratskammer lagern getrocknete und gefrorene Zutaten, Konserven, Eingemachtes und zahlreiche andere Spezialitäten. Wir kaufen diese Zutaten nicht täglich frisch ein, benötigen sie aber regelmäßig für viele unserer Cocktails und haben sie ständig auf Lager. Einige unserer Zutaten sind recht ungewöhnlich. Sie tragen jedoch einen großen Teil zum Charme unseres Cocktailangebots bei und sorgen für Interesse und Aufsehen bei unseren Gästen.

BITTER

Bitter verleihen dem Cocktail ein pikantes Aroma und bestehen aus hochprozentigem Alkohol, dem Kräuter, Gewürze, Rinde, Wurzeln, Schalen und Samen beigemischt werden. Ihre derzeitige Renaissance verdanken die Bitter historisch interessierten Cocktailkennern, ihre Qualität hingegen umsichtigen Herstellern, die auf eine zuverlässige Qualität achten.

Dr. Adam Elmegirab's Boker's • Amargo Chuncho • Angostura Orangenbitter • Bittermens Xocolatl Mole • The Bitter Truth Celery • The Bitter Truth Jerry Thomas • The Bitter Truth Lemon • Deragon's Abbott's • Fee Brothers Grapefruit • Fee Brothers Old Fashion Aromatic • Fee Brothers Orange • Fee Brothers Rhubarb • Fee Brothers Whiskey Barrel-Aged • Feldman's Barrel Aged • Regans' Orange No. 6 • Smeby's Verbena

SODA & CO.

In vielen Hotels, Gourmetrestaurants und modernen Cocktailbars findet sich aus unerfindlichen Gründen keine Wasserzapfpistole hinter dem Tresen, obwohl Soda mittlerweile in beinahe jedem Haushalt getrunken wird. Biolimonaden mit frischen Zutaten und natürlichem Zucker haben sich mittlerweile neben großen Marken, die mit künstlichen Aromen und Maissirup arbeiten, einen Namen gemacht.

Coca Cola • Fever-Tree Bitter Lemon Soda • Golden Star Sparkling Jasmine Tea • San Pellegrino Limonata • Ting White Grapefruit Soda

KAFFEE

Kaffee ist weniger lange haltbar als Tee und muss stets frisch aufgebrüht werden, um sein volles Aroma zu entfalten. Seine Rolle in der Cocktailbar darf nicht unterschätzt werden. Ob aus der Kaffeepresse, als Espresso, als Sirup oder als Likör, mausert sich der Kaffee zu einer ernstzunehmenden Zutat im modernen Cocktail.

Intelligentsia 9th Street Espresso Alphabet City Blend

GEWÜRZE

Beinahe alle Restaurants decken ihre Tische mit Salz- und Pfefferstreuern, Olivenöl und Essig. Je nach Küche erhält der Gast dazu Chutney, Sojasoße, Sriracha, Aioli oder eingelegtes Gemüse. Viele dieser Köstlichkeiten können als aromatische oder dekorative Zutat einen Cocktail durchaus bereichern.

Cholula Hot Sauce • Gulden's Spicy Brown Mustard • Huilerie Beaujolaise Vinaigre de Coing

TROCKENOBST

Feigen, Pflaumen, Kakis und Aprikosen sind eingemacht wie getrocknet ein Genuss. Während der Herbst- und Wintermonate ist bei Drinks mit fruchtigen Zusätzen Einfallsreichtum gefragt. In dieser Zeit mixen wir gern mit getrockneten Früchten.

Goji-Beeren • Kakis

HYDROLATE, ÄTHERISCHE ÖLE UND ABSOLUES

Wir verlängern die ätherischen Öle und Absolues der Duftexpertin und Autorin Mandy Aftel mit Vodka. Die Mischung von zehn Tropfen auf 1,5 cl Vodka füllen wir in Sprüh-, Tropf- oder Bitterfläschchen.

Ätherische Öle

Ätherische Öle werden durch Destillation mit Wasserdampf gewonnen. Nach der Kondensation wird das ätherische Öl vom Wasser getrennt.

Aftel Schwarzpfefferessenz • Aftel Bergamottenessenz

Absolues

Pflanzliche Bestandteile werden mit Lösungsmittel in einen hermetisch verschlossenen Behälter gegeben. Heraus kommt eine wachsähnliche, hocharomatische Paste, die mit Alkohol versetzt wird.

Aftel Anisessenz • Aftel Blonde Tobacco • Aftel Nelkenessenz

Hydrolate

Hydrolate entstehen als Nebenprodukt bei der Destillation von Blüten, Wurzeln, Rinde, Ästen, Nadeln und Blättern. Nach der Trennung von ätherischen Ölen und Wasser bleiben im Wasser pflanzliche Inhaltsstoffe zurück. Hydrolate eignen sich als Alternative zu verdünnten ätherischen Ölen.

Marivani Lavendelwasser • Marivani Rosenblütenwasser

EISCREME UND SORBET

Eiscreme rundet die Schärfe starker Destillate ab und sorgt für eine bekömmliche Milde des Cocktails. Sorbet wird gern als leichtere Alternative zu Eiscreme verwendet.

Ciao Bella Kokosnuss-Sorbet • Häagen-Dazs Vanilleeis

SÄFTE

Für die Herstellung vieler Frucht- und Gemüsesäfte benötigt man aufwändiges Equipment. Gekaufte Säfte mit natürlichen Konservierungsstoffen oder täglich frisch gepresste Säfte vom ansässigen Händler bieten eine gute Alternative.

Lakewood Cranberrysaft • Kokoswasser • Red Jacket Orchards Apple Cider

EINGEMACHTES

Vor dem Zeitalter der Gewächshäuser und Flugzeuge wurde Obst für die Wintermonate eingelegt. Mit Zucker und Pektin eingemachte Früchte unterteilen sich in Gelee (aus Saft), Marmelade (aus Fruchtmark) und Eingemachtes (aus ganzen Früchten). Fruchtbutter wird aus gekochten, zerstoßenen Früchten bereitet und gesüßt.

Bonne Maman Aprikosenkonfitüre • Bonne Maman Bitterorangenkonfitüre • Bonne Maman Himbeerkonfitüre • Red Jacket Orchards Apple Butter • St. Dalfour Feigenmarmelade

PÜREES

Häufig werden befreundete Restaurants von verlässlichen Lieferanten mit reifem und frischem Obst versorgt. Eine Alternative bieten Feinkostabteilungen, wo oft eine gute Auswahl an Pürees zu finden ist.

Boiron Maracuja • Boiron Rhabarber • Libby's Pumpkin • Perfect Purées of Napa Valley Prickly Pear

GEWÜRZE

Herkunft, Versand und Lagerungsbedingungen beeinflussen das Aroma von Gewürzen maßgeblich. Neben einer Auswahl an Zucker und koscherem Salz erweitern wir die kulinarische Bandbreite unserer Cocktails mit verschiedenen Gewürzen.

Birkenrinde • Chinarinde • Löwenzahn • Meersalz • Nelken • Roter Chilipfeffer • Schwarzer Pfeffer • Schwarzer Sesam • Sternanis • Zimt

SIRUP UND SÜSSUNGSMITTEL

Selbstgemacht ist am besten – jeder ambitionierte Bartender kennt diese Versuchung. Die Herstellung von Sirup erfordert jedoch ein Wissen und eine Kunstfertigkeit, die niemand so leicht aus dem Ärmel schüttelt. Die Sirupe von Herstellern, die sich auf die Cocktailbranche spezialisiert haben, versprechen gleichbleibend gute Qualität. Dank des großen Angebots an Sirupen konzentrieren wir uns mehr darauf, Drinks zu mixen, als deren Zutaten herzustellen.

Al Wadi Pomegranate Molasses • Eurovanille Vanillesirup • Martinique Zuckerrohrsirup • Mymoune Rosensirup • Small Hand Foods Grapefruitsirup • Ssal-Yut Reissirup • Trader Tiki Don's Mix

TEE

Schwarzer, grüner, weißer Tee und Oolong werden durch Trocknen und teilweises Fermentieren der Teepflanzenblätter gewonnen. Kräutertee besteht aus gemischten oder puren getrockneten Samen, Wurzeln, Büten und Blättern. Aromatisierte Tees, wie Earl Grey, werden aus Teeblättern mit etwa Zitrusfrüchten oder Blüten hergestellt. Alle drei Varianten bieten eine lang haltbare Alternative zu frischen exotischen Zutaten und eignen sich aufgebrüht oder als Infusion hervorragend für Drinks und Sirups.

Ceylon Pekoe Orange • Kamille • Hibiskus • Jujube • Rose • Sencha

COCKTAILS
ZU JEDER JAHRESZEIT

Mit den Jahreszeiten wechselt auch unsere Cocktailkarte. So bleibt der Gast am Ball, das Team in Experimentierlaune und das Rückbuffet gefüllt mit frischen, spannenden und saisonalen Zutaten. In den ersten neun Monaten nach der Eröffnung änderte ich unsere Karte zu jeder Jahreszeit komplett, und unser Angebot wuchs von elf auf 18 Cocktails. Ich begann, unsere Karte mit kleinen Anekdoten zur Herkunft der Drinks und zu seltenen Zutaten zu garnieren, sodass niemand unser Team mit zeitraubenden Fragen löcherte. Doch die regelmäßige Zusammenstellung einer komplett neuen Karte erwies sich als recht arbeitsintensiv für mich und als zu plötzlicher Wechsel für unsere Kundschaft.

Zu Frühlingsanfang des Jahres 2008 behielt ich ein paar unserer beliebtesten Drinks – etwa den Paddington und den Benton's Old Fashioned – auf der Karte. Stattdessen ersetzte ich alle drei Wochen lediglich drei bis vier Cocktails durch neue, in deren Entwicklung wir nun unsere ganze Kreativität stecken konnten. Da wir gern und viel mit saisonalen Zutaten arbeiten, brauchen wir im Gegenzug eine gute Auswahl an Spirituosen, auf die wir zu jeder Jahreszeit zurückgreifen können. So bildete sich dank unseres neuen Systems eine Art Quintessenz der besten Zutaten heraus, die als Evergreens hinter der Bar stehen. Gleichzeitig steht uns seitdem mehr Budget für neue Zutaten und Barzubehör zur Verfügung.

Ein paar Wochen vor dem Kartenwechsel gebe ich meinem Team zur Vorbereitung eine Liste mit Zutaten und Spirituosen für die neue Saison. Bei der Planung gibt auch der Kalender wichtige Impulse: Erfahrungsgemäß herrscht an Feiertagen, zur Ferienzeit und zu bestimmten Events in der Bar Hochbetrieb. Herbsttage, Sommerzeit, Wochentag, Feiertag, Anzugträger, Jeansfraktion, Sonnenstrahlen, Regenwetter: All das beeinflusst die Zeit, zu der sich die Bar füllt, welche Cocktails bestellt werden und wie viel Geld ausgegeben wird.

Eigentlich ist mein Job der eines Hellsehers: Welche Drinks treffen den richtigen Geschmack? Was will der Cocktailfreund auf der Karte finden? Neben klassischen Spirituosen biete ich gern neue Produkte an, von denen unsere Gäste gehört haben und einen eigenen Eindruck gewinnen möchten. Ich rege das Team dazu an, ausgefallene Zutaten mit in die Bar und die Entwicklung neuer Cocktails zu bringen. Und ich setze auf mein gutes Gespür für neue Trends, berücksichtige dabei aber auch die Halbwertzeit angesagter Drinks. So halten sich die Kosten für die Entwicklung neuer Cocktails relativ gering und Klassiker und Neuheiten die Waage.

Habe ich meinem Team die Liste mit den saisonalen Zutaten gegeben, beginnen wir mit einem Ausschlussverfahren, das mein Freund Phil Ward die „Mr. Potato Head Theory of Mixing Drinks" nennt. Das Verfahren stammt zwar nicht von ihm – seit Jahrhunderten wird damit gearbeitet –, doch der Vergleich mit Mr. Potato Head, dem Spielzeugmännlein mit Ersatzteillager, trifft den Nagel auf den Kopf. Als Cocktail wäre Mr. Potato Head etwa ein Sidecar. Man nehme also Cointreau als seine Augen, Cognac als Ohren, Zitronensaft als Mund. Und nun darf lustig ausprobiert werden: Wie macht sich Tequila anstelle von Cognac? Wie schmeckt der Cocktail mit Limette statt Zitrone? Wer die anderen Zutaten beibehält oder mit einer Spirituose derselben Kategorie ersetzt, hat gute Chancen auf einen wohl ausbalancierten Cocktail. Und erhält in diesem Fall eine Margarita.

Mit den Jahren entwickelt sich der Geschmackssinn des erfahrenen Bartenders zu einer Art Aromabibliothek, in der alle Spirituosen unter verschiedenen Kategorien abgespeichert sind. Wie ein guter Trainer schickt der Bartender den passenden Ersatzspieler auf den Platz. Der Charakter der Basis, etwa Gin oder Rye Whiskey, wird durch Modifier wie Zitrus, Likör, Kräuter, Gewürze und Bitter unterstützt und akzentuiert. Erklärtes Ziel ist die schmackhafte Balance zwischen stark, süß, sauer, bitter, blumig, rauchig und scharf. Jede Zutat sollte im fertigen Cocktail zu schmecken sein. Nicht umsonst bestehen viele berühmte Klassiker aus nicht mehr als vier Zutaten. Wir wissen: Der perfekte Drink macht Lust auf den nächsten, bevor das Glas leer ist.

Auf den folgenden Seiten finden Sie meine saisonalen Einkaufslisten sowie je zwei Cocktails, die sich besonders gut zum Experimentieren anbieten. Für uns im PDT ist Abwechslung das höchste Gebot der Cocktailkarte. Wir servieren eine Auswahl an Variationen bekannter Klassiker aus üblichen Basisspirituosen und ein paar anspruchsvolle Cocktails aus unkonventionellen Zutaten. Die beste Werbung für eine neue Kreation ist ein eingängiger Name mit spannender Geschichte. Abschließend gilt: Der perfekte Cocktail ist in weniger als einer Minute zubereitet – und lässt die Kasse klingeln.

SOMMER

Der ideale Sommercocktail erfrischt Kehle und Gemüt. Mit Soda und Sekt verlängern Sie jetzt einen frühlingshaften Sour oder Fizz zu einem belebenden Collins oder Cooler. Zu den saisonalen Zutaten zählen neben Beeren, Melonen und Steinobst auch zahlreiche Kräuter und Gemüsesorten, die für sommerliche Kreationen infrage kommen. Da im Sommer erfahrungsgemäß figurbewusster getrunken wird, sind reichhaltige Süßungsmittel, Sahne und Eigelb tabu. Achten Sie beim Experimentieren auf exaktes Abmessen und Mitschreiben, sodass Sie den neuen Cocktail geschickt optimieren und ein gelungenes Rezept gleich schwarz auf weiß festhalten können.

SOMMERLICHE ZUTATEN

Obst
Heidelbeeren • Wassermelone • Kirschen

Kräuter & Gemüse
Basilikum • Dill • Paprika

Gewürze
Getrocknete Rosenblätter • Zitronengras • Koriander

Basis
Cachaça • Bourbon • Eau de Vie

Modifier
Aprikosenbrandy • Crème de Cassis • Maraschino

Zum Verlängern
Lillet Blanc • Manzanilla Sherry • Pilsner

Cobbler wie der Blackbeard und Cooler wie der Noval Cup eignen sich ideal als Grundlage für sommerliche Geschmacksexperimente. Kräftige Spirituosen wie weißer Rum, junger Tequila und Gin werden jetzt mit Früchten versetzt oder mit fruchtigen Likören wie Cassis und Maraschino gesüßt. Ersetzen Sie die hier vorgeschlagenen Beeren mit Ihrer eigenen Lieblingsvariante, greifen Sie nach einem anderen Likör, geben Sie frische Kräuter hinzu oder gießen Sie den Cocktail mit einem anderen Sprudelgetränk zu Ihrem eigenen Rezept auf.

BLACKBEARD

- 4,5 cl **Beefeater Gin**
- 2 cl **Krogstad Aquavit**
- 2 cl **Ananassaft**
- 1,5 cl **Zitronensaft**
- 1,5 cl **Agavensirup**
- 4 **Brombeeren**

Brombeeren zerstoßen, die restlichen Zutaten hinzugeben und ohne Eis shaken.

Komplett in einen gekühlten Tumbler auf gestoßenes Eis gießen.

Den Cocktail mit einem Minzezweig garnieren.

— *Daniel Eun, Sommer 2008*

NOVAL CUP

- 6 cl **Noval Black Port**
- 1,5 cl **Zitronensaft**
- 1,5 cl **Zuckersirup**
- 1 **Himbeere**

Die Himbeere im Zuckersirup zerstoßen und die restlichen Zutaten hinzugeben.

Mit Eis shaken und in ein gekühltes Collinsglas auf Eis abseihen.

Mit 6 cl Soda aufgießen. Den Cocktail mit einer Salatgurkenscheibe garnieren.

— *Jim Meehan, Sommer 2010*

HERBST

Im Herbst weht die kühle Brise unsere Kunden merklich früher an den Tresen. Kleinere Drinks mit Ale oder Cider ersetzen jetzt das Glas Rosé. Longdrinks aus hellen Spirituosen machen Platz für Cocktails mit fassgereiften Köstlichkeiten, die mit Vermouth gerührt und mit Kräuterlikören wie Chartreuse Jaune oder Strega gesüßt werden. Äpfel, Birnen und Kürbisse verbreiten herbstliches Flair. Die letzten Trauben werden zerstoßen. Mit Bitter und Backgewürzen wie Zimt beginnt der goldene Herbst.

HERBSTLICHE ZUTATEN

Obst
Äpfel • Birnen • Concord-Trauben

Kräuter & Gemüse
Kürbisse • Salbei

Gewürze
Zimt • Piment • Paprika

Basis
Apfelbrandy • gealterter Rum • Highland Malt Whisky

Modifier
Strega • St. Elizabeth Allspice Dram • Bénédictine

Zum Verlängern
Kürbisbier • Sercial Madeira • Pommeau

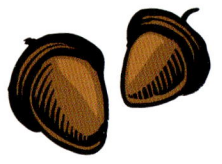

Mit ein paar eigenen Ideen wird der Newark, eine Variante des Brooklyn Cocktails, schnell zum Lieblingsdrink. Benennen Sie ihn einfach nach Ihrer Heimatstadt. Brandy, Rye oder Malt Whiskey nehmen gern den Platz des Apfelbrandys ein. Testen Sie einen anderen Likörwein wie Madeira oder Dubonnet anstelle des Vermouth. Dasselbe gilt für den Apple Malt Toddy: Tee kann mit Cider ersetzt werden. Cognac und Pineau de Charente sind würdige Vertreter für Scotch und Pommeau. Als Alternative zum Allspice Dram bieten sich etwa Bénédictine oder Falernum an.

NEWARK

6 cl Laird's Old Apple Brandy
3 cl Vya Sweet Vermouth
0,75 cl Fernet Branca
0,75 cl Maraska Maraschino Likör

Alle Zutaten mit Eis rühren und in eine gekühlte Cocktailschale abseihen.

Keine Garnierung.

— Jim Meehan und John Deragon, Herbst 2007

APPLE MALT TODDY

6 cl Red Jacket Orchard Apple Cider
4,5 cl Chivas Regal Scotch (12 Jahre)
3 cl Drouin Pommeau
0,75 cl St. Elizabeth Allspice Dram
1 BL Deep Mountain Grade B Ahornsirup

Alle Zutaten erhitzen und in eine vorgewärmte Isoliertasse geben.

Den Cocktail mit einer Zimtstange garnieren.

— Jim Meehan, Herbst 2009

WINTER

In der dunklen Jahreszeit füllt sich das PDT schon kurz nach dem Öffnen mit den ersten Gästen. Anstelle von Sour und Fizz gehen jetzt stärkere Cocktails wie Manhattan, Martini und Negroni über den Tresen. Als Gegenprogramm zum stressigen Weihnachtseinkauf laden wir zum Relaxen bei gelockerter Krawatte ein. Dabei ist die Konkurrenz stark: Betriebs- und Familienfeiern stibitzen so manchen liebgewonnenen Gast. Bei uns in Manhattan sind im Winter heimische Zutaten rar, also greifen wir auf Zitrusfrüchte, Vermouth, Likörwein, Eingemachtes und Cider zurück. An besonders nasskalten Tagen setze ich als Gute-Laune-Macher immer einen Tikidrink auf unsere Karte.

WINTERLICHE ZUTATEN

Obst
Blutorangen • Granatäpfel • Cranberries

Kräuter & Gemüse
Rosmarin • Karotten • Rüben

Gewürze
Schwarzer Pfeffer • Vanille • Nelken

Basis
Dunkler Rum • Armagnac • Islay Single Malt Scotch Whisky

Modifier
Chartreuse Verte • Grand Marnier • Monteverdi Nocino

Zum Verlängern
Stout • Punt e Mes • Ruby Port

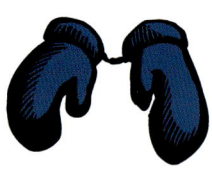

Reichhaltige Cocktails wie der Black Flip oder der Tom & Jerry gehören zur Kategorie der winterlichen Eggnogs. Für die cremige Konsistenz sorgt das Eiweiß, während das Eigelb dem Drink ein schokoladiges Flair verleiht. In Kombination mit dunklen Spirituosen entsteht der perfekte Wintertrunk. Experimentieren Sie mit Bourbon oder dunklem Ale, und geben Sie einen Schuss Ahornsirup, Agavennektar oder Tequila hinzu. Wem Eggnogs zu reichhaltig sind, der bastelt an einer eigenen Old-Fashioned-Variante wie dem Reverend Palmer.

BLACK FLIP

6 cl Brooklyn Black Chocolate Stout
4,5 cl Cruzan Black Strap Rum
1,5 cl Demerarasirup
1 ganzes Bio-Ei

Alle Zutaten im Rührglas vermengen und schaumig rühren.

Erst ohne, dann mit Eis shaken und in ein gekühltes Longdrinkglas abseihen.

Geriebene Muskatnuss über den Cocktail geben.

— *Jim Meehan, Winter 2007*

REVEREND PALMER

6 cl Elijah Craig Bourbon (12 Jahre)-Infusion mit Schwarztee
1,5 cl Zitronensirup
2 Spritzer Angostura

Alle Zutaten mit Eis rühren und in einen gekühlten Tumbler auf einen großen Eiswürfel abseihen.

Ein Stück Zitronenschale in den Cocktail geben.

— *Don Lee, Sommer 2007*

FRÜHLING

Wenn die Sonnenstrahlen länger und die Eiszapfen kürzer werden, räumen wir nach und nach unsere würzigen Bitter, Kräuterliköre und Likörweine aus dem Rückbuffet. An ihre Stelle treten frische Zutaten wie Dill und Salatgurke. Pünktlich mit der ersten Baumblüte setzen wir Cocktails mit Kamillen-, Verbenen- und Jasmintee auf die Karte. Blumige Liköre und starke Spirituosen wie Aquavit und junger Tequila ersetzen herzhaften Islay Scotch und jamaikanischen Rum. Auf den Märkten locken Körbe voller Bärlauch und Rhabarber. Beim prunkvollen Einzug der Natur laufen wir mit einem Cocktail gern vorneweg!

FRÜHLINGSHAFTE ZUTATEN

Obst
Kumquats • Rhabarber • Erdbeeren

Kräuter & Gemüse
Spargel • Bärlauch • Dill

Gewürze
Getrocknete Jasminblüten • Getrocknete Kamillenblüten • Kardamom

Basis
Plymouth Gin • Aquavit • Pisco

Modifier
St. Germain • Crème Yvette • Aperol

Zum Verlängern
Maibock • Vermouth Bianco • Champagner

Wer auch bei wärmeren Temperaturen seinen gerührten Drink nicht missen will, fährt gut mit dem Bizet. Mit einer leichten Variation der Mengen von Vermouth und Basisspirituose ist schnell ein neuer, frischer Cocktail für den Frühlingsanfang gemixt. Den durchdringenden Wermutgeschmack mildert ein stiller oder sprudelnder Wein. Inspiration für Varianten des Primavera Cocktails finden Sie auf jedem Markt. Im Shaker verwandeln sich frische Zutaten mit einer Prise Lebenslust zum frühlingshaften Sour.

BIZET

4,5 cl	Shinn Estate Rosé
1,5 cl	Luxardo Bitter
1,5 cl	Amaro CioCiaro

Alle Zutaten mit Eis rühren und in eine gekühlte Cocktailschale abseihen.

Mit 3 cl Moët & Chandon Impérial Champagner aufgießen.

Den Cocktail mit einem Stück Orangenschale flambieren.

— *David Slape, Frühling 2008*

PRIMAVERA

6 cl	Krogstad Aquavit
2 cl	Cointreau
2 cl	Zitronensaft
2 4 cm	lange Spargelspitzen
1 6 mm	dicke Scheibe Fenchel
1 5 cm	langes Stück Sellerie

Gemüse mit Cointreau zerstoßen und die restlichen Zutaten hinzugeben.

Alle Zutaten mit Eis rühren und in eine gekühlte, mit St. George Absinth gespülte Cocktailschale abseihen.

Ein Stück Orangenschale in den Cocktail geben.

— *Sean Hoard, Frühling 2010*

Cocktails zu jeder Jahreszeit

DIE COCKTAILPARTY

Gegenüber dem Arbeitsplatz bietet das eigene Heim einen unschätzbaren Vorteil: Sie selbst entscheiden, wer zur Party kommt. In der Bar dagegen kommen an Abenden ohne Gästeliste Kunden auch allein und wollen selbst bei Hochbetrieb unterhalten werden. Mit entsprechendem Feingefühl heißt es nun, Gäste ohne Begleitung einander vorzustellen in der Hoffnung, sie mögen sich angeregt unterhalten. Daheim gestaltet sich die Sache viel entspannter. Während Ihre Gäste munter miteinander plaudern, haben Sie Zeit, den Shaker zu schwingen.

Bevor Sie die Einladungen verschicken, sollten Sie sich nach den Spirituosen- und Cocktailvorlieben Ihrer Gäste erkundigen. Stimmen Sie das Cocktailangebot auf eingehende Vorschläge ab, und mixen Sie Drinks mit Gesprächsstoff. Wer besonders interessierte Freunde einlädt, kann seine Cocktails mit Hintergrundwissen zu Rezepten und Zutaten servieren. Dazu bieten sich etwa Kräuter aus dem eigenen Garten, neues Zubehör oder eine seltene Spirituose als Gesprächsthema an. Selbstgemachte Cocktailkarten, auf denen Zutaten und Rezepte des Abends vermerkt sind, nehmen Ihre Gäste als kleines Andenken sicher gern mit nach Hause.

Für den lockeren Abend genügt eine Hausbar gefüllt mit frischem Obst, Kräutern, Sprudelgetränken, Vermouth, Bitter und Likör für Highballs und klassische Cocktails. Vermutlich kommen Ihre Gäste eher mit den üblichen Verdächtigen wie Vodka, Gin oder Rum durch die Tür. Sorgen Sie also für einen ausreichenden Vorrat an Spirituosen, mit denen Sie Ihren Cocktails den richtigen Dreh verleihen. Sie haben schon Eis auf den Einkaufszettel oder die Aufgabenliste geschrieben? Sie brauchen auf jeden Fall die doppelte Menge! Dazu benötigen Sie viele saubere und frisch polierte Gläser. Die Party ist schnell vorüber, wenn Eiswürfel nachgekauft oder Gläser gespült werden müssen. Bereiten Sie so viel wie möglich vor, bevor Ihre Gäste eintreffen. So bleibt neben Shaken und Rühren mehr Zeit zum Feiern und Unterhalten. Die fertige Playlist erspart den Gang zum Plattenteller.

Bei Cocktailparties gehören auch Wasser und Snacks auf den Tisch. Wenn ich eine Dinnerparty gebe, serviere ich Cocktails vor und Wein oder Bier zum

Essen. Anschließend stehen wieder Cocktails oder klare Spirituosen auf dem Programm. Für den Stehempfang bieten sich mundgerechte Canapés oder Snacks mit Dipp an. Zu große Häppchen werden oft nicht gegessen, sodass der Alkohol schneller zu Kopf steigt. Das Gleiche gilt für Wasser: Reichen Sie ein Glas zu jedem Drink, und stellen Sie Wasserkaraffen in Reichweite, wenn Ihre Gäste sitzen. Bei Stehparties finden kleine Wasserflaschen aus dem Eiskühler mehr Anklang als größere Flaschen, die nicht auf einmal geleert werden können.

Der ideale Bartender – ob daheim oder am Arbeitsplatz – ist ein umsichtiger Gastgeber. Auch wenn Ihre Cocktails noch so gut schmecken, sollte maßvoll getrunken werden. Niemand möchte sich am nächsten Morgen mit Grauen an alkoholgeschwängerte Peinlichkeiten erinnern. Legen Sie für Ihre Party einen Beginn und einen Endzeitpunkt fest, und denken Sie dabei an Gäste, deren Kinder zu Bett gebracht werden müssen oder deren Wecker früh klingelt. Bestimmen Sie im Voraus einen Fahrer, der nichts trinkt, und halten Sie eine Couch oder ein Schlafzimmer frei, falls die Party länger wird als geplant.

ETIKETTE

Wir eröffneten das PDT in einer Zeit des Umbruchs. Während die meisten Bars guten Service mit Narrenfreiheit verwechselten, formulierte das Milk & Honey einen Verhaltenskodex und hängte ihn gleich gerahmt an die Wand. Ein guter Cocktail sollte in einem geschmackvollen Ambiente, entsprechend einem eleganten Restaurant, stilvoll genossen werden. In der Hoffnung, das PDT möge eine gemischte Kundschaft an den St. Marks Place und auf die 40 Sitzplätze unserer Bar locken, entwarf ich ebenfalls einen Verhaltskodex.

Benimmregeln machen durchaus Sinn, wenn die eigene Bar direkt neben einer trashigen Hot-Dog-Bude und in direkter Nachbarschaft zu 13 weiteren Bars liegt. Als wir unsere Bar eröffneten, schien sich guter Service durch Toleranz jenseits der Schmerzgrenze zu definieren. Höchste Zeit also, meine persönliche Vorstellung von angemessenem Verhalten in einem Regelwerk festzuhalten. Einerseits wollten wir uns als feste Institution etablieren und dabei nicht überheblich wirken, andererseits sollten die Verhaltensregeln für die Wahrung von Anstand und ein kultiviertes Klientel sorgen.

In einer Bar von der Größe des PDT beeinflusst jeder Gast das gesamte Ambiente. Ich wollte keine Anstandsregeln à la Knigge durchsetzen, sondern für eine Atmosphäre sorgen, in der Gäste mit oder ohne Begleitung gern bei einem guten Cocktail entspannen. Und das, ohne dabei von lärmenden oder wild zechenden Nachbarn belästigt zu werden, wie es leider in vielen Bars der Fall ist. Anstelle von „Anstandsregeln" wählte ich den etwas geschliffeneren Ausdruck „PDT Etikette" und untertitelte selbige mit der Goldenen Regel „Behandle andere so, wie Du selbst behandelt werden möchtest".

Im selben Maß, in dem die Geheimnisse gut gemachter Drinks gelüftet werden, sollte auch die Attraktivität von Bars steigen. Der Gast zahlt nur für ein außergewöhnliches Erlebnis. Ich habe in guten Restaurants gearbeitet, wo sich gutes Benehmen von selbst versteht. Gerade in den Gründerjahren ist es für Besitzer von Cocktailbars unerlässlich, solchen Anstand in ihren Bars einzufordern. Besonders gilt das für Etablissements, die mit Reservierungen und Preisen im oberen Segment arbeiten. Derzeit beginnen nach Jahren strengster Verhaltensregeln viele Barbetreiber, die Krawatte und Etikette wieder etwas zu lockern: Jedem das Seine.

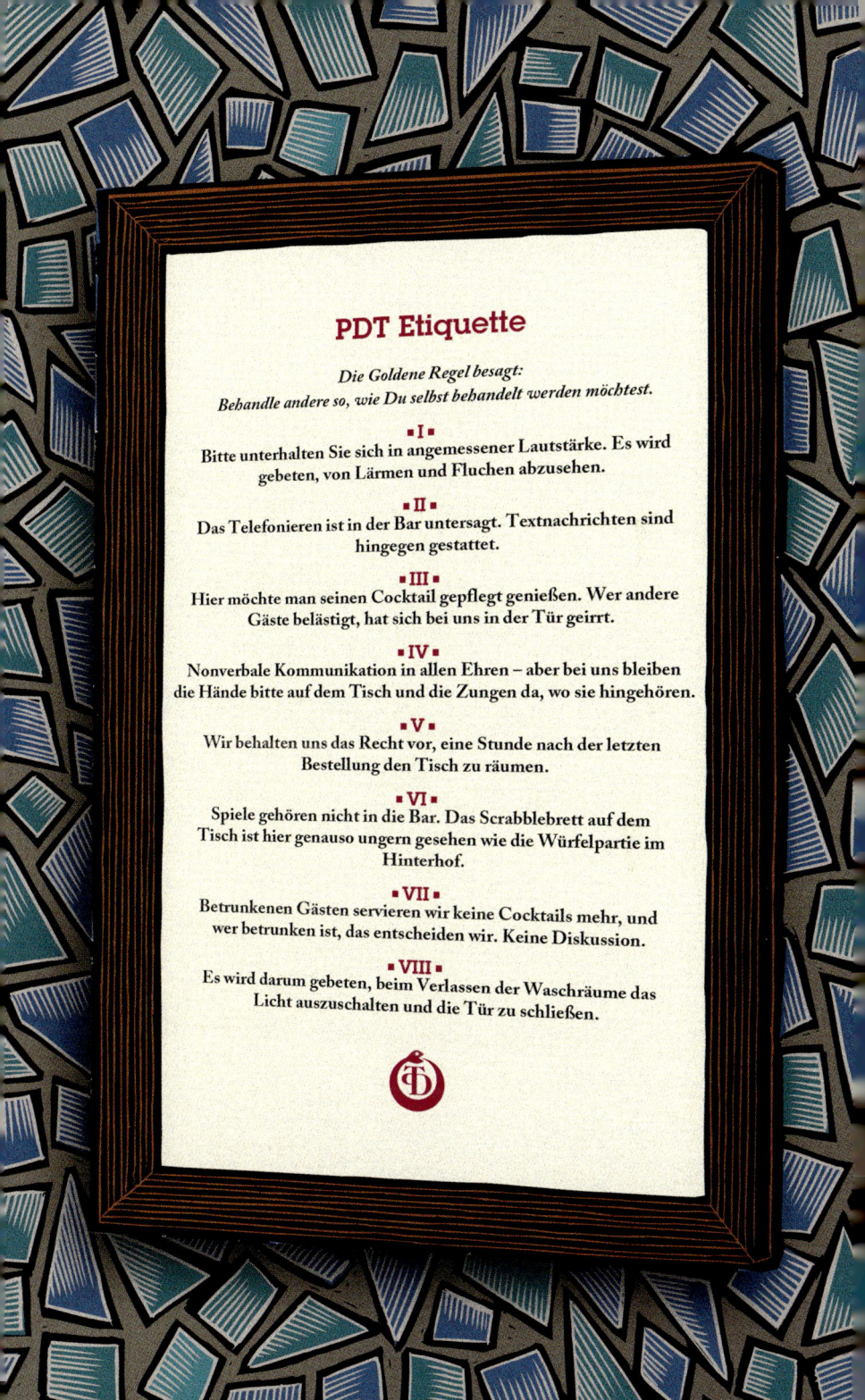

BEZUGSQUELLEN

Bitter

www.cocktailkingdom.com Verschiedene Bitter von 13 internationalen Marken stellen das stetig wachsende Angebot dieser Website.

www.the-bitter-truth.com The Bitter Truth aus München vertreibt eine beeindruckende Auswahl an klassischen Bittern.

Bücher

www.bookfinder.com Diese Website ist ein zuverlässiger Partner bei der Suche nach seltenen Barbüchern.

www.ebay.com Alte Bar- und Cocktailbücher lassen sich gut auf eBay finden – schauen Sie regelmäßig nach!

Gerätschaften

www.kold-draft.com Wir arbeiten am liebsten mit Eisbereitern der Marke Kold Draft, mit denen sich 3 x 3 cm große Eiswürfel herstellen lassen.

www.hoshizaki-europe.com Hoshizaki zählt zu den führenden Herstellern von Gastronomiegeräten und bietet, anders als Kold Draft, auch einen Kundendienst in Deutschland.

www.intergastro.de Neben Kühlschränken und Eisbereitern umfasst das Sortiment von InterGastro auch Kleingeräte und Barzubehör.

Gewürze

www.herbies.com.au Ian Hempill, Autor des Buches *Spice Notes and Recipes*, versendet seine Gewürze in die ganze Welt.

www.mountainroseherbs.com In diesem herausragenden Onlineshop erhalten Sie Wurzeln, Rinde und Gewürze zum Zubereiten von Bittern oder ausgefallenen Infusionen.

www.ingo-holland.de Hochwertige Gewürze und eigene Gewürzmischungen verkauft das Alte Gewürzamt auch im Onlineshop.

Gläser

www.apssupply.com Neben einer großen Auswahl an Gläsern von Markenherstellern wie Libbey bietet APS unter anderem Tiki- und Kupferbecher.

www.zwieselkristallglas-shop.com Zum hochwertigen Gläserangebot zählt die Basic Bar Selection, die in Zusammenarbeit mit Charles Schumann entstanden ist.

Hydrolate, ätherische Öle und Absolues

www.naturrohstoffe.de Die Aromen der Produkte von Mandy Aftel reichen von Zimt bis Rosmarin.

Magazine

www.classbar.com Dieses schöne Magazin über Spirituosen und Cocktails wird vierteljährlich von Simon Difford herausgegeben.

www.imbibemagazine.com An der Westküste der USA werden die Reportagen über Spirituosen, Cocktails, Wein, Bier, Kaffee und Tee geschrieben.

www.sommelierjournal.com Ich schreibe eine monatliche Bartenderkolumne für diese Weinfachzeitschrift.

www.mixology.eu Das deutsche Magazin für Barkultur informiert alle zwei Monate umfassend über Trends, Hintergründe, Veranstaltungen und Neueröffnungen.

Onlineforen

www.ardentspirits.com Gary Regan hält Bartender mit wöchentlichen Updates zu Veranstaltungen, Büchern, Wettbewerben und weltweiten Jobangeboten auf dem Laufenden.

www.chanticleersociety.org Robert Hess bietet mit dieser umfangreichen Nachfolgerseite von www.drinkboy.com einen digitalen Anlaufpunkt für Cocktailliebhaber.

www.liquor.com Abonnenten erhalten einen täglichen Spirituosen- und Cocktailnewsletter mit Rezepten, Veranstaltungsterminen und Markeninformationen.

www.thebarkeeper.com Brian Rea schreibt einen monatlichen Newsletter über historisches Zubehör, Ephemera und Handbücher zu zeitgenössischen Bartrends.

Sirup & Püree

www.employeesonlybrands.com Jason Kosmas und Dushan Zaric von Employees Only verkaufen online selbstgemachten Limettensirup und Grenadine auf Agavenbasis.

www.kalustyans.com Dank seiner immensen Auswahl an internationalen Sirupe, Pürees, Bittern und Saucen gilt Kalustyan's als das inoffizielle Lieblingskaufhaus New Yorker Küchenchefs.

www.smallhandfoods.com Die Sirupe von Jennifer Colliau werden aus natürlichen Zutaten hergestellt und erinnern an die Zeit vor der Prohibition. Die Rezepte entwickelte sie in den Bars Slanted Door und Heaven's Dog in San Francisco.

www.barfish.de Das Sirupangebot von Bar Fish kann sich mit über 250 Sorten durchaus sehen lassen.

Soda

www.sodapopstop.com Der in Los Angeles beheimatete Laden führt über 450 verschiedene Sodawasser und 500 Biermarken in seinem Sortiment.

www.gourmondo.de Der Onlineshop bietet eine gute Auswahl an internationalen und einheimischen Sodawassern und Limonaden.

Spirituosen

www.bardealer.de Zum großen Angebot des Onlineshops zählen alte Rum- und Whiskeysorten.

www.barfish.de Neben einer umfangreichen Auswahl an Spirituosen bietet der Onlineshop auch Sirupe und Barzubehör.

www.drinkology.de Wechselnde Empfehlungen ergänzen die beträchtliche Spirituosenauswahl dieses Onlineshops.

www.whiskey.de Whiskeys und Whiskeyliköre aus aller Welt stehen hier mit Geschmacksurteil im Onlineregal.

Tee & Kaffee

www.inpursuitoftea.com Sebastian Beckwith findet in Südostasien die weltbesten Tees, die er liebevoll verpackt und auch nach Deutschland verschickt.

www.intelligentsiacoffee.com Das 1995 gegründete Unternehmen mit Sitz in Chicago bietet neben erstklassigem Tee, Kaffee und Zubehör auch Workshops und Trainings.

www.kaffee-fair.de Hier gibt es fair gehandelte Kaffeespezialitäten aus aller Welt.

Zertifikate

www.beveragealcoholresource.com Dale DeGroff, Doug Frost, Paul Pacult, Steve Olson, Andy Seymour und David Wondrich veranstalten einmal jährlich das fünftägige Intermediate Certificate Program in New York City. Dazu bietet BAR auch Vorbereitungskurse auf die Masterprüfung bei der USBG an.

www.usbg.org Im Master Accreditation Program der United States Bartenders Guild können Prüfungen zum Spirits Professional, zum Advanced Bartender und zum Master Mixologist abgelegt werden.

Zubehör

www.cocktailkingdom.com Greg Boehm ist bekannt für seine Reproduktionen klassischer Cocktailbücher und verkauft eine Auswahl an internationalem und selbst entworfenem Barzubehör.

www.thebostonshaker.com Neben Workshops und Verkostungen bietet dieser Shop eine fantastische Auswahl an Gläsern, Bittern, Zubehör und Büchern.

www.uberbartools.com In Australien fertigt das Unternehmen von Michael Silver modernes Barzubehör, das die Arbeit hinter dem Tresen effizienter, präziser und schneller machen soll.

www.barfish.de In der umfangreichen Rubrik „Zubehör" finden Amateur und Barprofi fast alles, was das Herz begehrt.

www.cocktailian.de Besonders für Tikicocktails lohnt sich der Klick auf die Zubehörsparte von cocktailian.de.

www.intergastro.de Vom Jigger bis zum Trinkhalmständer lässt InterGastro kaum Wünsche offen.

Anmerkung der Redaktion: Unter www.gestalten.com/PDT können Sie eine Liste der Bezugsquellen von fast allen in diesem Buch aufgeführten Spirituosen, Zutaten, Barutensilien und Gerätschaften herunterladen.

LITERATUR FÜR BARTENDER

Abou-Ganim, Tony. *The Modern Mixologist.* Chicago: Surrey, 2010.

Nachdem er in New York und San Francisco in angesagten Bars und Restaurants hinter dem Tresen gestanden hatte, trat Tony mit der Eröffnung des Bellagio Casinos die Stelle als dessen erster Barchef an. Unter seinem Einfluss eroberten Cocktails mit frischen Zutaten die Karten der Casinobars. Sein Buch enthält hervorragende Tipps für das Mixen mit frischen, saisonales Mixen.

Applegreen, John. *Applegreen's Bar Book or How to Mix Drinks.* Chicago: Monthly Press, 1913.

Applegreen arbeitete im berühmten New Yorker Hoffman House und im Kinsley's in Chicago. In seinem westentaschengroßen Buch empfiehlt er, welche Weine und Spirituosen in das Rückbuffet gehören. Im Anschluss sind die Rezepte alphabetisch nach Stil (Cocktail, Punsch, Collins, Rickey, Fizz etc.) geordnet.

Arthur, Stanley Clisby. *Famous New Orleans Drinks.* New Orleans: Rogers Printing Company, 1937.

In wenigen Städten ist die Cocktailkultur so sehr verankert wie in New Orleans. Der Journalist Arthur, Autor vieler Bücher über New Orleans, hat Legenden und Wissenswertes rund um Cocktails wie Sazerac, Ramos Gin Fizz oder Vieux Carré aufgeschrieben.

Baker, Charles H. *The Gentleman's Companion.* New York: Derrydale, 1939.

Baker heiratete reich und reiste mit einer Clique aus Künstlern, Schauspielern und Prominenten rund um die ganze Welt. Seine Erlebnisse als Feinschmecker hielt er in einem zweibändigen Werk (ein Band übers Essen, der andere über Getränke) fest und schrieb die Kolumne „Here's How" für das leider verschiedene *Gourmet* Magazin.

Baker, Charles H. *The South American Gentleman's Companion.* New York: Crown, 1951.

Ein weiteres zweibändiges Buch aus Bakers Feder thematisiert lateinamerikanische Weine, Spirituosen und Cocktails und erzählt von ausschweifenden Trinkgelagen. Damit gehört Baker definitiv zu den unterhaltsamsten Cocktailautoren des 20. Jahrhunderts.

Bar La Florida Cocktails. Havanna, Kuba: Lloret, 1933.
In den 1930er Jahren veröffentlichte die La Florida Bar umwerfend gestaltete Broschüren von 60 bis 75 Seiten mit wechselnden Umschlägen und neuen Drinks. Historische Werbeanzeigen für Kreuzfahrten, Weine, Spirituosen und vieles mehr sorgen neben den klassischen und kubanischen Cocktailrezepten für lokales Flair.

Bebe, Lucius. *The Stork Club Bar Book.* New York: Rinehart & Co., 1946.
Der Journalist, Schriftsteller und Lebemann Bebe trieb sich als Starreporter in den beliebtesten Clubs und Restaurants von New York herum. Neben Rezepten findet man Erinnerungen des Autors an jene Prominente, deren Besuch die verschiedenen Lokale berühmt und beliebt machten.

Bergeron, Victor Jules. *Trader Vic's Bartender's Guide.* Garden City, NY: Doubleday, 1947.
Noch wertvoller als die zahlreichen Rezepte dieses Buches ist Bergerons einmalige Sicht auf Spirituosen, Cocktails, Gäste und Querelen, die der Barbetrieb mit sich bringt. Trader Vic, so sein Spitzname, leitete einige der landesweit berühmtesten Bars seiner Zeit.

Bergeron, Victor Jules. *Trader Vic's Bartender's Guide.* Garden City, NY: Doubleday, 1972.
Die überarbeitete Fassung des Trader Vic's Bartender's Guide erweitert das 25 Jahre ältere Original um Kommentare, Illustrationen, Rezepte sowie je einem Kapitel über Tequila und Pisco, was seinerzeit als bahnbrechend galt.

Berry, Jeff. *Beachbum Berry Remixed.* San Jose, CA: SLG Publishing, 2010.
Die unterhaltsamen Bücher von Jeff Berry (*Grog Log, Intoxica* und *Sippin' Safari*) eignen sich als verlässlicher Ratgeber. Sein neustes Buch wirft einen modernen Blick auf seine Erkenntnisse zu Persönlichkeiten, Orten und Drinks der Tikikultur.

Birmingham, Frederic A. *Esquire Drink Book.* New York: Harper & Brothers, 1956.
Der ehemalige Chefredakteur des Magazins *Esquire,* Frederic A. Birmingham, gab diese Sammlung von über 1000 Rezepten heraus, die sich für jede erdenkliche Party eignet. Skurrile Farbillustrationen von Bill Charmatz zieren den detaillierten Überblick über Wein, Spirituosen, Bier und Cocktails.

Blue, Anthony Dias. *The Complete Book of Spirits*. New York: Harper Collins, 2004.

Blue gibt dem Leser einen genauen Überblick über den geschichtlichen, kulturellen und wirtschaftlichen Hintergrund der Spirituosen, auf den viele ähnliche Bücher aufbauen. Sein Hauptverdienst liegt in der Zuordnung der Getränke je nach Kategorie und nicht nach Marke, die ihm trotz besonders schwierig definierbarer Spirituosen wie Rum und Likör hervorragend gelungen ist.

Boothby, William. *World's Drinks & How to Mix Them*. San Francisco: Boothby's World Drinks Co., 1908, 1930.

Die sehr seltene Ausgabe von Boothbys American Bar-Tender aus dem Jahr 1891 und die ebenfalls seltene 1908er Ausgabe von *World Drinks and How to Mix Them* wurden beide im Jahr 2009 mit fantastischen Einleitungen neu aufgelegt. Beide Bücher erzählen vom Einfluss San Franciscos während des Goldenen Zeitalters des Cocktails und Boothbys unglaublichen Reisen. In der Ausgabe von 1930 fehlen die Anekdoten, dafür sind mehr Rezepte enthalten.

Broom, Dave. *The Connoisseur's Book of Spirits & Cocktails*. Italien: Carlton Books, 1998. *(Das große Buch der Spirituosen & Cocktails*. München: Lichtenberg, 2000)

Der Engländer Dave Broom zählt zu den wichtigsten Spirituosenautoren der Welt. Vor seiner bahnbrechenden Arbeit zu Rum und Whiskey schrieb Broom dieses umfassende Werk, das seine einzigartige, innovative Sicht auf Spirituosen und Cocktails wiedergibt.

Brucart, Jacinto Sanfeliu. *Cien Cocktails*. Madrid, Spanien: Eigenpublikation, 1943.

Dieses schöne, ledergebundene Buch wurde vom Barchef des Ritz Carlton in Madrid wahrscheinlich für sein Barteam geschrieben. Die Herkunft aller Cocktails, wie des Negronivorläufers „Camparinette", ist kurz kommentiert.

Bullock, Tom. *The Ideal Bartender*. St. Louis: Buxton & Skinner Printing & Stationery Company, 1917.

Tom Bullock, Barchef des St. Louis Country Clubs, gelangte dank eines Verleumdungsskandals um Theodore Roosevelt und wegen seines berühmten Mint Julep zu unsterblichem Ruhm. Sein sehr seltenes Rezeptbuch ist online und als kommentierte Ausgabe von D. J. Frienz von 2001 erhältlich.

Buzza, George und Ralph Cardozo. *Hollywood's Favorite Cocktail Book.* Hollywood: Eigenpublikation, 1930er Jahre.
In Hollywood waren Buzza und Cardozo Partner in einer Grußkartenfirma, die dieses schöne Buch über Hauscocktails der besten Lokale in Hollywood und nach Prominenten benannte Drinks druckte. Das 50-seitige Buch wurde in einer hübschen Box mit dem Druck einer Art-Deco-Zeichnung des Autors Buzza verkauft.

Byron, O. H. *Modern Bartender's Guide.* New York: Excelsior, 1884.
Das alte, sehr seltene Barbuch lehnt an den Aufbau von Thomas' ersten Bar-Tender's Guide an (Rezepte, Sirupe, Bitter und Likörherstellung). Leider fehlen praktische Serviervorschläge, doch die erstmalige Erwähnung von Klassikern wie dem Manhattan oder dem Martinez machen dieses Buch zu einem echten Schmuckstück.

Carre, Richard. *Leurs Cocktails Par Antoine.* Nizza, Frankreich: L'Union De La Presse Internationale, 1932.
Antoine stand hinter dem Tresen des Pariser Maxim's. Neben Anekdoten über berühmte Gäste kommt sein Buch mit 353 beliebten Cocktailrezepten und einer kurzen Auswahl an schönen Werbeanzeigen im Endteil daher. Die Rezepte reichen von Klassikern bis zu unbekannteren Kreationen wie dem Elliod Cocktail, den der Autor selbst mit Gin, Zitronensaft, Cointreau und Pfirsichbrandy mixt.

Cecchini, Toby. *Cosmopolitan: A Bartender's Life.* New York: Broadway Books, 2003
In den 1990ern machte Toby den Cosmopolitan berühmt und sorgte mit seiner Bar Passerby für Furore. Der wortgewandteste Bartender unserer Tage erzählt in seinem autobiographischen Werk von den schönen und schrägen Seiten des Bartenderalltags.

Chicote, Pedro. *Cocktails.* Madrid, Spanien: Sucesores de Rivadeneyra, 1928.
Das Hand- und Rezeptbuch des berühmtesten Madrider Barbesitzers seiner Zeit beinhaltet eine umfassende Einführung zu Barservice sowie Wissenswertes zu Wein und Spirituosen. Im Rezeptteil finden sich neben vielen Klassikern auch neue Drinks, die wahrscheinlich von Chicote und seinem Team erfunden wurden. Wer Spanisch spricht, hat an diesem Buch doppelt so viel Freude.

Craddock, Harry. *The Savoy Cocktail Book.* London: Constable & Co., 1930.

Der New Yorker Bartender Harry Craddock verließ seine Heimat während der Prohibition, um in der American Bar des Londoner Savoy Hotels den Shaker zu schwingen. Sein schönes Cocktailbuch vereint Rezepte aus den besten amerikanischen Büchern vor der Prohibition mit beliebten europäischen Cocktails seiner Zeit. Das Savoy Cocktail Book gilt als die maßgebliche Rezeptsammlung des Goldenen Zeitalters.

Crockett, Albert Stevens. *Old Waldorf Bar Days.* New York: Aventine Press, 1931.

Crockett war Zeitungsreporter und langjähriger Stammgast in der Brass Rail Bar im Waldorf Hotel. Die Bar wurde im Zuge der Prohibition geschlossen und verkauft, doch in Crocketts Erzählungen und Cocktailrezepten ersteht sie zu neuem Leben.

Curtis, Wayne. *And a Bottle of Rum: A History of the New World in Ten Cocktails.* New York: Crown, 2006.

Curtis bettet die Geschichte des Rum unterhaltsam in die Zeit der Besiedlung und der Entstehung der USA ein. Zu Klassikern wie Mojito und Mai Tai gesellen sich gute, alte Bekannte wie Grog und Punsch.

DeGroff, Dale. *The Craft of the Cocktail.* New York: Clarkson Potter, 2002.

Dales Cocktailangebot im New Yorker Rainbow Room löste 1987 eine wahre Cocktailrenaissance aus. Zapfanlagen und künstliche Zutaten machten Platz für frische Zutaten und klassische Bartechniken. Sein bahnbrechendes Erstingswerk legt das Hauptaugenmerk auf Geschichte, Technik, Rezepte und Ressourcen.

DeGroff, Dale. *The Essential Cocktail.* New York: Clarkson Potter, 2008.

DeGroffs neustes Buch bietet einen detaillierten Überblick über die Herkunft vieler Rezepte. Neben präzisen Betrachtungen und historischen Anekdoten gibt Dale Erklärungen zu Bartechniken, Produkten und Spirituosen. Mit gewissem Abstand zu seinem ersten Buch gibt sein Werk gute Hilfestellung für herausragende Drinks.

DeGroff, Jill. *Lush Life Portraits from the Bar.* New York: Mud Puddle Books, 2009.

Jill DeGroff hat den unschätzbaren Vorteil, dass sie Dale zu Vorlesungen und Seminaren auf der ganzen Welt begleiten konnte. Anstatt zu trinken, beschäftigt sie sich aber lieber mit der Leinwand und Zeichnutensilien und skizziert wichtige Persönlichkeiten der Barbranche treffend und farbenfroh.

Difford, Simon. *Diffordsguide to Cocktails #7*. London: Sauce Guides Limited, 2008.
Mit Sicherheit hat niemand mehr Bars besucht und besprochen als Simon Difford. Über die Jahre sammelte er tausende Rezepte, besprach hunderte Spirituosen und druckte seine Rezensionen neben einige der schönsten Cocktailbilder. Beinahe jährlich wird sein Buch mit neuen Rezepten und exzellenten Beiträgen seines englischen Magazins *CLASS* neu aufgelegt.

Duffy, Patrick Gavin. *The Official Mixer's Manual*. New York: Long & Smith, 1934.
Duffys erstes, spiralgebundenes Barbuch liegt beim Mixen flach auf dem Tresen (wenn die 75 Jahre alte Ausgabe noch in gutem Zustand ist). Die Kapitel unterteilen sich thematisch in Cocktails, Punsch, Cooler, Daisies, Flips und mehr. Jahre vor der Prohibition stand Duffy hinter dem Tresen des New Yorker Old Ashland House. Erklärtes Ziel seines Buches war, gute Rezepte an folgende Bartendergenerationen weiterzugeben.

Duffy, Patrick Gavin. *The Official Mixer's Manual*. Garden City, NY: Doubleday, 1956.
Der renommierte Gourmet, Kochbuchautor und Publizist James Beard überarbeitete im Jahr 1956 Duffys Mixer's Manual und fügte passende Kochrezepte, einen Spirituosenüberblick und ein neues Weinkapitel von Frank Schoonmaker hinzu. Die Cocktailrezepte sind nach Basisspirituosen (und nicht wie im Original alphabetisch) geordnet.

Edmunds, Lowell. *Martini, Straight Up*. Baltimore: The Johns Hopkins University Press, 1998.
Edmunds, Professor an der Rutgers University, verfasste eine der besten wissenschaftlichen Abhandlungen, die je über das Trinken geschrieben wurden. Indem Edmunds den Martini, den wahrscheinlich bedeutendsten Cocktail aller Zeiten, von wahrlich jeder Perspektive beleuchtet, erfahren wir Wissenswertes zu seinem faszinierenden Werdegang.

Embury, David. *The Fine Art of Mixing Drinks.* Garden City, NY: Doubleday, 1948, 1952, 1958.
Das erste theoretische Cocktailbuch schrieb kein Bartender, sondern ein Rechtsanwalt. David Embury brachte nach 40 Jahren mit dem Shaker seine Erkenntnisse zur Qualität von Cocktailzutaten und Mischverhältnissen zu Papier. Seine abfälligen Kommentare über Vodka und seine Vorliebe für starke Drinks brachten ihm einen Kultstatus in Mixologenkreisen ein.

Ensslin, R. Hugo. *Recipes for Mixed Drinks.* New York: Eigenpublikation, 1916.
Als eines der letzten (selbst) veröffentlichten Cocktailbücher vor der Prohibition erwähnt *Recipes for Mixed Drinks* erstmals den Aviation Cocktail und diente Harry Craddock als Quelle für sein Savoy Cocktail Book von 1930.

Fancy Drinks. Cleveland: Bishop & Babcock, 1902.
Das im Taschenformat gehaltene Rezeptbuch bezaubert mit liebevollen Radierungen der Inneneinrichtung amerikanischer Lokale. Derartige Kataloge für Barinterieur, herausgegeben unter anderem vom Gastronomieeinrichter Bishop & Babcock, geben eine Ahnung davon, wie opulent die Bars jener Epoche eingerichtet waren.

Field, Colin. *The Cocktails of the Ritz Paris.* New York: Simon & Schuster, 2003. *(Ritz Paris: Die Cocktails.* Bielefeld: Delius Klasing, 2003)
Colin Fields gelungen illustriertes Buch fängt den exzentrischen Geist der Hemingway Bar und viele seiner ebenso exzentrischen wie wohlhabenden Stammgäste ein. Fields beschreibt akribisch jeden Cocktail und man erhält eine bildhafte Vorstellung davon, wie sie dort geschmeckt haben müssen.

Foquet, Louis. *Bariana.* Paris: Duvoye, 1902.
Das Rezeptbuch voll schöner Stiche von Barzubehör und Gerätschaften bietet 152 durchnummerierte Rezepte, die sich in Cocktails, Shots, Punsch, aber auch in weiser Vorausschau in Sommer- und Winterdrinks unterteilen. Die Mehrheit stellen frühe amerikanische Rezepte. Dazu gesellen sich ein paar neuere französische Drinks.

Fougner, Selmer. *Along the Wine Trail.* Boston: Stratford, 1935.
Für die New York Sun schrieb Fougner nach Aufhebung der Prohibition die Kolumne „Along the Wine Trail", um Amerika wieder mit Genuss und Produktion von Wein, Cocktails und Spirituosen vertraut zu machen. Die

gebundene Version enthält sechs Vodkarezepte – für die damalige Zeit eine absolute Neuheit.

Gaige, Crosby. *Cocktail Guide & Ladies' Companion.* New York: M. Barrows & Co., 1944.
Der Lebemann Gaige arbeitete als Theaterproduzent am Broadway und verfasste zahlreiche Gourmet- und Cocktailbücher. Dieser Überblick beinhaltet viele klassische und zeitgenössische Rezepte und die geistreichen Sprüche wohlhabender Feinschmecker wie Lucius Beese, James Beard und Frank Case.

Gale, Hyman und Gerald F. Marco. *How & When.* Chicago: Eigenpublikation, 1937.
Laut Abe Marco, Präsident von Marco Imports in Chicago, entstand dieses Buch mit Hilfe von mehr als 80 internationalen Spezialisten, die wertvolle Informationen zu Service, Lagerung und Verkauf von Wein und Spirituosen lieferten. Die genauen Beschreibungen verschiedener Produkte und hervorragende Koch- und Cocktailrezepte machen How & When zu einem verlässlichen Ratgeber.

Grimes, William. *Straight Up or On the Rocks.* New York: Simon & Schuster, 1993.
William Grimes, ehemaliger Restaurantkritiker der New York Times, verfolgt die Geschichte des Cocktails von der Kolonialzeit durch das Goldene Zeitalter und die Prohibition bis in die 50er Jahre. Seiner Zeit weit voraus, lässt Grimes' Buch die kommende Renaissance des Cocktails schon vage erahnen.

Grohusko, Jack. *Jack's Manual.* New York: Eigenpublikation, 1910.
Das Jack's Manual war vor und nach der Prohibition so beliebt, dass es zwischen 1908 und 1933 fünf Mal nachgedruckt wurde. Auf den ersten 22 Seiten der 1910er Ausgabe sind beliebte Weine und Spirituosen gelistet, während die Rezepte sich in alphabetischer Reihenfolge auf 60 Seiten verteilen. Es folgen ein paar Seiten mit Kochrezepten und Werbung, unter anderem für Jacks eigenen Julep Strainer. Einige Cocktailrezepte, wie das des Brooklyn und einer frühen Form des Blackjack, wurden hier zuerst abgedruckt.

Grossman, Harold J. *Grossman's Guide to Wines, Spirits and Beers.* New York: Scribner, 1964.

Auf beinahe 500 Seiten informiert der *Grossman's Guide* über Wein, Spirituosen, Cocktails und Barbetrieb. Diagramme, Tabellen und Photographien alter Bars sowie Cocktailkarten und Buchhaltungstipp lassen dieses Buch herausragen unter denen, die Bars und Restaurants der 1950er und 1960er Jahre plastisch beschreiben.

Haigh, Ted. *Vintage Spirits & Forgotten Cocktails.* Gloucester, MA: Rockport, 2004, 2009.

Dieses Buch rückt weniger bekannte Cocktails des frühen 20. Jahrhunderts und deren ausgefallene Zutaten ins Scheinwerferlicht. Haigh und Importeur Eric Seed sind mitverantwortlich für die Neuauflage historischer Spirituosen, Liköre und Bitter wie Crème de Violette, Pimento Dram und Schwedenpunsch in den USA.

Hallgarten, Peter A. *Spirits & Liqueurs.* London: Faber and Faber, 1979.

Während sich die erste Hälfte des Buches um allgemeine Spirituosen dreht, legt Hallgarten in der zweiten Hälfte das Augenmerk auf den Likör. Die geradlinige, wissenschaftliche Annäherung an das Thema ist charakteristisch für die Bücher, die in den 1970er Jahren vom Londoner Faber Verlag herausgebracht wurden.

Hamilton, Ed. *Rums of the Eastern Caribbean.* Puerto Rico: Tafia, 1995.

Es ist ein literarischer Genuss, Ed bei seiner Bootstour durch die Karibik und zu verschiedenen Rumdestillerien zu begleiten. In seinen kenntnisreichen Einführungen zu jeder Rumsorte hält er mit seiner Meinung nicht hinterm Berg und man ist versucht, selber die Segel in Richtung Karibik zu setzen.

Hannum, Hurst und Robert S. Blumberg. *Brandies and Liqueurs of the World.* Garden City, NY: Doubleday, 1976.

Nach einer hoch geachteten Studie zu kalifornischen Weinen wenden sich die Autoren aus San Francisco hier den Spirituosen zu. Ihre Klassifizierung von Likör setzte neue Maßstäbe.

Hess, Robert. *The Essential Bartender's Guide.* New York: Mud Puddle Books, 2008.

Viele Pioniere der modernen Cocktailrenaissance treffen sich online in Chatrooms wie dem berühmten Forum Drink Boy von Robert Hess. Tagsüber arbeitet Hess als Softwareentwickler bei Microsoft, doch in der Netzgemeinde eilt ihm ein Ruf als wahrer Meister des gemischten Getränks voraus. Sein Barhandbuch ist eines der ersten Bücher, die ich empfehle. Auf die kurz gefasste Geschichte des Cocktails und eine Übersicht über Spirituosen, Zubehör und Bartechniken folgt eine ausführliche Auswahl kommentierter Rezepte.

Jackson, Michael. *Whiskey*. New York: Dorling Kindersley, 2005. *(Whisky. Alle Marken und Destillerien der Welt.* London: Dorling Kindersley, 2005) Mit Whiskey schrieb Jackson eines der wichtigsten Bücher zum Thema. Das Buch bietet neben zahlreichen Fotos von Destillerien und Destillateuren eine nach Region geordnete Übersicht und eine detaillierte Einführung in die Whiskeyherstellung.

Johnson, Byron A. und Sharon Peregrine. *Wild West Bartenders' Bible.* Austin: Texas Monthly Press, 1986.
Zu Zeiten von Alabama Slammer und Long Island Iced Tea begaben sich die Autoren dieses Buches auf die historische Suche nach den Tavernen des 19. Jahrhunderts, ihrer Gestaltung und ihren klassischen Rezepten. Die Erkenntnisse und Rezepte blieben bis in die 1980er Jahre fast unbeachtet, was schade ist: In den richtigen Händen hätte die Wiedergeburt des klassischen Cocktails mit diesem Werk schon früher beginnen können.

Johnson, Harry. *Bartender's Guide.* New York: Eigenpublikation, 1882, 1888, 1900.
Der Bartender's Guide gehört zu den seltensten und wertvollsten Cocktailbüchern des 19. Jahrhunderts und wurde im Jahr 2008 von Mud Puddle Books neu aufgelegt. Neben ersten Cocktailbildern findet der Bartender fast 150 Seiten an praktischen Anweisungen zu Anstellung, Ausbildung, Kundenservice und Reinigung.

Jones, Andrew. *The Aperitif Companion.* New York: Knickerbocker Press, 1998. *(Aperitif. Der Guide für Kenner und Genießer.* München: Heyne, 1998) Jones nimmt sich hier des schwierigen Themas „Aperitifs" an und gibt auf 200 Seiten einen gut geordneten Überblick mit Photos, Likörweinen, Vermouth, Bitter, Pastis und vielem mehr. Herstellungsmethoden und Marketing werden genauso erläutert wie die historische Bedeutsamkeit der Getränke.

Jones, Stan. *Jones Complete Barguide.* Los Angeles: Barguide Enterprises, 1977.

Dieses Buch wird zwar nicht mehr gedruckt, ist aber online durchaus erhältlich und zählt zu den wenigen guten Cocktailbüchern der 1970er Jahre. Herstellung und Vertrieb füllen ganze 200 Seiten, es folgen unzählige Rezepte.

Jordan, Joseph. *Simple Facts about Wine, Spirits, Liqueurs as well as the Mysteries of Myriads of Mixed Drinks.* Los Angeles School of Bartending, 1937.

Das maschinengeschriebene Buch bietet Tipps und Regeln für Bartender, Checklisten, Empfehlungen für Gläser sowie ein 40 Seiten langes Spirituosenlexikon. In den 150 Cocktailrezepten finden der Rusty Nail und tropische Kreationen wie der Singapore Sling und der Zombie Punch eine frühe Erwähnung.

Judge Jr. *Here's How.* New York: John Day, 1927.

Dieses kleine Buch wurde in New York während der Prohibition veröffentlicht und wirkt auf den ersten Blick wie ein ganz normales hübsches Cocktailbüchlein der 1920er Jahre, bis auf Seite 36 erstmals der berühmte French 75 gedruckt in Erscheinung tritt. Bei näherer Betrachtung entpuppt sich *Here's How* als Wiege vieler weiterer Cocktailklassiker, garniert mit geistreichen Kommentaren.

Kappeler, George J. *Modern American Drinks.* New York: The Merriam Company, 1895.

Glaubt man den Rezepten in diesem Buch, muss das New Yorker Holland House ein wahrlich fabelhafter Ort gewesen sein. Betreiber und Autor Kappeler schreibt detailverliebt über verschiedene neue Drinks wie den Widow's Kiss und den Liberal – hier wird einem klar, wie exakt zu seiner Zeit gemixt wurde.

Lasa, Juan A. *Libro de Cocktail.* Havana, Cuba: Eigenpublikation, 1929.

Zur Hälfte in Englisch, zur Hälfte in Spanisch, kommt dieses kleine Büchlein klassisch mit einem Faible für frühe kubanische Cocktails daher. Größter Pluspunkt dieses unscheinbaren Drucks ist das Rezept für den Rum Mojo, dem ersten Mojitorezept auf Papier.

Lowe, Paul. *Drinks As They Are Mixed.* Chicago: Frederick J. Drake and Co., 1904.

Eingeleitet wird dieses Buch mit beinahe denselben Worten wie das viel bekanntere *ABC of Mixing Cocktails,* das fast 20 Jahre später geschrieben wurde. Sogar Coverfarbe und Aufmachung sind hier sehr ähnlich. McElhone tat gut daran, sich an diesem hervorragend gestalteten Buch zu orientieren: Lowes Werk fasst die besten Cocktailrezepte seiner Zeit zusammen und bietet einen umfassenden Index zu Service, Trinksprüchen und Rezepten für Soda, Sirup, Likör und Bitter aus eigener Herstellung.

Mario, Thomas. *Playboy's Host & Bar Book.* Chicago: Playboy Press, 1971.
Dieses Buch zeugt vom Siechtum des Cocktails während des Kalten Kriegs. Merkwürdige, knallbunte Kreationen mit Obstdekor wurden während den turbulenten 1970er Jahren über die amerikanischen Tresen geschoben. Abgesehen von den Rezepten lesen sich die Partytipps von Mario aber ganz hervorragend.

Marshall, Hugh D. *Trinidad & Other Cocktails.* Port of Spain, Trinidad: Queen's Park Hotel, 1932.
Das dünne Büchlein stammt aus der Bar des Queen's Park Hotel auf Trinidad. Marshall wurde von Angostura Bitters, Canning Caroni Rum und Canadian Club Whiskey gesponsort, was sich auf manche Rezepte auswirkt. Daneben finden sich ein paar Klassiker. Der Queens Park Green Swizzle wird erwähnt, aber nicht in Rezeptform präsentiert.

Masson, Jeff und Greg Boehm. *The Big Bartender's Book.* New York: Mud Puddle Books, 2009.
Jeff und Greg, zwei der bekanntesten Cocktailbuchsammler der Welt, vereinen in diesem Werk über 1000 moderne und historische Rezepte. Die Rezepte sind in Unzen und Milliliter angegeben und sind zum Großteil mit Entstehungsort oder Erfinder versehen.

McElhone, Harry. *ABC of Mixing Cocktails.* London: Odhams Press, 1922.
Der beschlagene Bartender und erfolgreiche Barbesitzer McElhone beschreibt auf den ersten zehn Seiten die Rolle und die Verantwortung des Bartenders und fährt mit alphabetisch geordneten Rezepten von über 300 beliebten Cocktails fort.

McElhone, Harry. *Barflies and Cocktails.* Paris: Lecram Press, 1927.
Der Ruhm einer Bar begründet sich in den Leuten, die dort trinken, und den Geschichten, die sie erzählen. Wenige Cocktailbücher feiern ihre Barchefs mehr als dieses Buch. Die erweiterte Version von *ABC of Mixing Drinks* ist mit fröhlichen Bildern von Wynn Holcomb illustriert und schließt mit einer Aufzählung von Harrys berühmtesten Gästen und ihren kleinen Eigenarten.

Meier, Frank. *The Artistry of Mixing Drinks*. Paris: Fryam Press, 1936.
Auf dem Höhepunkt der Continental Cocktails im 20. Jahrhundert wurde dieses Werk in Paris gedruckt und zählt auf jeden Fall zu den schönsten und beständigsten Barbüchern. Meier leitete die Bar des Ritz, wo sein Vermächtnis heute von Colin Field weitergeführt wird. Neben vielen Originalrezepten überzeugt das Buch mit einem Kapitel zum Beruf des Bartenders.

Miller, Anistatia und Jared Brown. *Spirituous Journey: A History of Drink, Book Two: From Publicans to Master Mixologists*. London: Mixellany Ltd., 2009.
Jared und Anistatia aus New York haben maßgeblich dazu beigetragen, die Cocktailkultur beiderseits des Atlantiks aus ihrem Dornröschenschlaf zu erwecken. Manchmal geht ihre schriftstellerische Arbeit neben ihren wissenschaftlichen und praktischen Lehrtätigkeiten etwas unter.

Mr. Boston Bartender Guide. Boston: Mr. Boston Distiller Co., 1974.
In der 1940er Ausgabe des berühmten roten Buchs finden sich viele Illustrationen und Farbphotos zu Mr. Bostons Spirituosensortiment. Die Illustratorin Nancy Tausek fängt die Züge kolonialer Lebemänner lebendig ein und bereichert damit den Rezeptteil, in dem erstmals der Rosita Cocktail erscheint.

Newman, Frank P. *American Bar: Recettes des Boissons Anglaises et Américaines*. Paris: Société Française d'Imprimerie et de Librairie, 1904.
Die französische Ausgabe von Newmans Cocktailbuch bietet über 300 Rezepte von Cocktails, die im Pariser Grand Hôtel serviert wurde. Die Wichtigkeit dieses Buches unterstreicht die erste Erwähnung des Dry Martini Cocktail, der hier mit Gin, Orangenbitter und Martini Dry Vermouth zubereitet wird.

Pacult, F. Paul. *Kindred Spirits 2*. Wallkill, NY: Spirit Journal, 2008.
Elf Jahre nach der ersten Ausgabe wurde die erweiterte Version von Pacults ausführlichem Buch über Spirituosen und Likörwein auf den Markt gebracht. Besonders flüssig lesen sich die Geschmacksurteile zu zahlreichen Spirituosen, die hier zu Hunderten kategorisch geordnet sind.

Proulx, Theodore. *The Bartender's Manual*. Chicago: The J.M.W. Jones Stationery Printing Co., 1888.
Mit Unterstützung von Chapin & Gore aus Chicago stellte Proulx eine gute Sammlung praktischer Tipps für Bartender zusammen – einschließlich Benimmregeln – und Rezepten. Hier wird der Old Fashioned erstmals erwähnt.

Regan, Gary. *The Joy of Mixology*. New York: Clarkson Potter, 2003.
Regan lehnt modern an Emburys *Fine Art of Mixing Drinks* an und verdeutlicht anhand seiner Kategorisierung die Beschaffenheit des Cocktails. Dazu ist sein kleiner Essay über die Psyche des Bartenders ein unbezahlbarer Einstieg in die weiteren Kapitel zu Cocktails und Bartechniken.

Saucier, Ted. *Bottoms Up*. New York: Greystone Press, 1951.
Seine langjährige Erfahrung als Pressesprecher des New Yorker Waldorf-Astoria Hotels war Saucier bei der Recherche sicherlich zuträglich. Sein Buch ist bekannt für kleine Bildchen nackter, wohlgeformter Frauen mit Cocktailgläsern und Barzubehör (daher der zweideutige Titel). *Bottoms Up* ist Quelle vieler Kultcocktails wie dem Diamondback und dem Last Word.

Schumann, Charles. *American Bar*. New York: Abbeville Press, 1995. *(American Bar*. München: Collection Rolf Heyne, 2001)
Das Nachfolgebuch des *Tropical Bar Book* der Münchener Barkoryphäe Charles Schumann hat mich beim Schreiben maßgeblich inspiriert. Sein großformatiges Werk schmückt Schumann mit farbigen Illustrationen, einem Überblick über Spirituosenherstellung sowie Anleihen aus vielen der schönsten Barbücher des 20. Jahrhunderts.

Schumann, Charles. *Tropical Bar Book*. New York: Stewart, Tabori & Chang, 1989. *(Schumanns Tropical Barbuch. Drinks und Stories*. München: Collection Rolf Heyne, 1986)
Erzählungen vom Leben in den Tropen, schöne Illustrationen von Günter Mattei, eine präzise Rezeptsammlung und Schumanns klare Linie hinter dem Tresen machen dieses Buch zu einem unverzichtbaren Klassiker im Regal des Rumliebhabers. Ursprünglich 1986 in Deutsch erschienen, hat das Buch nichts von seiner herausragenden Bedeutung eingebüßt.

Sloppy Joe's Cocktails Manual. Havanna, Kuba: Eigenpublikation, 1932.
Der gebürtige Spanier José Abeal arbeitete in New Orleans und Miami, bevor er mit Valentin Garcia in einem ehemaligen Lebensmittelladen in Havanna im Jahr 1918 kurz vor der Prohibition das Sloppy Joe's eröffnete. In seiner kubanischen Bar erhielten Josés Gäste – viele davon amerikanische Kreuzfahrtpassagiere – ein jährlich neu aufgelegtes Heft mit Cocktailrezepten als Andenken.

Straub, Jacques. *Drinks.* Chicago: The Hotel Monthly Press, 1914.
Dieses dünne Rezeptbuch wurde ein paar Jahre vor der Prohibition von einem Veteranen des Pendennis Clubs in Louisville geschrieben und veröffentlicht. Das kleine Werk beinhaltet mehrere Ersterwähnungen wie den Daiquiri und den Black Jack sowie hunderte weitere Rezepte. Man erwartete von Bartendern seiner Zeit, zahlreiche Rezepte auswendig zu beherrschen – daher kamen viele Bücher im praktischen Taschenformat auf den Markt.

Stuart, Thos. *Stuart's Fancy Drinks and How to Mix Them.* New York: Excelsior, 1904.
Stuarts Buch ähnelt in Rezeptauswahl und Format der 1887er Ausgabe von Thomas' *Bar-Tender's Guide.* Neben einem langen Cocktailteil bietet Stuart eine kürzere Rezeptrubrik zu Fruchtweinen, Sirupen, Sodas, Likören und Bitter. Im hinteren Teil des Buches finden die Cocktails Marguerite (der Vorläufer des Dry Martini), Rob Roy und Blackthorn eine frühe Erwähnung.

Tarling, W. J. *Café Royal Cocktail Book.* London: Pall Mall, Ltd., 1937.
Während der Prohibition machten britische Bartender dort weiter, wo ihre amerikanischen Kollegen notgedrungen aufhören mussten. Davon zeugt dieses Buch, das als Kronjuwel der britischen Bartenderzunft gilt. In seinem höchst seltenen Werk erwähnt Tarling erstmals viele wichtige Cocktails wie den 20th Century. Zahlreiche Bücher der britischen Bartendergilde U.K.B.G. schreiben die Rezepte ihren Schöpfern zu.

The Cocktail Book: A Sideboard Manual for Gentlemen. Boston: L. C. Page, 1900, 1913.
In der Einleitung dieses schmalen Büchleins von 66 Seiten wird ausdrücklich darauf hingewiesen, dass man hier weder ein Handbuch für Bartender noch „eine Liste ausgefallener Likörmischungen zum Werbezwecke" in den Hän-

den halte, sondern einen Ratgeber für den Hausgebrauch. Der Schwerpunkt des Buches liegt auf Zutaten aus dem Nordosten der USA.

Torelli, Adolphe. *900 Recettes de Cocktails et Boissons Américaines.* Paris: S. Bornemann, 1928.

Bis zum Ende der Prohibition im Jahr 1933 wurden immer mehr Rezepte bekannter Bartender in Büchern abgedruckt. Danach konzentrierte man sich schnell wieder auf die Wurzeln des Cocktails. Dieses hübsche Werk von Torelli, Barchef des Winter Palace in Nizza, zählt zu den französischen Büchern voll eleganter Rezepte mit traditionell französischen Spirituosen, Likörweinen und Aperitifs.

Thomas, Jerry. *The Bar-Tender's Guide.* New York: Dick & Fitzgerald, 1876, 1887.

Im Jahr 1876 wurde diese Ausgabe ohne das *Manual for the Manufacture of Cordials* von Christian Schultz herausgegeben, einer Abhandlung über Spirituosen, Likör und Sirup. In der 1887er Version, die nach Thomas' Tod erschien, sind die berühmten „Hints and Rules" (Hinweise und Regeln) enthalten. In beiden Ausgaben sind die Rezepte von Jerry Thomas' Reisen zu finden.

Thomas, Jerry. *How to Mix Drinks.* New York: Dick & Fitzgerald, 1862.

Es versteht sich von selbst, dass das erste professionelle Barbuch, verfasst vom ersten berühmten Bartender der USA, zu den bedeutendsten Klassikern der Barliteratur zählt. Die gelungene Neuauflage des 1862er Originals ist bei Mud Puddle Books erschienen. Für das Vorwort und den informativen Anhang zeichnet David Wondrich verantwortlich, der mit *Imbibe!* ein ganzes Buch über Thomas verfasste.

Townsend, Jack und Tom Moore McBride. *The Bartender's Book.* New York: Viking, 1951.

Spärlich bebildert gibt dieses Buch auf 125 Seiten einen nach Basisspirituosen geordneten Überblick über Cocktails. Dabei konzentriert sich Townsend, Präsident der New York Bartenders' Union, auf die allgemein anerkannten Cocktails seiner Zeit. Mit herrlichem Sarkasmus zeichnet Townsend hier ein ernüchterndes Bild des Berufs hinterm Tresen.

Uyeda, Kazuo. *Cocktail Techniques.* New York: Mud Puddle Books, 2010.

Im Jahr 2000 erschien dieses Buch in Japanisch. Der Gründer von Mud Puddle Books, Greg Boehm, stellte zehn Jahre später eine englische Übersetzung während eines zweitägigen Seminars von Uyeda vor. Uyeda, der besonders für seinen „Hard Shake" bekannt ist, erläutert den gedanklichen Hintergrund jeder Mixtechnik sowie deren Anwendung für klassische und neue Cocktails. Für Anmut sorgen die farbenfrohen Photos.

Vermeire, Robert. *Cocktails: How to Mix Them.* London: Herbert Jenkins, Ltd., 1922.

Dieses westentaschengroße Büchlein wurde ein paar Jahre vor der Prohibition gedruckt und zählt zu den besten Ratgebern seiner Zeit. Robert, der im Londoner Embassy Club für gute Drinks sorgte, schrieb viele Rezepte ihren Erfindern zu. Der Sidecar und viele andere fabelhafte Drinks werden in seinem Buch erstmals aufgeführt.

Walton, Stuart. *The Complete Guide to Spirits.* London: Annes Publishing Ltd, 1998.

Auf 120 Seiten bietet Walton mit fantastischen Photos, Bildchen und Tabellen einen sehr treffenden Überblick der Spirituosen. Seit 1998 hat sich viel verändert, doch das Format und seine Konzentration auf echte Fakten machen dieses Buch zu einem tollen Fund in einem Antiquariat.

Whitfield, W. C. *Here's How.* Asheville, N.C.: Three Mountaineers, 1941.

Mit *Here's How* schließt Whitfield an Just Cocktails von 1939 an. Die beiden holzgebundenen, unterhaltsamen Bücher sind in Antiquariaten oder online gut erhältlich. Auf 75 Seiten stellt Whitfield klassische Rezepte kurz und knapp vor. Das Auge freut sich an den comichaften Zeichnungen von Tad Shell, der Geist an scharfsinnigen Bemerkungen neben beinahe jedem Rezept.

Wondrich, David. *Esquire Drinks.* New York: Hearst Books, 2002.
Wondrich verfasste sein erstes Buch für das Magazin *Esquire,* das auf seinen geheiligten Seiten stets Platz für gute Cocktails hatte. Derzeit ist das Buch vergriffen, was angesichts der praktischen Ratschläge, historischen Schmankerl, Photos und Illustrationen zur Cocktailgeschichte des 21. Jahrhunderts besonders schade ist.

Wondrich, David. *Imbibe!* New York: Perigree, 2007.
Für die Biographie über Jerry Thomas, den ersten Starbartender Amerikas, gewann Wondrich den James Beard Award. Bartender wie Historiker finden gleichermaßen Gefallen an *Imbibe!.* Auf der Höhe der Cocktailrenaissance kam das Buch in die Läden und trug keinen geringen Teil zum Ansehen des Bartenderberufs bei.

Wondrich, David. *Killer Cocktails: An Intoxicating Guide to Sophisticated Drinking.* New York: HarperCollins, 2005.
Mit *Killer Cocktails* schlägt Wondrich nach *Esquire Drinks* eine komplett andere Richtung ein. Rezepte aus vergriffenen Büchern, Cocktailkarten und Zeitungsartikeln arrangiert er hier am Puls der Zeit. Dazwischen finden sich ein paar von Wondrichs eigenen Rezepten, die sich harmonisch in das Gesamtbild einfügen.

DANKSAGUNGEN

Ich habe in diesem Buch viele der wundervollen Menschen genannt, die mich inspiriert und unterstützt haben. Weiterhin gilt meine Dankbarkeit …

… meiner Barmannschaft

Ich könnte mir keinen besseren Partner als Brian Shebairo wünschen, ohne dessen hingebungsvollen Einsatz und Perfektionismus es unsere Bar nicht geben würde.

Kim Bucci, Jon Hochstat und Jess Wood ermöglichen es mir, mich voll und ganz auf unsere Cocktails zu konzentrieren.

Emily Bock, Aïcha Cissé, Marjorie Cox, Amber Duarte, Anya Dubin, Ari Hardjowirogo, Jina Lee, Jena Mason, Sofia Present, Darine Sengseevong, Sarah Todd und Tae Yoon an der Tür: Ihr seid unser erster und letzter Eindruck.

Japhet Balaban, Luis Bravo, Nick Brown, Tony Cid, Hilario Gonzalez und Avery Houser sorgen für den reibungslosen Ablauf. Jeff Bell, Edixon Caridad, Lurie De La Rosa-Jackson, Kerrin Egalka, Amanda Pumarejo, Nalini Sharma, Liam Wager und Will Wilmot sind das Herz unseres Services.

… meinem Buchteam

Meine Bewunderung für Chris Gall ist nicht in Worte zu fassen. Seine Illustrationen holten meinen Traum Seite um Seite in die Wirklichkeit.

Mein Agent William Clark führte mich geduldig durch das gesamte Projekt und blieb auch an turbulenten Tagen diplomatisch und gerecht.

Dank George Nicholson lernten wir Carlo DeVito kennen, mit dessen Hilfe unser Projekt erst Gestalt annehmen konnte.

Diane Abrams, Rodman Neumann und James Rodewald feilten meine Texte wortgewandt in ihre jetzige Form.

Chris Thompson und Jon Chaiet sorgten für das ansprechende Design.

Peter Meehan testete und verfasste alle Speiserezepte und stand mir beim Schreiben mit wertvollem Rat zur Seite. Er und Hannah haben mich stets inspiriert.

Die Entwürfe aus der Feder von Peter Huynhs Design schlugen die Brücke zwischen Buch und Bar. Die technischen Zeichnungen von Keith Geldoff bildeten die Grundlage für die Illustrationen im Kapitel Bardesign.

Ich fühle mich geehrt durch das Vorwort meines Freundes David Wondrich und danke Paul Pacult für seine Hilfe beim Kapitel Alkoholkunde.

Greg Boehm und Jeff Masson gewährten mir Zutritt zu ihrer unvergleichlichen Bibliothek an Cocktailbüchern.

Melanie Asher, Jacob Briars, Jean-Louis Carbonnier, Dave Catania, Ron Cooper, Philip Duff, Tomas Estes, Giuseppe Gallo, Ed Hamilton, Bernie Lubbers, May Matta-Aliah, Peter Schaf, Eric Seed, Claire Smith und John Troia halfen mir mit wertvollen Informationen zu ihren Fachgebieten.

David Chang, Tien Ho, Eugene Lee und Christina Tosi aus dem Momofuku, Wylie Dufresne und John Bignelli vom WD 50, Will Guidara und Daniel Humm vom Eleven Madison Park sowie Amador Acosta und Sam Mason aus dem Tailor versorgten uns mit den weltbesten Hot Dogs.

…meinen Freunden & meiner Familie

Kate Krade und Anthony Giglio öffneten mir Tür und Augen für das Schreiben und führten mich stets sicher durch die Gefilde des geschriebenen Wortes. Schließlich danke ich der Liebe meines Lebens, Valerie Meehan, sowie unseren Zwillingen und unseren liebevollen Eltern, insbesondere Gregory Simi, dessen Überlebenswillen nach einem Schlaganfall meinen Blick für das Wesentliche schärfte, während ich dieses Buch verfasste.

— *Jim Meehan*

Meine Dankbarkeit gilt Jim Meehan, der sich klugerweise von einem skurrilen Fisch im New Yorker Subway hat inspirieren lassen. George Nicholson danke ich für seine begeisterte und loyale Beratung in sprichwörtlich allen Belangen. Am meisten jedoch danke ich meiner Frau Ann, die mich seit 20 wundervollen Jahren mit Liebe und Unterstützung durch die Höhen und Tiefen meiner Arbeit begleitet.

— *Chris Gall*

INDEX

Anmerkung: Cocktails sind im Folgenden unter ihrer jeweiligen Basisspirituose gelistet. In alphabetischer Reihenfolge finden Sie die Cocktails auf den Seiten 42 bis 271.

Abseihen, 34
Absinth
    allgemein, 312–313;
    Absinthe Drip, 46
    Pastis, 313
Absolues, 320, 339
Agavenbrände, 304–306.
    Siehe auch Mezcal; Tequila
Alkoholkunde
    allgemein: Einleitung, 294
    Absinth, 312–313
    Agavenbrände (Tequila und Mezcal), 304–306
    Aromatisierte Weine & Bitter, 310–312
    Brandy, 302–304
    Gin, 296–298
    Likör, 314–316
    Likörwein, 316–317
    Spirituosen aus Zuckerrohr (Rum, etc.), 299–301
    Vodka, 295–296
    Whisk(e)y, 306–309
Añejo Tequila. *Siehe* Tequila, Añejo
Aperol
    Aperol Spritz, 51
    May Day, 176
    South Slope, 244
Apfelbrandy (Applejack)
    allgemein, 303
    Applejack Rabbit, 52
    Great Pumpkin, 136
    Harvest Sling, 140
    Honeymoon Cocktail, 143
    Jack Rose, 149
    Master Cleanse, 175
    Newark, 189, 329
    Nouveau Sangaree, 193
    Nth Degree, 194
    Persephone, 207
    Pumpkin Toddy, 212
    Widow's Kiss, 268

Wrong Aisle, 271
Aquavit
    allgemein, 298
    Golden Star Fizz, 134
    Krogstad Aquavit-Infusion mit schwarzem Sesam, 238
    Occidental, 195
    Primavera, 211, 333
    Silk Road, 238
    Trident, 253
Aromatisierte Weine & Bitter, 310–312. *Siehe auch* Vermouth

Ätherische Öle, 320, 339

Bardesign
    allgemein: Einleitung, 12–13
    113 St. Marks Place, 16
    Hinter dem Tresen, 15
    Keller, 17
    Vor dem Tresen, 14
Barzubehör, 20–22
Batavia Arrack, allgemein, 301
Bärlauch, gepökelt, 227
Bek Se Ju (in 100 Year Punch), 45
Bezugsquellen, 338–340
Birnenbrandy (in Perfect Pear), 205
Bitter, 27, 311–312, 318, 338. *Siehe auch* Aperol; Campari
Black Chocolate Stout (in Black Flip), 67, 331
Blanco Tequila. *Siehe* Tequila, Blanco
Blended Scotch Whisky. *Siehe* Whisky, Scotch
Bourbon
    allgemein, 307
    100 Year Punch, 45
    Benton's Old-Fashioned, 62
    Bourbon-Infusion mit Schinkenspeck, 62
    Brown Derby, 81
    Elijah Craig Bourbon-Infusion mit Schwarztee, 223
    Figetaboutit, 120
    Four Roses Single Barrel Bourbon-Infusion mit Goji-Beeren, 169
    Gold Rush, 134
    Johnny Apple Collins, 152
    Left Hand Cocktail, 164

Fortsetzung Bourbon
  Little Bit Country, 167
  Mae West Royal Diamond Fizz, 169
  Mint Julep, 181
  Newfangled, 190
  New York Flip, 190
  Reverend Palmer, 223, 331
  Seelbach Cocktail, 234
  Staggerac, 245
  Talbott Leaf, 249
  There Will Be Blood, 250
Brandy, Kategorien und Geschichte, 302–304. *Siehe auch* Apfelbrandy (Applejack); Cognac; Kirschwasser; Birnenbrandy; Pisco; Pflaumenbrandy; Trimbach Framboise
Brandy de Jerez
  allgemein, 304
  Mount Vernon, 186
Bücher, 338

Cachaça
  allgemein, 301
  Brazilian Tea Punch, 76
  Caipirinha, 84
  Girl from Jerez, 133
  Leblon Cachaça-Infusion mit Senchatee, 76
  Mae de Ouro Cachaça-Erdbeerinfusion (in Morango Fizz), 183
  Morango Fizz, 183
  Pearl Button, 204
  Red-Headed Saint, 217
  Rio Bravo, 226
Campari
  Americano Highball, 49
  Negroni, 188
Champagner
  allgemein: Lagerung, 26
  Bizet, 66, 333
  Champagne Cocktail, 86
  Chartreuse Verte
    Bijou, 66
    Last Word, 162
    Vauvert Slim, 260
Cocktailparty, 334–335
Cocktails, allgemein, 40. *Siehe auch* Hauptzutaten
Cognac
  allgemein, 302–303
  #3 Cup, 42
  Apricot Flip, 53

Fortsetzung Cognac
  Betsy Ross, 64
  Black Jack, 68
  Brandy Crusta, 74
  Buona Notte, 82
  Cavalier, 86
  Champs-Élysées, 87
  Coffee Cocktail, 95
  Cognac-Walnussinfusion, 82
  East India Cocktail, 111
  Field Cocktail, 119
  Fog Cutter, 123
  French Maid, 128
  Imperial Blueberry Fizz, 147
  Japanese Cocktail, 151
  Jimmie Roosevelt, 151
  May Daisy, 175
  Midnight Express, 179
  Milk Punch, 180
  Montgomery Smith, 182
  Prince of Wales, 212
  Sidecar, 236
  Velvet Club, 260
  Vieux Carré, 262
Cointreau
  Corpse Reviver No. 2, 97
  Water Lily, 263
Concord Shrubb, 203
Crème de Violette (in Water Lily), 263

Dubonnet Rouge (in Beer Cassis), 59

Eau de vie, 303. *Siehe auch* Kirschwasser; Trimbach Framboise
Eingemachtes, 321
Eiscreme & Sorbet, 321
Etikette, 336–337

Frittierte Mayonnaise, 285–287

Garnierungen, 25, 35
Genever
  allgemein, 297
  Flying Dutchman, 123
  Henry Hudson, 143
  Left Coast, 165
  New Amsterdam, 188
  Red Devil, 217
Gerätschaften, 23, 339
Gesüßte Schlagsahne, 145
Gewürze, 28, 319, 322, 340; *Siehe auch* Hot Dog-Gewürze

Gin. *Siehe auch* Aquavit; Genever; Kategorien s. u.
  allgemein: London Dry, 298; New Western Dry, 298;
  Kategorien und Geschichte, 296–298
  Astoria Bianco, 56
  Aviation, 57
  Berlioni, 63
  Bijou, 66
  Blackbeard, 67, 327
  Blackthorn Rose, 72
  Bronx, 79
  Caprice, 84
  Cloister, 92
  Cranberry Cobbler, 98
  Donizetti, 107
  Flora Astoria, 121
  French 75, 127
  Gin & Tonic, 132
  Hanky Panky, 138
  Kin Kan, 156
  La Louche, 159
  Last Word, 162
  Lawn Dart, 162
  Monkey Gland, 182
  Negroni, 188
  Noce Royale, 191
  Norman Inversion, 192
  Paul's Club Cocktail, 203
  Ramos Gin Fizz, 215
  Rite of Spring, 227
  Shiso Delicious, 235
  South Slope, 244
  Statesman, 247
  Swollen Gland, 249
  White Lady, 267
Gin, Old Tom, 297
  allgemein, 297
  Ephemeral, 117
  Heirloom, 140
  Martinez, 173
  Tom Collins, 252
Gin, Plymouth
  allgemein, 297
  20th Century, 44
  Albert Mathieu, 49
  Archangel, 56
  Bee's Knees, 59
  Blackthorn (Englisch), 70
  Cherry Pop, 87
  Clover Club, 92
  Corpse Reviver No. 2, 97
  Desert Rose, 104
  Edgewood, 113
  Gimlet, 131

Fortsetzung Gin
  Green Deacon, 136
  Leapfrog, 163
  Martini, 173
  May Day, 176
  Melon Stand, 176
  Old Flame, 197
  Old Maid, 197
  Opera Cocktail, 198
  Pink Lady, 208
  Plymouth Gin-Roseninfusion, 104
  Singapore Sling, 241
  Sloe Gin Fizz, 242
  Southside, 244
  Swiss Mist, 248
  Tuxedo, 257
  Vesper, 261
  Vieux Mot, 261
  Water Lily, 263
  White Birch Fizz, 265
  White Negroni, 267
Gläser, 18–19, 339;
  vorbereiten, 32
Grapefruitsirup, 248

Horchata, 83
Hot Dog-Brötchenkrümel, 287–288
Hot Dog-Gewürze
  Frittierte Mayonnaise, 285–287
  Momofuku Kimchi, 281
  Selleriegewürz, 289
  Tomatensirup, 287
  Trüffelmayonnaise, 290
Hot Dogs, 274–291
  allgemein: Einleitung, 274
  Chang Dog, 280–281
  Humm Dog, 288–290
  Hummer, 274
  John John Deragon, 276–277
  Mason Dog, 282
  Tater Tots mit Käse und Jalapeños, 278
  Wylie Dog, 284–288
Hydrolate, 320, 339

Ingwerbier, 29

Kaffee, 319
Kaffeekonzentrat, 68
Kirschwasser (in Mount Vernon), 186
Kohlensäurehaltige Getränke, 26, 319, 340

Lavendelvodka, 121

Lillet Blanc (in Corpse Reviver No. 2), 97
Likör
    allgemein: 314–316; Liköre aus Blüten, 315; Kräuterliköre, 314, Liköre mit Nüssen, Bohnen & Samen, 315– 316, Liköre aus Schalen & Früchten, 315
    Maraschino (in Last Word), 162
    Likörwein, allgemein, 316–317. *Siehe auch* Madeira; Port; Sherry
London Dry Gin, allgemein, 298

Madeira
    allgemein, 317
    Prince of Wales, 212
Magazine, 339–340
Maiswasser, 148
Maraschino (in Last Word), 162
Maschinen. *Siehe* Gerätschaften
Mayonnaise. *Siehe* Hot Dog-Gewürze
Mezcal
    allgemein, 304–306
    Beer and a Smoke, 58
    El Molino, 116
    Mezcal Mule, 178
    Pearl of Puebla, 205
Milchprodukte, 26
Mixen, 32–33
Mixtechniken, 32–35
Momofuku Kimchi, 281

New Western Dry Gin, allgemein, 298

Obst
    Trockenobst, 320
    Garnierungen, 25, 35
    Eingemachtes, 321
    Pürees, 322
Old Tom Gin. *Siehe* Gin, Old Tom
Onlineforen, 340

Öle, ätherische, 320, 339

Pastis, allgemein, 313
PDT, Das Abenteuer, 36–37
Peruanischer Pisco. *Siehe* Pisco
Pflaumenbrandy
    Flying Dutchman, 123
    Left Coast, 165
    St. Rita, 247

Pimm's (in Pimm's Cup), 207
Pisco
    allgemein, 303
    Barsol Quebranta Pisco-Kamilleninfusion, 60
    Bee's Sip, 60
    Bubbaloo, 81
    Cuzco, 101
    Hot Buttered Pisco, 144
    Judgment Day, 152
    King Bee, 155
    Pisco Sour, 209
    Spiced Macchu Pisco, 144
Plymouth Gin. *Siehe* Gin, Plymouth
Port
    allgemein, 317
    Coffee Cocktail, 95
    Noval Cup, 194, 327
Pumpkin Ale (in Great Pumpkin), 136
Pürees, 322

Quinquinas, allgemein, 311

Reposado Tequila. *Siehe* Tequila, Reposado
Rum. *Siehe auch* Cachaça; *Rum, französisch*
    allgemein: Batavia Arrack, 301; englisch, 300–301; französisch, 300; spanisch; 300; Kategorien und Geschichte, 299–301
    Airmail, 48
    Apple Daiquiri, 51
    Beachbum, 57
    Betula, 65
    Black Flip, 67, 331
    Cinema Highball, 90
    Coconut Colada, 93
    Coda, 94
    Conquistador, 96
    Crimson Tide, 100
    Daiquiri, 103
    Death Bed, 102
    Espresso Bongo, 118
    Fish House Punch, 120
    Fog Cutter, 123
    Foreign Legion, 124
    Hemingway Daiquiri, 141
    Hotel Nacional Special, 146
    La Florida Cocktail, 158
    Luau, 168
    Mai-Tai, 168

Fortsetzung Rum
  Mary Pickford, 174
  Milk Punch, 180
  Mojito, 181
  Mum's Apple Pie, 187
  Navy Grog, 187
  Paddington, 199
  Plátanos en Mole Old Fashioned, 209
  Rhum Club, 224
  Romeo y Julieta, 228
  Royal Bermuda Yachtclub Cocktail, 231
  Rum-Popcorninfusion, 90
  Silver Root Beer Fizz, 239
  Zombie Punch, 271
Rum (französisch)
  allgemein, 300
  Girl From Jerez, 133
  Mai-Tai, 168
  Nth Degree, 194
  Professor, 213
  Queens Park Swizzle, 214
  Remember Maine, 219
  Rust Belt, 230
  Ti-Punch, 251
Rum (französisch) weiß
  Chien Chaud, 89
  Coda, 94
Rühren, 33–34
Rye Whiskey. *Siehe* Whiskey, Rye

Sake
  Brewer's Breakfast, 78
  Japanese Courage, 150
  Koyo, 157
  Nigori Milk Punch, 191
  Spice Market, 245
Säfte, 24, 321
Scotch. *Siehe* Whisky, Scotch
Selleriegewürz, 289
Shaken, 33
Sherry
  allgemein, 316–317
  La Perla, 159
  Triborough, 253
Sirup & Süßungsmittel
  allgemein: Marken, 322; gleichbleibende Qualität, 322; Ahornsirup Grad B, 27; Orgeat, 27
  Agavensirup, 30
  Cranberrysirup & mazerierte Cranberries, 98
  Demerarasirup, 30
  Grenadine, 30

Fortsetzung Sirup
  Honigsirup, 30
  Karamellisierter Zuckersirup, 238
  Kumquatsirup, 156
  Limettensirup, 131
  Nelkensirup, 240
  Schwarzer Kardamomsirup, 172
  Tonicsirup, 132
  Zitronengrassirup, 77
  Zitronensirup, 223
  Zuckersirup, 29
Soda. *Siehe* Kohlensäurehaltige Getränke
Sonstiges Zubehör, 28
Spiced Sorrel, 100
Spirituosen aus Zuckerrohr. *Siehe* Rum
  allgemein, 299–301

Tamarindenpüree, 256
Tee, 323
Tequila. *Siehe auch* Mezcal; Kategorien s.u.
  allgemein, 304–306
  Águila Azteca, 48
Tequila, Añejo
  allgemein, 305
  Dulce de Leche, 110
  Eclipse Cocktail, 113
  Nouveau Carré, 193
Tequila, Blanco
  allgemein, 305
  21st Century, 44
  Conquistador, 96
  East Village Athletic Club Cocktail, 112
  El Diablo, 115
  El Puente, 117
  Fresa Verde, 129
  Green Harvest, 137
  Lawn Dart, 162
  Margarita, 171
  Pharaoh Cooler, 206
  Rhubarbarita, 224
  Siesta, 237
  T & T, 256
  Tommy's Margarita, 252
  Witch's Kiss, 268
Tequila, Reposado
  allgemein, 305
  #8, 42
  212, 43
  Café Arroz, 83
  Condiment Cocktail, 94
  El Burro, 115
  Framboise Fizz, 124
  La Perla, 159

Fortsetzung Tequila
  Mexicano, 178
  Paloma, 202
  Resting Point, 222
  Rosita, 229
  Shaddock Rose, 235
  Tomatensirup, 287
  Trimbach Framboise (in
    Raspberries Reaching), 216
  Trockenobst, 320
  Trüffelmayonnaise, 290

Vanillebutter, 145
Vermouth, allgemein, 310–311
Vermouth, süß
  Americano Highball, 49
  Bijou, 66
  Vya Sweet Vermouth-Infusion mit
    Jujubetee, 217
  Martinez, 173
  Negroni, 188
  Vieux Carré, 262
Vermouth, trocken
  Caprice, 84
  Chrysanthemum, 89
  Kina Miele, 155
  Paddington, 199
  Rose, 229
Vodka
  allgemein: aromatisiert, 296;
    Geschichte und
    Eigenschaften, 295–296
  Blackstar, 69
  Cosmopolitan, 96
  Gold Coast, 133
  Lavender Tincture, 121
  Mint Apple Crisp, 180
  Moscow Mule, 186
  Parkside Fizz, 202
  Tao of Pooh, 250
  Wellington Fizz, 264
Vorratskammer, 318–323

Wein. *Siehe auch* Champagner
  allgemein: Likörwein, 316–317
    Siehe auch Madeira; Port;
    Sherry; Aperitifweine, 311
  Falling Leaves, 119
  Nouveau Sangaree, 193
  Silver Sangaree, 240
  Single Malt Sangaree, 241
Whiskey. *Siehe auch* Bourbon;
  Kategorien s. u.
  allgemein: Tennessee Sour
    Mash, 307; Kategorien und
    Geschichte, 306–309

Fortsetzung Whiskey
  Bernheim Wheat Whiskey-
    Hibiskusinfusion, 126
  Brown Bomber, 80
  Dry County Cocktail, 107
  Frankfort Rose, 126
  Imperial Silver Corn Fizz, 148
Whiskey, Irish
  allgemein, 308
  Against All Odds Cocktail, 46
  Black Thorn (Irisch), 70
  Cameron's Kick, 85
  Hotel d'Alsace, 146
  Lake George, 158
  Paddington, 199
  Tipperary Cocktail, 251
  Weeski, 264
Whiskey, Rye
  allgemein, 308
  Algonquin, 50
  Betula, 65
  Blinker, 72
  Brooklyn, 78
  De La Louisiane, 103
  Deshler, 105
  Dewey D., 105
  Diamondback, 106
  DuBoudreau Cocktail, 110
  Frisco, 129
  Great Pumpkin, 136
  Greenpoint, 138
  Harvest Moon, 139
  Improved Whiskey Cocktail,
    149
  Junior, 154
  Lacrimosa, 157
  L.E.S. Globetrotter, 167
  Lion's Tooth, 166
  Manhattan, 171
  Old-Fashioned Whiskey
    Cocktail, 195
  Old Pal, 198
  Rack & Rye, 214
  Rattlesnake, 216
  Remember the Maine, 218
  Rittenhouse Whiskey-
    Birkeninfusion, 65
  Rittenhouse Whiskey-
    Löwenzahninfusion, 166
  Rye Witch, 232
  Sazerac, 234
  Silver Lining, 239
  Solstice, 243
  Triborough, 253
  Up To Date, 258
  Vieux Carré, 262

Fortsetzung Whiskey, Rye
    Ward Eight, 263
    Whiskey Smash, 265
Whisky, Japanischer Malt
    allgemein, 309
    Kansai Kick, 154
    Masataka Swizzle, 174
    Shiso Malt Sour, 236
Whisky, Scotch
    allgemein, 308; Blended, 308; Blended Malt, 309; Single Malt, 309
    Apple Malt Toddy, 53, 329
    Blood and Sand, 73
    Bobby Burns, 74
    Cameron's Kick, 85
    Compass Box Asyla Scotch Blend-Kamilleninfusion Gilchrist, 130
    Lake George, 158
    Le Père Bis, 165
    Mariner, 172
    Prince Edward, 211
    Rapscallion, 215
    Rob Roy, 228
    Rusty Nail, 231
    Sage Old Buck, 232
    Smoky Grove, 243
    Vaccari, 259
    Woolworth, 270

Zerstoßen, 33
Zertifikate, 339
Zitrusschalen, 34
Zubehör, *siehe* Barzubehör
Zutaten und Garnierungen, 24–30